| 新型工业化丛书 |

"双碳"目标下
产业结构转型升级

郭士伊　张玉燕　著

电子工业出版社·

Publishing House of Electronics Industry

北京·**BEIJING**

内 容 简 介

我国要在 2030 年前实现碳达峰和在 2060 年前实现碳中和的目标，离不开产业结构转型升级。本书从产业结构转型升级的基本规律、我国产业结构转型升级的主要特点、发达国家产业结构转型升级的经验教训、不同工业化道路选择对产业结构转型升级的影响差异、制造业在产业结构转型升级中的具体任务，以及产业空间布局的优化调整等方面研究了双碳目标下我国产业结构转型升级的道路选择、目标设定、路径规划和重点任务，并通过梳理世界各国在转型升级中遇到的重大问题与发展陷阱，提出了我国产业结构转型升级面临的七大风险和防范化解策略，最后提出了"双碳"目标下我国推进产业结构转型升级的政策建议。

图书在版编目（CIP）数据

"双碳"目标下产业结构转型升级 / 郭士伊，张玉燕著. -- 北京 ：电子工业出版社，2024. 11. --（新型工业化丛书）. -- ISBN 978-7-121-48599-2

Ⅰ. F269.24

中国国家版本馆 CIP 数据核字第 20241ZT370 号

责任编辑：雷洪勤

印　　刷：三河市鑫金马印装有限公司

装　　订：三河市鑫金马印装有限公司

出版发行：电子工业出版社

　　　　　北京市海淀区万寿路 173 信箱　　　邮编：100036

开　　本：720×1000　　1/16　　印张：15.75　　字数：302.4 千字

版　　次：2024 年 11 月第 1 版

印　　次：2025 年 4 月第 3 次印刷

定　　价：79.00 元

新型工业化丛书

编 委 会

主　编：张　立

副主编：刘文强　许百涛　胡国栋　乔　标　张小燕
　　　　朱　敏　秦海林　李宏伟

编　委：王　乐　杨柯巍　关　兵　何　颖　温晓君
　　　　潘　文　吴志刚　曹茜芮　郭　雯　梁一新
　　　　代晓霞　张金颖　贾子君　闫晓丽　高婴劢
　　　　王高翔　郭士伊　鲁金萍　陈　娟　于　娟
　　　　韩　力　王舒磊　徐子凡　张玉燕　张　朝
　　　　黎文娟　李　陈　马泽洋

序言
Foreword

工业化推动了人类社会的巨大进步，也深刻改变着中国。新时代新征程，以中国式现代化全面推进强国建设、民族复兴伟业，实现新型工业化是关键任务。党的十八大以来，习近平总书记就推进新型工业化的一系列重大理论和实践问题作出重要论述，提出一系列新思想新观点新论断，极大丰富和发展了我们党对工业化的规律性认识，为推进新型工业化提供了根本遵循和行动指南。2023 年 9 月 22 日，党中央召开全国新型工业化推进大会，吹响了加快推进新型工业化的号角。

实现工业化是世界各国人民的期盼和梦想。18 世纪中后期，英国率先爆发工业革命，从而一跃成为世界强国。19 世纪末，德国、美国抓住第二次工业革命的机遇，也先后实现了工业化。世界近现代史反复证明，工业化是走向现代化的必经之路。习近平总书记强调，工业化是一个国家经济发展的必由之路，中国梦具体到工业战线就是加快推进新型工业化。新中国成立以来，我国大力推进工业化建设，积极探索新型工业化道路，用几十年时间走完西方发达国家几百年走过的工业化历程，取得了举世瞩目的伟大成就，为中华民族实现从站起来、富起来到强起来的历史性飞跃提供了坚实的物质技术基础。

2023 年 4 月，工业和信息化部党组决定依托赛迪研究院组建新型工业化研究中心，旨在学习研究和宣传阐释习近平总书记关于新型工业化的重要论述，深入开展新型工业化重大理论和实践问题研究。一年多来，形成了一批重要研究成果，本套丛书便是其中的一部分。

数字化、绿色化是引领时代变革的两大潮流，实现新型工业化必须加快推进数字化、绿色化转型。《数字化转型赋能新型工业化：理论逻辑与策略路径》一书认为，数字化转型正在深刻重塑人类社会，要充分发挥数字化对新型工业化的驱动作用，加快制造业发展方式的根本性变革。《数据基础制度：夯实数据要素市场根基》认为，数据基础制度建设事关国家发展和安全大局，要加快完善我国数据基础制度体系。《算力经济：生产力重塑和产业竞争决胜局》提出，通过算力技术的创新和应用，能够发展新质生产力，推动传统产业的数字化转型和智能化升级，培育壮大新兴产业，布局建设未来产业。《融合之力：推动建立"科技—产业—金融"良性循环体系研究》一书，总结了美、德、日等国推动科技、产业、金融融合互促的主要做法，并提出了符合中国国情和发展阶段的总体思路与具体路径。《"双碳"目标下产业结构转型升级》从重点行业、空间布局、贸易结构、风险防范、竞争优势等方面论述了产业结构转型升级问题，并从体制机制、要素保障、政策体系等层面提出对策建议。

推进新型工业化，既要立足国情，体现中国特色和中国场景，也要树立全球视野，遵循世界工业化的一般规律。《产业链生态：机理、模式与路径》一书认为，当前全球经济竞争已经进入到产业链竞争的时代，该书构建了产业链生态的"技术层-生产层-服务层-消费层-调节层"五圈层结构理论，提出了构建产业链生态的筑巢引凤、龙头带动、群星荟萃、点线面递进、多链融合、区域协同六种典型模式。《制造业品质革命：发生机理、国际经验与推进路径》认为，世界制造强国在崛起过程中都会经历"品质"跃升阶段，纵观德国、日本、美国的工业化历程莫非如此，我国也要加快推进制造业品质革命。《瞰视变迁：三维视角下的全球新一轮产业转移》指出，产业转移是不可避免的全球经济规律，对促进全球工业化、科技创新等有积极意义，应系统全面评估产业转移对新型工业化的综合影响，积极谋划并提前布局，增强在全球产业链供应链空间布局中的主动性。《跨越发展：全球新工业革命浪潮下中国制造业发展之路》通过国际和国内比较，对中国制造业实现跨越式发展进行了多维度分析，并提出了可行性建议。从知识层面来说，材料丰富、数据扎实与广泛性构成了此书的显著特色。《面向2035的机器人产业发展战略研究》一书为实现机器人强国战略目标，提出拥有核心关键技术、做强重点领域、提升产业规则国际话语权三大战略举措。

总的来看，本套丛书有三个突出特点。第一，选题具有系统性、全面性、针对性。客观而言，策划出版丛书工作量很大。可贵的是，这套丛书紧紧围绕新型工业化而展开，为我们解决新型工业化问题提供了有益的分析和思路建议，可以作为工业战线的参考书，也有助于世界理解中国工业化的叙事逻辑。第二，研究严谨，文字平实。丛书的行文用语朴实简洁，没有用华丽的辞藻，避免了抽象术语的表达，切实做到了理论创新与内容创新。第三，视野宏大，格局开阔。"它山之石，可以攻玉"，丛书虽然聚焦研究中国的新型工业化，处处立足中国国情，但又不局限于国内，具有较高的研究价值与现实意义。

本套丛书着眼解决新时代新型工业化建设的实际问题，较好地践行了习近平总书记"把论文写在祖国大地上"的重要指示精神。推进新型工业化、加快建设制造强国，不仅关乎现代化强国建设，也关乎中华民族的未来。相信读者在阅读本丛书之后，能更好地了解当前我国新型工业化面临的新形势，也更能理解加速推进新型工业化建设的必要性、紧迫性与重要性。希望更多的力量加入到新型工业化建设事业中，这是一项事关支撑中华民族伟大复兴的宏伟工程。

是为序。

苏波

2024 年冬

习近平总书记在 2020 年 9 月宣布中国将力争在 2030 年前实现碳达峰和 2060 年前实现碳中和，向世界宣告了中国积极应对环境与气候挑战、努力建设生态文明、全面实施绿色发展的决心和雄心。这是党中央经过深思熟虑做出的重大战略决策，事关中华民族永续发展和构建人类命运共同体。

全球范围的资源、环境、气候与可持续发展问题，是发达国家率先实现工业化、发展中国家广泛追随西方工业化道路后出现的。这条道路的技术体系和制度安排先天性存在人口、经济与资源环境的矛盾与冲突，这种缺陷的主要根源在于发达国家的技术体系、产业分工、知识观念等规制了全球发展的基本秩序，沿袭这条道路，发达国家与发展中国家之间固定少数与变动多数的关系，无论从制度安排还是从资源约束上都难以被突破。2010 年，美国总统奥巴马在接受澳大利亚记者采访时表示："如果 10 亿中国人拥有美国人和澳大利亚人的生活，那将对全球都是一种灾难，地球根本无法承担。"这句话生动诠释了以上问题，也表达了西方国家的基本认识："中国人要想过上美国人的好日子，地球都不允许。"如果继续模仿和沿用发达国家的传统工业化模式，中华民族伟大复兴的目标是难以实现的，只有摆脱对欧美发达国家的模仿和追随，变革传统技术体系、现有国际秩序和知识观念，努力开拓具有中国特色的新型工业化道路，我国才能为第二个百年奋斗目标的实现提供扎实的物质基础，保障子孙后代能够实现永续发展。

在不发达阶段提出"双碳"目标承诺，是我国对全球各国共同发展的责任担当，这将引发一场广泛而深刻的经济社会系统性变革。产业结构转型升级是实现"双碳"目标的重要任务和途径，对开拓中国特色新型工业化道路、建设现代化产业体系、重构产业竞争新优势具有重要意义。产业结构包含三产结构、部门结构、行业结构、企业分布、产品结构、技术结构、空间布局、贸易结构、要素结构、需求结构等复杂内容。"双碳"目标下产业结构转型升级的关键在于全面推进制造业实施绿色创新，通过绿色技术、工艺、设备、产品的不断迭代升级实现大规模降碳。因此，制造业转型升级是"双碳"目标下产业结构转型升级的核心内容。本书以制造业为切入点，从产业结构转型升级的国内外研究、道路选择、基础条件、重点行业、空间布局、风险防范等方面研究了产业结构转型升级问题，提出一些政策建议。全书分七章：

第一章研究我国产业结构转型升级的特点。首先分析了产业结构转型升级的一般规律，包括产业结构转型升级是现代经济增长的核心内容，具有阶段性变化特征，受发展阶段深层矛盾问题影响，转型升级成功与否决定现代化成败等。进而研究了我国产业结构转型升级的具体特征，包括新中国成立以来产业结构转型升级的历程、主要阶段、重要特征和深层原因。在此基础上提出了"双碳"目标下产业结构转型升级的核心问题、关联问题和应坚持的基本原则。这一章是研究总架构，后续章节将从不同方面对核心与关联问题展开分析。

第二章研究发达国家怎样解决产业结构转型升级问题。首先分析了发达国家产业结构转型升级的历程、特点和原因，总结了发达国家产业结构转型升级的两种典型模式。进而从降碳成效入手，梳理了发达国家产业结构转型升级的主要经验、突出问题和深层矛盾。最后研究了我国借鉴发达国家产业结构转型升级主要经验的可行性，以及发达国家产业结构转型升级道路与我国真正践行可持续发展理念、建设现代化产业体系、突破国际发展秩序制约存在的冲突，认为工业化后期西方工业化道路不适合我国。

第三章研究三产结构与不同工业化道路的选择，即在高收入阶段不模仿西方道路的情况下，产业结构转型升级应选择怎样的道路、达到怎样的目标以及具有怎样的基础。本章通过模型构建和情景分析，测算了我国在选择美英工业化道路、日德工业化道路、中国工业化道路三种不同情景时的能源消费和碳排放情况。

第四章研究制造业内部结构的转型升级。强调坚持创新驱动和先立后破，把创新作为制造业结构转型升级的出发点和落脚点，调整发展绿色生产力的优先顺序，全面打造新兴产业绿色增长引擎，尽早尽快布局未来绿色产业，加快实现高耗能行业颠覆性创新，逐步壮大传统制造业绿色产品供给。

第五章研究空间区域维度产业结构转型升级问题。我国地域广袤、空间辽阔，不同地区资源禀赋各异，发展水平也不尽一致。"双碳"目标下的新能源产业发展改变了能源资源禀赋结构和区域发展优劣格局，为推动区域协调发展和实现"人尽其才、物尽其用"创造了新契机。推动绿色能源资源优势转化为绿色发展优势，因地制宜、优势互补地探索各地实现"绿水青山"向"金山银山"转化途径，成为"双碳"目标下空间区域维度产业结构转型升级的重要内容。要在鼓励和支持各地区结合自身条件、"各美其美"的基础上，统筹协调、取长补短，从而充分发挥各地比较优势、实现"美美与共"。

第六章研究产业结构转型升级的风险问题。工业化后期，产业结构转型升级充满风险和挑战，我国应重点防范经济增速进一步下降、产业政策"一刀切"和"激进化"、过早过快去工业化、老工业基地和城镇进一步衰退、贫富差距持续扩大、碳转移与碳泄漏、产业链供应链安全等七大风险。

第七章是主要结论和对策建议。

总体看，现实国情与当前复杂的国际环境决定了我国不具备模仿发达国家工业化道路的环境和条件，坚持以实体经济为主，开拓不同于发达国家的、绿色低碳的新型工业化道路是我国产业结构转型升级面临的新使命、新机遇、新挑战，坚持制造业占比长期稳定、坚持产业体系长期完整、坚持科研投入长期增长、坚持新能源使用占比长期逐步提升是保障"双碳"目标下我国产业结构转型升级成败的关键。

目录
Contents

第一章
我国产业结构转型升级的特点

产业结构转型升级既有一般性规律,又因发展阶段和空间要素影响而存在特殊性,它是现代经济增长最为核心的内容之一,影响着经济增长的速度和经济发展的质量。在分析我国产业结构转型升级的特点之前,需要先对产业结构转型升级的基本内涵与变化规律进行简单阐述。

第一节 产业结构转型升级的规律

结构与系统关系紧密,它是指系统组成部分之间的联系和搭配,这里的"联系"指不同部分之间存在的各种关系,"搭配"指不同部分按照某种比例形成的配置。各部分要先建立联系才能形成有意义的搭配,使系统产生某种功能或出现某种性质,因此,联系和搭配比例,也即结构,就成为维持系统功能和性能的基础和关键。对现代产业体系而言,不同产业通过上下游的投入产出关系相联系,按特定规模和比例形成特定的经济社会系统,表现出特定的经济增速和发展水平。产业结构转型升级就是指在不同发展阶段或不同空间要素下,产业之间投入产出关系和搭配比例的变化与调整,它构成了现代经济增长最为核心的内容之一,是影响经济增长和质量的关键因素。

一、产业结构转型升级的起源

尽管农业社会也有产业结构问题,但直到 18 世纪中叶,自英国发生第一次工业革命,人类进入工业社会之后,产业结构转型升级才开始频繁出现,成为现代经济增长的核心问题。

(一)工业社会的经济持续增长

工业革命前,人类长期处于农业社会,经济增长缓慢。工业革命后,人类进入工业社会,经济开始快速增长。英国经济史学家麦迪森通过对世界经济史的计量研究,描述了全球经济在农业社会与工业社会的巨大不同,如图 1-1 所示[①]。

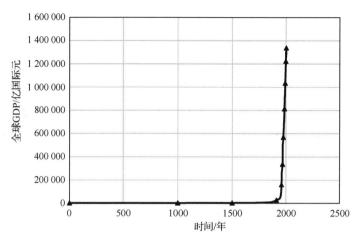

图 1-1　全球 GDP 变化

数据来源：麦迪森，《世界经济千年史》；世界银行，2022 年

　　在农业社会，经济增长十分缓慢。以欧洲为例，平均 GDP 增速始终没有超过 0.05%，直到 19 世纪才提高到 1%。从 1820 年开始，工业化改变了这一进程，全球 GDP 增长发生巨大变化，从"水平线"转向"垂直线"。其中前者描述农业社会全球经济的缓慢增长，也即传统经济增长；后者描述进入工业社会后全球经济在短短 200 多年间实现的快速增长，也即现代经济增长。

　　麦迪森认为，从 1820 年开始，英国基本完成工业化，其庞大的工业产能支撑英国加快了殖民进程。伴随这一过程，越来越多的国家和地区被纳入殖民体系，成为原料来源地和工业品倾销市场。这一过程极大地推动了全球贸易规模的扩大、国际航路的扩张和金融保险业的发展，产业结构相比农业社会开始发生革命性变革。随着欧美国家相继开始工业化，越来越多殖民地的传统农业生产方式被先进工业生产替代，工业化进程向全球扩散，全球

[①] 麦迪森：《世界经济千年史》，北京大学出版社，2003 年。安格斯·麦迪森是英国著名经济学家，专门研究定量宏观经济史，他出版了著名的《世界经济千年史》《世界经济千年统计》，用大量经济数据研究各国历史走向，并创建了"麦迪森数据库"。

经济增长模式开始从农业社会的传统经济增长转变为工业社会的现代经济增长。

（二）产业结构转型升级是经济持续增长的关键

为什么人类进入工业社会后，经济开始持续增长？对此，美国经济学家库茨涅兹提出了现代经济增长的六个主要特征：（1）人口的持续增长；（2）人均产出的持续增长；（3）经济结构的持续变化；（4）与经济结构紧密关联的意识形态变化；（5）科技的持续进步；（6）增长的全球扩散。

对于人口增长，如图 1-2 所示，在地理大发现之前，全球人口增长缓慢；工业革命后，人口开始快速增长。人口增长同经济增长紧密相关，经济增长增加了家庭收入，家庭开始有更多资源养育新人口。比较图 1-2 和图 1-3 可以发现，经济增速慢于人口增速。这一现象最先出现在欧洲，并伴随殖民地的发展而扩展到全球。

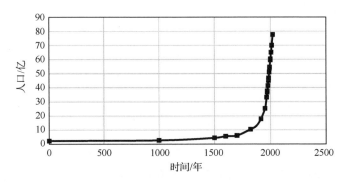

图 1-2　现代经济增长中的人口变化

数据来源：麦迪森，《世界经济千年史》；世界银行，2022 年

对于人均 GDP 增长，如图 1-3 所示，工业革命前，人均 GDP 基本稳定不变，工业革命后增长加速，尤其进入 20 世纪后，增速日益加快。人均 GDP 增长反映了劳动生产率的提高和产业结构的不断变化。

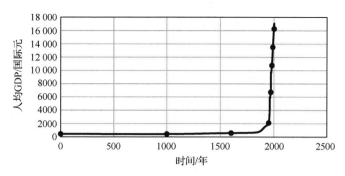

图 1-3 现代经济增长中的人均 GDP 变化

数据来源：麦迪森，《世界经济千年史》；世界银行，2022 年

人均 GDP 增长体现了生产率的提高和技术的进步。根据麦迪森的研究，从 18 世纪开始，西欧国家人均 GDP 增速突然提高了 20 倍，增加到每年 1%。这意味着，人均 GDP 翻一番所需时间从工业革命前的 1400 年减少为 70 年。到 19 世纪中叶，欧美发达国家人均 GDP 增速又翻了一番，提高到每年 2%，这使得人均 GDP 翻番所需时间缩短为 35 年。其中，英国人均收入翻倍用了 58 年（1780—1838 年），美国用了 47 年（1839—1886 年），日本用了 34 年（1885—1919 年），韩国用了 11 年（1966—1977 年）。而随着中国的改革开放，中国仅用了 10 年（1977—1987 年）。

工业化进程逐步加快有多方面原因，其中技术进步最为关键。根据麦迪森的研究，从传统经济转变为现代经济最显著的标志是人均收入翻番速度加快、市场规模扩大、技术水平进步和生产力提高。支撑这种转变机制的主要原因是以科技创新为核心引领的产业结构转型升级。后发国家由于拥有后发优势，可采用的先进技术越来越多，使得工业化的进程也越来越快。

（三）产业结构首次转型升级：跨越"马尔萨斯陷阱"

产业结构转型升级是否容易实现？许多经济学家认为：第一次工业革命作为产业结构转型升级的重要标志，之所以能够推动经济持续增长，关键在于跨越了"马尔萨斯陷阱"①。"马尔萨斯陷阱"是指英国经济学家马尔萨斯关于人口的理论：农业社会的人口按几何级数增长的同时，由于农业生产技术限制，养育和维持人口所需的资源按照算术级数增长，这导致人口增速快于资源增速，当人口数量超过维持人口所需的资源数量时（如图 1-4 所示），战争、饥荒和瘟疫等危机就会爆发，导致人口下降，进而经济开始衰退。这正是农业社会经济增长缓慢的重要原因。

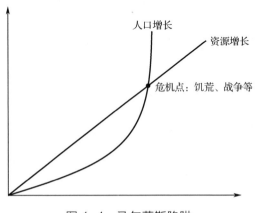

图 1-4　马尔萨斯陷阱

数据来源：赛迪智库

中国封建王朝兴亡周期以及封建王朝人口峰值通常出现在王朝中期的规律，一定程度上印证了这一理论。新王朝初期，随着大量荒废和闲置的土地被开发，经济快速增长，人口逐渐增多，社会出现"治世"；到王朝中期，土地开垦完毕，但新增人口需要获取更多土地，社会矛盾开始显现；王朝末期，新增人口没有充足土地供养，底层农民为了生存只能出卖已有土地，并依附于地主以勉强生存，土地兼并和流民问题愈演愈烈，贫富差距不断扩大，战争和饥荒开始出现。

"马尔萨斯陷阱"深刻描述了经济社会发展同资源环境之间的深层关系：

① 1798 年，英国人口学家和政治经济学家马尔萨斯发表著作《人口原理》，指出：人口按几何级数增长，而生活资源只能按算术级数增长，所以不可避免地导致饥馑、战争和疾病，使得多增加的人口难以生存，人口不能超出相应的社会发展水平。这种简单的"富则生，多则穷，穷则死"的理论被西方经济学家称为"马尔萨斯陷阱"。

"富则生，多则穷，穷而死"。即当资源丰富时，出生率随人均收入增加而增加（富则生），但资源总是有限的，人口增加会导致人均收入下降（多则穷），从而随着人均收入的下降，死亡率开始上升（穷则死）。

18 世纪中叶起源于英国的工业革命，推动英国首次实现产业结构转型升级，大幅提升了生产力，开启了现代经济增长新模式。这次产业结构转型升级主要有三大特征：（1）工业占比大幅提升，并首次超越农业，成为经济社会发展的主导产业；（2）大量农民转化为市民，并向工业生产聚集地转移，城镇数量大幅提升，一种完全不同于农村的城镇生活方式出现在世人面前，城镇化水平开始快速提升，人口在城镇集聚，扩大了市场，大市场开始出现；（3）伴随殖民活动，国际贸易持续扩大，全球化进程加速，更多资源开始流通，进一步推动了产业结构转型升级。人类由此突破农业社会的资源限制，跨越了"马尔萨斯陷阱"。这次转型升级最直接的表现是人均收入水平得到大幅提升，这是突破人口-资源限制的关键条件。例如，1800 年英国和荷兰的人均收入开始翻倍，分别达到 2200 国际元和 2609 国际元。工业革命后，欧洲各国继英国之后跨越"马尔萨斯陷阱"，从传统经济进入现代经济，伴随欧洲国家的全球殖民活动，工业化和现代经济向全球蔓延。

"马尔萨斯陷阱"不仅适用农业社会，在工业社会同样具有重要意义。在全球工业化发展的同时，资源环境问题也日益突出，成为制约经济增长的全球性挑战。从 20 世纪中期开始，"环保运动""能源危机""生态破坏""气候变化""公共健康"等一系列议题率先在发达国家出现，并逐步向全球蔓延，这说明现代经济同样面临"马尔萨斯陷阱"。如何摆脱资源环境约束是现代经济实现可持续发展的重要研究课题。

（四）现代经济增长的核心：产业结构不断转型升级

为什么麦迪森描述的现代经济能够呈现持续高速的增长？越来越多的证据表明：不同于农业社会经济增长长期受到土地、人口和低下生产力的制约，在工业社会，现代经济在增长的同时不断孕育产业结构转型升级。正是持续不断的产业结构转型升级推动了现代经济持续增长。

对此，库茨涅兹指出，经济学家侧重研究经济"量的增长"，对从结构角度研究经济"质的提升"关注不足，但自工业革命以来，"结构问题"才是现代经济增长的核心问题。为此，库茨涅兹界定了现代经济增长的定义：现代国家的经济增长可以被定义为该国向其民众供应各种产品能力的长期增长，这种能力的长期增长根本而言来自技术创新和制度创新。这个定义解释了现代经济增长的三个关键特征。

1. 人口增长是动力而不是约束

生产力的持续提升，使得经济体每多一个新生命，带来的产出将大于其所需的投入，因此人口增长将带来增长加速而非陷入"人口增长—资源耗竭—人口衰减"的马尔萨斯恶性循环，每个人的诞生与进步都是所有人繁荣和发展的条件和助力，没有人是多余的资源消耗者，这是库茨涅兹经济增长理论中一个非常伟大的突破。现在看来，虽然人口与资源环境约束再次出现，但库茨涅兹所揭示的人口促进经济增长的作用是存在的，同时人口抑制经济增长的作用也存在，关键在于处理好"人口-经济-资源环境"的相互关系。任何无序的人口扩张和无序的经济发展都将是"马尔萨斯陷阱"的引路人。

2. 技术进步是经济增长的重要推动力

新技术的广泛应用刺激了其他技术出现，如此往复，持续的技术创新推动持续的经济增长。例如，蒸汽机的大规模应用导致电力技术的出现，电力技术的发展导致信息技术的创新，人类社会因此先后进入机械时代、电力时代和信息时代。技术进步成为经济增长的重要推动力，这是现代经济的又一重大突破。

3. 结构变化是经济增长的核心内容

经济增长包括产出增加（如 GDP 增加）和结构变化（如产业结构转型升级）等。前者是增长的结果，可以凭此观察经济是否增长；后者是增长的原因，即"向民众供应日益多元化的经济产品的能力"的提升，这种能力的提升就是产业结构转型升级。这是现代经济的第三个突破。

这三大突破是现代经济增长不同于传统经济增长的关键，也是现代产业结构不断转型升级的根源。然而，自工业革命以来，发展中国家的数量远多于发达国家，发达国家"向民众供应日益多元化的经济产品的能力"强于发展中国家，这说明尽管现代经济增长能实现产业结构不断转型升级，但这种能力并不是必然的。不同国家因发展阶段、科技条件、资源禀赋、国际环境等差异，产业结构转型升级的难度、风险、成功概率有所不同，这涉及产业结构转型升级的规律问题。

二、产业结构的内涵及其转型升级

产业结构的丰富内容导致了产业结构的多样性和复杂性，也使得产业结构转型升级困难重重。大致来说，产业结构包括十方面内容。

（一）产业结构的十方面内容

1. 三产结构

三产结构是指三次产业比例关系，其中农业、林业、牧业、渔业等构成第一产业，即广义的农业；采矿、制造、能源和建筑构成第二产业，即广义的工业；批发零售、金融、教育等构成第三产业，即服务业。从能源消耗和碳排放看，第二产业的能源消耗和碳排放远大于第一产业和第三产业，因此三产结构会显著影响能源消耗和碳排放。

2. 部门结构

各产业都可以细分成不同部门，如第二产业包括采矿、制造、能源、建筑部门，第三产业包括商业、科技、金融、教育、医疗、文化等部门。部门是现代经济管理的重要组织单元和产业分类维度。一般而言，相同部门的产业投入产出关系更紧密，不同部门的产业投入产出关系较松散。这一特点是制定产业政策和实施产业管理的重要基础。因此，部门通常是落实宏观经济管理、实施产业政策的抓手和载体。从能源消耗与碳排放看，能源、工业、交通、建筑、农业等不同部门的能源消耗和碳排放特征也存在差异。

3. 行业结构

对部门内的产业进一步按产品差异进行细分，就形成了不同行业，如制造部门内的食品、钢铁、汽车等行业。行业是产业结构中最具活力和承上启下的层次，也是分析产业结构最基本的单位。行业的产品种类和产业链长度会影响行业的复杂度和重要性，不同行业的能源消耗和碳排放也彼此不同，如钢铁行业的能源消耗和碳排放就高于纺织服装行业，更高于家政服务行业。

4. 企业分布

对行业进行细分，就会发现构成行业的各类大小不同的企业主体。每个行业都会包含大量企业，它们大小不一、数量不等、市场地位不同。这些企业既竞争又合作，活跃在市场中，并通过上中下游关联形成行业生态，或以供应链形态分布，或以产业集群形态分布，影响着市场活力和产业发展态势。因此，企业是构成产业最基础的细胞。

5. 产品结构

产品是产业的微观基础和价值所在。不同类型、规格的产品体现不同的质量标准、文化内涵和技术水平，满足不同市场需求和应用场景，也具有不同的能源消耗和碳排放水平。降低产业的能源消耗和碳排放，关键在于降低产品的能源消耗和碳排放。

6. 技术结构

产品由原材料经过前后连贯的工艺过程制造出来，而每个工艺过程都需要技术实现。技术一端连接市场和消费，另一端连接能源和资源。支撑每个产品的技术体系是决定能源消耗和碳排放的关键因素，产业结构转型升级最核心的内容就是推动新的技术体系替代旧的技术体系。

7. 需求结构

需求结构是指经济中消费、投资和进出口的比例关系，需求结构会随着发展阶段变化而变化，并影响产业结构。根据马斯洛的需求理论，人类需求具有由低到高依次升级的特点，这意味着任何产品需求都不是无限的，总会达到峰值。当产品需求达到峰值时，产业增长就开始放缓。因此，维持经济增长的关键就是保持新产品不断替代旧产品，形成新旧产品交替增长。

8. 要素结构

制造产品和满足需求离不开要素的支撑。不同产业对土地、矿产、劳动、资金等要素投入的偏好不同，形成劳动密集型、资源密集型、技术密集型产业。资源密集型产业的能源消耗和碳排放大于劳动密集型和技术密集型产业。不同国家和地区由于要素禀赋差异，产业结构会有所不同。例如，煤炭丰富的国家和地区，产业结构更偏向高耗煤的产业结构，从而导致能源消耗和碳排放较大。从发展的角度看，"资源依赖"是影响产业结构转型升级的常见风险，一个国家和地区如不能突破"资源依赖"，很容易导致"资源诅咒"和"路径依赖"，无法实现产业结构转型升级和进入更高的发展阶段。

9. 空间布局

空间地域既是资源禀赋的载体，也是组织产业集聚与产业转移的抓手，由于不同产业的能源消耗和碳排放存在差异，以及不同空间地缘的能源资源分布存在差异，优化调整产业的空间布局就成为产业结构转型升级的重要内容。在我国，能源资源丰富的西部、北部地区产业偏重，能源消耗和碳排放量大；人口技术密集的东南沿海地区产业偏轻，能源消耗和碳排放量较小。

10. 贸易结构

贸易结构是全球产业分工的结果。当前，高消耗、高污染、高排放、低附加值的产业主要集中在发展中国家，低消耗、低污染、低排放、高附加值的产业主要集中在发达国家。国际贸易使得各国相互联系，形成全球统一产业链供应链体系，也由此产生了全球碳排放的转移和不公平的生态殖民现象。要降低全球碳排放量，必须通过调整发达国家和发展中国家的传统贸易结构来从根本上解决全球碳排放转移问题。

产业结构转型升级本质上是指调整优化产业结构这十个方面，使经济保持持续增长和社会发展质量不断提升。

（二）转型升级：改变产业之间的关系和搭配

从降低能源消耗和碳排放看，产业结构转型升级指产业从"高消耗、高污染、高排放、低附加值"向"绿色化、低碳化、循环化"转变。这涉及诸多问题：

例如，制造业的规模和占比既影响我国的能源消耗和碳排放总量，又关系到社会民生和国家安全。在"双碳"目标下，需要确定制造业的规模和比重，以在实现"双碳"目标的同时又保障民生和产业安全。

又如，我国高耗能行业规模大、体系全，是保障原材料和能源安全的战略性基础产业，但也是能源消耗与碳排放的主要来源，是实现"双碳"目标的关键与难点。推动高耗能行业节能降碳，是采用转移到国外的方法，还是通过科技创新的方法，不同的选择会深刻影响我国全面实现工业化和现代化的道路。

再如，随着能源结构从"化石能源为主"向"非化石能源为主"转型，不同地区基于能源资源的比较优势也在发生变化。如何调整优化生产力空间布局成为"双碳"目标下区域协调发展的重要内容。

此外，在当前百年变局加速演化的背景下，世界产业链供应链正在发生深刻变革。欧美国家纷纷建立碳关税等绿色贸易壁垒，对全球贸易格局和产业竞争产生深远影响。在这一形势下，我们能否通过开展绿色贸易突破欧美国家的绿色贸易壁垒，将影响我国在未来能否进一步实现更高水平的对外开放和构建新发展格局。

三、影响产业结构转型升级的因素

（一）供给因素

要素禀赋是影响产业结构的重要因素，其主要包括以下几类：一是气候、水土、矿产、森林等自然资源，自然资源的丰富程度影响着资源密集型产业的发展。二是人力资源，人口数量和质量对劳动和技术密集型产业影响较大，例如，人口资源丰富的孟加拉国，其纺织服装等劳动密集型产业发展迅速；人口教育水平较高的北欧国家在技术密集的电信和先进制造业领域表现较强。三是资本要素，资本越充足、资金成本更低的富裕国家，更易于发展资本密集的金融业，如英国、瑞士、美国等国家金融业发达，而贫穷的国家因缺乏资本难以发展资本密集的工业。

（二）技术因素

科学技术是第一生产力，随着科技飞速发展，科技进步对产业结构转型升级的影响日益深远。当前，人类正面临新一轮科技革命与产业变革的重大历史契机，新一代信息技术、人工智能技术、绿色能源技术、生物技术层出不穷，为经济社会发展带来诸多机遇。但科技进步也会导致传统产业的衰退和淘汰，造成失业风险，扩大贫富差距，加剧社会不平等。

（三）需求因素

市场经济条件下，需求随着收入水平的提高不断升级，带动产业结构转型升级。在工业化初期低收入阶段，需求主要是为了满足生存需要，农业和轻纺工业最发达，伴随收入水平的提升，人们对家电、汽车、住房等耐用消费品的需求带动产业从以轻纺工业为主向重化工业转型，收入进一步提高使得技术密集型产业和服务业快速发展。

（四）国际环境

随着全球化的不断推进，国际贸易、国际投资、贸易壁垒等国际环境变化对产业结构的影响日益显著。其中，国际贸易通过资源的全球配置，在提高资源利用效率的同时，也使各国更专注于优势领域，形成更高效的全球产业链供应链。随着地缘政治的变化，全球保护主义和贸易壁垒日益增多，全球产业链供应链正在发生深刻变化。

（五）国家政策

国家政策包括发展战略的选择、目标及其实施路径的设定，是影响产业结构转型升级的重要因素。例如，新中国成立初期，我国采用优先发展重工业的战略，使得重工业增长速度快于轻工业，到改革开放初期，我国采用发展轻工业的政策，使得轻工业发展速度快于重工业。

四、产业结构转型升级的基本规律

产业结构转型升级既有一般规律，又有时间、空间和风险上的差异，这种特点决定了国家及地区产业结构转型升级的复杂性和风险性。

（一）一般性规律：从影响因素变化开始

考察分析发达国家和发展中国家产业结构转型升级的历史过程，可以发现产业结构转型升级遵循这样一条规律性路径："因素的变化——导致问题挑战——实施转型升级——面临风险陷阱——形成新竞争优势"。最初，影响产业结构的因素在经济增长中发生变化，进而改变经济社会的生产力和生产关系。这些变化逐渐积累，形成经济增长面临的新问题和新挑战。为解决这些问题和挑战，会启动新的产业结构转型升级，此时不管选择怎样的目标和路径，都将面临各种风险和陷阱。不是所有转型升级都会成功，一旦无法应对新风险，产业结构转型升级就会失败，经济增长就会陷入各种困境，而一旦成功，新的产业体系就会形成新竞争优势，在国际竞争中脱颖而出，发展进入新阶段，经济实现持续增长。为什么有的转型升级会成功，有的会失败？这涉及目标与路径选择、外部条件等，其中时间、空间和风险差异是影响产业结构转型升级成败最关键的因素。

（二）差异与特色：阶段性与区域性变化

不同国家和地区的发展阶段、国情条件存在差异，这些差异使得产业结构转型升级在具有一般规律的同时也呈现特殊性。如何处理这些特殊性恰恰是转型升级的难点所在。多数国家面对未来是迷茫的，模仿和借鉴发达国家的道路成为常态，但这种模仿与借鉴通常会因为时间和空间的差异难以成功。

1. 产业结构的阶段性变化

不同发展阶段的产业结构各有特点。多种理论都对这一问题进行了研究。

1）罗斯托的经济发展阶段理论

该理论将经济发展分为 6 个阶段：传统社会阶段、准备起飞阶段、起飞阶段、走向成熟阶段、大众消费阶段和超越大众消费阶段。每阶段的主导产业各不相同，主导产业的更替是推动经济发展的关键。

2）钱纳里的工业化阶段理论

该理论根据人均国内生产总值的变化，将工业化过程划分为 3 个阶段 6 个时期，形成了工业化发展阶段的标准结构模型，从任何一个阶段向更高阶段跃进时产业结构都会发生变化。例如，初级阶段的初级产业主要包括食品、皮革、纺织等在经济发展初期起主要作用的制造业部门；中期产业主要指非金属矿产品、石油、化工、煤炭等在经济发展中期起主要作用的产业；后期产业主要指服装和日用品、印刷出版、粗钢、纸制品、金属制品等高端耐用消费品制造业和知识密集型服务业等在经济发展后期起主要作用的产业。

3）熊彼特的创新理论

该理论认为周期性技术创新是经济增长周期形成的内在原因。其以重大创新为标志，把经济发展分为 3 个长波：①1787—1842 年是产业革命发生和发展时期；②1843—1897 年为蒸汽和钢铁时代；③1898 年以后为电气、化学和汽车工业时代。

2. 产业结构的区域差异

不同国家和地区的历史基础、资源禀赋不同，产业结构也不同。不存在一个统一的转型升级模板适用于所有国家。例如，英国在工业化后期侧重发展服务业，德国侧重发展制造业，中国在工业化前期率先发展重工业，而印度率先发展服务业。总体来看，一个国家在不同发展阶段究竟需要怎样的产业结构，与国家大小、政策、历史、资源、环境等各方面条件都紧密相关。

（三）陷阱与风险：始终无法避免的阻碍

通过工业化实现现代化是世界各国发展的普遍趋势。工业化和现代化在带来发展的同时也带来问题和风险。自第一次工业革命以来，尤其从第二次世界大战后的历史进程看，不是所有的国家都可以成功实现工业化和现代化，最终成为发达国家。当前全球 233 个国家和地区中，发达国家只有 34 个，占比不到 15%。为什么工业革命以来的两百多年，大多数发展中国家无法成功实现产业结构转型升级？因为不同发展阶段和条件下的国家和地区，在推动产业结构转型升级时，会遭遇各种各样的问题和风险，一旦不能有效应对这些问题和风险，就会掉进各种"陷阱"，导致转型升级失败、发展停滞。通过系统梳理工业革命以来不同国家遇到的问题和风险，可以发现，产业结构转型升级过程中至少出现过 11 种陷阱。

1. 马尔萨斯陷阱

这种风险通常存在于工业化开始之前、发展比较落后的农业国家，对于准备开始工业化的国家，要跨越马尔萨斯陷阱，首先需要引进外部资金和技术。随着全球化的深入发展，资源环境问题日益突出。从资源环境对人口增长的约束关系看，工业化中后期出现的人口、经济、资源环境彼此的相互制约，日益成为新的"马尔萨斯陷阱"。

2. 贫困陷阱

"贫困陷阱"主要分析这样一种现象：一个国家因贫穷导致教育落后、资本稀缺、国际环境差，这进一步加剧了贫穷，从而形成了恶性循环。贫困陷阱研究开始于 1953 年罗格纳·纳克斯在《不发达国家的资本形成》中的分析，1956 年美国经济学家纳尔逊进一步提出"低水平均衡陷阱"理论，1957 年瑞典经济学家缪尔达尔提出"循环累积因果论"。后来的研究者把工业化早期的此类问题统称为"贫困陷阱"。

3. 中等收入陷阱

2006 年，世界银行在《东亚经济发展报告》中首次提出"中等收入陷阱"概念，指的是中等收入国家往往陷入了经济增长停滞，很难成功发展为高收入国家。发生"中等收入陷阱"的主要原因是国家发展到中等收入水平阶段后，劳动成本方面无法继续与低收入国家竞争，同时先进技术方面因积累不足无法与高收入国家竞争，导致产业结构转型升级难度大幅增加。

4. 梅佐乔诺陷阱

梅佐乔诺指的是意大利半岛南部外加西西里和撒丁岛地区，是意大利比较落后的地区。意大利进入现代社会后，其南方以传统农业经济为主，北方以现代工业经济为主，南北之间存在较大差距，形成典型的二元经济。由于这种发展差距长期得不到缩小，最终成为制约意大利经济快速发展的问题。区域发展不平衡不是意大利独有的现象，不同国家和地区普遍存在程度不同的区域不平衡问题。从根源上说，区域不平衡问题既是产业结构转型升级的结果，也是制约产业结构转型升级的原因。

5. 去工业化陷阱

"去工业化"一词最初用来描述第二次世界大战后战胜国对德国、日本等战败国的工业生产进行的限制和改造，以削弱其经济基础。后来，"去工业化"被定义为一个国家或一个经济体工业部门就业和产值分别占总就业和总产值的比重双双持续下降的现象。从全世界看，去工业化现象不仅发生在发达国家，在发展中国家也普遍存在。

6. 比较优势陷阱

"比较优势陷阱"指一个国家（尤其是发展中国家）完全按照其自然条件形成的比较优势，生产并出口初级产品和劳动密集型产品。虽然这些国家在与技术和资本密集型产品出口国（通常是发达国家）的贸易中也能获益，但因其贸易结构存在缺陷，这些国家总是处于不利的竞争地位。

7. 修昔底德陷阱

"修昔底德陷阱"由美国哈佛大学教授格雷厄姆·艾利森提出，用来描述这样一种现象："一个新兴大国的崛起必然会挑战守成大国的地位，而守成大国也必然会采取措施遏制和打压新兴大国，两者的冲突甚至战争往往很难避免。"从历史上看，产业结构转型升级（尤其在工业化中后期）往往面临国家间激烈的竞争，这种竞争并不必然仅存于领先经济体之间，发达国家对发展中国家的遏制打压在发展的不同阶段都广泛存在。这是导致诸多发展中国家产业结构转型升级不断失败的重要原因。

8. 金德尔伯格陷阱

"金德尔伯格陷阱"最初由美国麻省理工学院经济学家查尔斯·金德尔伯格在《1929—1939 年世界经济萧条》一书中用来说明经济大萧条现象：1929 年大萧条危机之所以成为世界性的，是因为当时领先的英国没有能力、美国又不愿意承担制止危机的责任，最终导致世界经济缺乏一个"稳定者"来为剩余产品提供市场，为重启金融提供最终借贷。金德尔伯格陷阱指的是在全球权力转移过程中，如果新兴大国不能或不愿承担领导责任，提供必要的国际公共产品，就会导致国际公共产品短缺，进而造成全球经济混乱和安全失序的局面。

9. 卢梭陷阱

"卢梭陷阱"指的是"特殊利益集团"对产业结构转型升级的阻碍，这种阻碍可能导致转型升级始终无法成功。卢梭在《社会契约论》中指出这一现象：如果社会上形成了利益小集团，每个集团的意志对其成员来说是公益，对国家来说却是个别意志，很多时候，社会改革会因为搞不好小集团利益，导致大多数人的利益无法实现。经济学家称这种现象为"卢梭陷阱"。

10. 塔西佗陷阱

"塔西佗陷阱"是指政府一旦丧失公信力将会产生不可逆转的恶性循环现象：无论政府说的话是真是假，做的事情是好是坏，都会被认为是在说假话、做坏事，都会遭到社会公众的质疑和批评。古罗马历史学家塔西佗在《历史》一书中指出这一问题："一旦皇帝成了人们憎恨的对象，他做的好事和坏事会同样引起人们的厌恶。"塔西佗陷阱指出了现代社会中政策的影响：不要用频繁变动、朝令夕改、相互矛盾的政策干扰产业结构转型升级。

11. 霍布斯丛林陷阱

"霍布斯丛林陷阱"是英国政治哲学家和社会学家托马斯·霍布斯设想的一种原始状态：在这种状态下，每个人都生活在贫穷、孤独、肮脏、残忍和短命中，弱肉强食、没有道德、没有怜悯、没有互助，有的只是血淋淋的食物链。国际产业竞争广泛存在这种现象，当前百年变局下，单边主义、霸权主义、逆全球化现象加剧，霍布斯丛林陷阱日益成为阻碍全球产业结构转型升级的重要风险来源之一。

（四）新竞争优势：转型升级成功的奖励

产业结构转型升级不只面对风险挑战，也获得发展机遇。例如，在第一次工业革命时，英国发明了蒸汽机，大幅提升了纺织业的生产效率，扩大了非农产业在国民经济中的占比，实现了经济快速增长。这一过程中，英国通过推广蒸汽机率先发展纺织业，最终成功实现产业结构转型升级，这是英国在地理大发现后,从欧洲各国激烈竞争中脱颖而出的关键。产业结构转型升级的过程也是产业竞争优势更新替代的过程,国家和地区正是通过产业结构持续转型升级而不断获得新的竞争优势,从而在激烈的产业竞争中脱颖而出,跨越风险陷阱,实现经济持续增长。

第二节 我国的产业结构转型升级

新中国成立以来,我国产业结构转型升级经历四个阶段,强调重工业发展是贯穿始终的主线,这一特点成为我国构建庞大制造能力和完整产业体系的重要基础。同时,不同阶段产业结构转型升级面临的问题、特点、原因都各不相同。

一、1949—1978 年:解决温饱问题与重工业的优先发展

(一)新中国成立初期产业结构转型升级的背景因素

1. 土地所有制改革

无论是英国的"圈地运动"、美国关于奴隶存废的"南北战争",还是俄罗斯的"废除农奴制度"运动,都表明封建土地制度是阻碍工业发展、造成农业生产落后、导致农民贫穷的根源。新中国成立时,全国有三分之二的地区存在封建土地制度,要实现工业的快速发展,必须首先彻底废除封建土地所有制。1948 年 4 月 1 日,毛泽东在晋绥干部会议上的讲话指出:"发展农业生产,是土地改革的直接目的。只有消灭封建制度,才能取得发展农业生产的条件。""消灭封建制度,发展农业生产,就给发展工业生产,变农业国为工业国的任务奠定了基础,这就是新民主主义革命的最后目的。"新中国成立初期,进行土地改革和废除封建土地所有制是工业化的先决条件,只有这样才能集中力量恢复和发展农业生产,为解放和发展生产力创造必要的前提和条件。

2. 人口快速增长

1949 年新中国成立时，我国人口总量为 5.42 亿。由于长期战争和经济基础薄弱，我国人口增长缓慢。随着生产得到恢复，粮食产量不断提高，人口增长速度加快。到 1978 年改革开放时，我国人口总量达到 9.63 亿，增长了约 77.7%。人口快速增长一方面扩大了劳动力资源和市场潜力，另一方面也抑制了收入水平的增长。到 20 世纪 70 年代后期，我国收入水平始终处于缓慢增长状态。

（二）新中国成立初期产业结构转型升级面临的挑战

1. 解决温饱问题

从新中国成立到改革开放前夕，温饱问题始终伴随着产业发展。1949 年我国人均粮食占有量仅为 209 千克，国民基本处于饥饿状态。到 1978 年，我国人均粮食占有量达到 317 千克，虽然摆脱了饥饿状态，但仍未达到联合国制定的 400 千克的粮食安全标准线。这主要有两方面原因：一是工业基础薄弱，无法支撑农业现代化，导致农业生产力低下。1949 年我国亩均粮食产量为 68.6 千克，1978 年才达到 168.5 千克。二是人口快速增长导致温饱问题难以得到彻底解决，人口的快速增长抑制了经济增长对人均收入水平的提高速度。

2. 国家安全问题

第二次世界大战结束之后，全球很快进入冷战时期，美苏争霸主导的总体国际环境不利于全球经济快速发展。这一时期，中苏关系、中美关系、边境安全等众多问题交错出现，外部风险大，安全形势不容乐观，严峻的国际环境给新中国带来了巨大压力。

3. 工业化举步维艰

新中国成立时，我国工业基础十分薄弱，轻工业不能满足人们的生活需要，重工业不能满足国家建设和国防安全需要，教育水平落后，资本和先进技术极为稀缺，加快工业化和推动国家从农业社会向工业社会转变面临"马尔萨斯陷阱"与"贫穷陷阱"双重约束，工业化举步维艰。

（三）新中国成立初期产业结构转型升级的主要措施

1. 完成土地改革

1950年6月我国颁布《中华人民共和国土地改革法》，其中总则第一条明确规定："废除地主阶级封建剥削的土地所有制，实行农民的土地所有制，借以解放农村生产力，发展农业生产，为新中国的工业化开辟道路。"到1953年全国除一小部分少数民族地区外，土地改革都已完成，彻底消灭了在我国延续了几千年的封建土地所有制，三亿多无地少地的农民实现了"耕者有其田"。之后随着农业合作化运动，土地由农民个体所有转为集体所有。新中国成立以来的土地改革解放了农村生产力，提升了农业生产力水平，提高了人均粮食占有量，改变了饥饿状态，实现了人口大规模增长。

2. 开启工业化进程

加快发展工业，推动农业国向工业国转变是我国在新中国成立初期提出的重要目标。对外，我国形成"论十大关系"的著名论述、在"八大"报告提出"重点发展重工业""建设完整产业体系"的重要思路，后期进一步发展为"建立一个独立的比较完整的工业体系"的发展路线。实践上，"一五计划"时期"156项重点工程"推动了城市重工业快速发展，为巩固国防安全和建立完整工业体系打下了基础；开展农业合作化，探索建立农村医疗体系，发展社队企业，为轻工业优先在农村发展进行了早期探索。

（四）新中国成立初期产业结构转型升级的特点和原因

1949年新中国成立，标志着我国进入了新的历史阶段，截至1978年改革开放，这一阶段包括了国民经济恢复时期（1949—1952年）、第一个五年计划时期（1953—1957 年）、三年困难时期（1959—1961 年）、国民经济调整时期（1962—1965 年）、"文化大革命"时期（1966—1976 年）。近 30 年时间里，新中国在国内外严峻的发展环境下，产业结构转型升级之路虽然艰难，但在不断推进。

此阶段，我国产业结构转型升级的主要特点是开启工业化进程，以及从农业国向工业国转变。不同于英美等国从轻工业发展开始的市场模式，我国选择了计划经济模式。

到 1978 年改革开放前夕，我国产业结构发生了巨大变化，一、二、三次产业比例由 1952 年的 50.5∶20.8∶28.7，调整为 1977 年的 29.0∶46.7∶24.3。彻底废除了封建土地所有制，实现了"耕者有其田"，农业生产效率的大幅提升推动了温饱问题的解决，实现了人口大幅增长。此外，我国还建立了一个独立、完整且以重工业为主体的工业体系，这为之后构建完善的工业体系打下了重要的基础。同时，我国还全面改善了严峻的国际环境，大幅降低了国际安全风险。所有这些都是围绕产业结构变化展开的。在这一过程中，我国产业结构的"举国体制"优势，为在严峻环境下开启工业化进程做出了重要贡献。

二、1978—2001 年：农村劳动力剩余与轻工业发展

（一）改革开放初期产业结构转型升级面临的挑战

1. 贫穷问题

1979 年改革开放之初，我国人均 GDP 只有 272 美元，在全球 187 个经济体中排第 166 名。美国的人均 GDP 达到 13047 美元，在全球排第 14 名，是中国的近 50 倍。1987 年 4 月 26 日，邓小平在接见外宾时指出："搞社会主义，一定要使生产力发达，贫穷不是社会主义。我们坚持社会主义，要建设对资本主义具有优越性的社会主义，首先必须摆脱贫穷。"

2. 就业问题

改革开放初期，我国工业化所需要的原始资金有限，但人口已接近 10 亿。丰富的人力资源既是工业化的重要要素，也有巨大的潜在市场需求。早在 20 世纪 50 年代中期，城市人口就开始快速增长，但城市重工业吸纳就业的能力较弱，就业问题开始凸显。到 20 世纪 60 年代后期，国家实施"知识青年上山下乡"运动，大量城市人口转移到农村和边远地区，极大地缓解了城市就业问题，但后来随着这些人口陆续回到城市，城市就业问题再次凸显。在农村地区，农村人口有 7.7 亿，人均土地面积 1.5 亩，农村剩余劳动力的存在严重影响了农业生产效率。

3. 轻、重工业发展不平衡

新中国成立初期优先发展重工业导致轻、重工业发展不平衡，从供需两个方面限制了工业的进一步发展。在供给侧，重工业吸纳就业的能力有限，轻工业规模不足，导致大量劳动力无法就业，要素配置效率低下。这一问题的根源在于改革开放前长期支持重工业优先发展的政策，导致国民经济中工业与农业、轻工业与重工业比例失衡问题较为严重。据统计，1978 年我国轻、重工业比例为 42.7∶57.3。在需求侧，随着温饱问题逐步解决，人们的消费开始升级，对服装、手表、自行车、缝纫机、电视机等轻工业消费品产生大量需求，但落后的轻工业无法满足需求，轻工业产品长期供应紧张，大量产品开始从国外进口。

（二）改革开放初期产业结构转型升级的主要措施

1. 实施农村家庭联产承包责任制

1978 年 11 月 24 日晚，安徽省凤阳县凤梨公社小岗村 18 位农民召开了一次重要会议，会议诞生了一份包干保证书。其中主要内容有三条：一是分田到户；二是不再伸手向国家要钱要粮；三是如果干部入狱，社员保证把他们的小孩养活到 18 岁。1980 年 9 月，中央下发《关于进一步加强和完善农业生产责任制的几个问题》，肯定了在生产队领导下实行的包产到户不会脱离社会主义轨道。从此之后，家庭联产承包责任制全面铺开，这一改革改变了人民公社体制下的平均分配方式，使农民收入与劳动直接联系起来，极大地提高了农民的生产积极性，促进了农业生产结构调整，为非农产业特别是乡镇企业发展开辟了广阔道路。

2. 乡镇企业的"异军突起"

家庭联产承包责任制改革使乡镇企业"异军突起"。乡镇企业是乡镇、村兴办的独立经营的集体所有制企业，其前身是社队企业。乡镇企业以轻工业为主，其发展不仅为农村富余劳动力提供了农业之外的就业机会，有效释放了农村的丰富劳动力，还推动了纺织等轻工业快速发展，满足了社会对服装、食品等轻工业品的巨大需求，改变了农村经济单纯依靠农业的发展格局，开创了农民就地就近就业的新路，促进了农业现代化、农村工业化和农民收入增长，有力推动了中国减贫进程，并为中国企业壮大和兴起播下了早期的种子。

3. 轻重工业协调发展

1979 年 4 月，中央工作会议提出"调整、改革、整顿、提高"八字指导方针，将调整产业结构作为改革开放初期经济发展的主要任务。乡镇企业推动了轻工业快速发展，到 1990 年轻工业与重工业的比例已调整为 49.4：50.6[①]，轻、重工业比例严重失衡矛盾基本解决。第一产业比重从 1978 年的 27.7%下降到 1991 年的 24.0%，第二、三产业比重达到 41.5%和 34.5%。但在以轻纺工业为主的一般加工业快速发展的同时，支撑轻工业发展的交通运输、邮电通信、能源、原材料等基础工业和基础设施供应能力日益不足，"拉闸限电"问题时有发生。到 20 世纪 80 年代后期开始出现基础产业与一般加工业比例严重失调的问题，据估计[②]，当时全国加工业有 30%左右的生

---

① 数据来源于《中华人民共和国 1990 年国民经济和社会发展统计公报》。
② 周叔莲：《我国产业结构调整和升级的几个问题》，《中国工业经济》1998(07), 22～29.

产能力无法发挥作用，产能利用率大幅下降。从 1986 年开始，产业结构政策开始从优先支持轻纺工业发展转向优先支持基础工业和基础设施发展，并对轻纺工业过快发展予以控制。例如，"七五"计划时期，财政向工业交通运输部门减税让利约 1900 亿元，其中 60%以上用于支持能源、交通运输部门的发展[①]。

4. 在沿海地区设立经济特区

在推进农村改革的同时，沿海地区的开放工作同步展开。1979 年 4 月，邓小平首次提出要开办"出口特区"，并在深圳加以实施。1979 年 7 月，中共中央、国务院同意在广东省的深圳、珠海、汕头三市和福建省的厦门市试办出口特区。1980 年 5 月，中共中央和国务院决定将深圳、珠海、汕头和厦门这四个出口特区改称为经济特区。1988 年 4 月，又设立海南经济特区。建立经济特区对我国产业结构转型升级有重要意义，它有利于我国在工业化过程中利用外资，学习现代经营管理经验，培训管理人才；有利于引进先进技术，了解世界经济信息；有利于扩大出口，增加外汇收入；有利于扩大我们走向世界的通道，也为世界了解我国的改革开放政策打开了一扇窗口。

（三）改革开放初期产业结构转型升级的特点和原因

1978 年十一届三中全会的召开，开启了改革开放历史新阶段，到 2001 年我国加入世界贸易组织为止，这一阶段是我国改革开放从试点探索转向全面展开的时期。以 1992 年邓小平南方谈话为节点，可以分为改革开放试点时期（1978—1991 年）和全面改革开放时期（1992—2001 年）。前一时期，乡镇企业异军突起，推动轻工业快速发展；后一时期，基础工业发展，实现轻、重工业协调发展。经过这两个时期的发展，我国的三产比例发生了较大变化，第一产业比重从 1991 年的 24.0%下降到 2001 年的 14.0%，第二、三产业比重达到 44.8%和 41.2%，轻、重工业同时实现了快速增长，农业占比

---

① 刘鹤、杨焕昌、梁均平：《我国产业政策实施的总体思路》，《经济理论与经济管理》1989(02)，14-19.

快速下降。总体来看,从轻工业快速发展转向轻、重工业协调发展是这一阶段产业结构转型升级的主要特征。

农村改革释放的大量剩余劳动力是驱动改革开放后产业结构顺利实现转型升级的第一动力。农村实施家庭联产承包责任制,使广大农民获得了充分的经营自主权,调动了积极性,解放和发展了农村生产力。在这种情况下,乡镇企业从农村"异军突起",不仅吸纳了农村大量剩余劳动力,而且满足了人们对轻工业品的迫切需求,同时加快了城镇化发展,成为农业农村现代化的重要支撑以及推动国家工业化的重要动力。

设立经济特区和逐步扩大开放是我国产业结构转型升级顺利推进的第二动力。我国的改革开放沿着"经济特区—沿海开放城市—沿海开发区—内陆开发区"的顺序逐步推进,开放范围不断扩大、开放水平不断提升,外资企业不断涌入,为搞活市场提供了重要动力。在当时,随着苏联解体和冷战结束,我国发展环境总体趋向和平,发达国家受 20 世纪 70 年代多次能源危机影响,开启了新一轮全球产业转移,为我国工业化提供了重大机遇,我国的对外开放抓住了这一机遇。

城市经济体制改革快速启动了我国城镇化进程,成为推动产业结构转型升级的第三动力。自 20 世纪 90 年代开始,围绕城市经济,我国先后开展了分税制改革、国企改革、教育改革和住房制度改革等措施,市场机制逐步建立起来,城镇化率不断提高。这些改革措施是我国社会主义市场经济体制改革的重要组成部分,有力支撑了产业结构转型升级,实现了轻、重工业快速协调发展。

总体来看,这一阶段的最大特点是,以农村改革为起点,摸着石头过河,向城市改革深入推进。在这一过程中,改革主线始终围绕解决贫穷问题、就业问题和轻重工业协调发展三大挑战进行,产业结构转型升级的最大成果是释放农村丰富的剩余劳动力,发展了乡镇企业,建立了社会主义市场经济体制。

三、2001—2012 年：锻造规模优势与成为"世界工厂"

（一）加入世界贸易组织后影响产业结构的因素变化

1. 国际环境发生巨大变化

2001 年中国加入世界贸易组织，国际环境发生巨大变化。中美关系得到大幅改善，安全形势发生重大变化，和平与发展成为时代主题，以美国、欧洲、日本等发达国家和地区为转出方，以中国为主要转入方的新一波国际产业转移开始。

2. 国内要素得到开发利用

我国劳动力优势同国际资本相结合，以"三来一补"加工贸易为主要载体，外向型经济迅速发展，广东、浙江、江苏、福建等东南沿海地区的经济实现快速增长，"两头在外、大进大出"的外向型产业发展格局逐渐形成。大量廉价商品从中国出发涌向了美国、欧洲等发达体，市场扩张带动产业规模的扩大，劳动力优势逐步转化为经济发展的规模优势。至此，在人口红利效应下，我国丰富的劳动力优势终于转化为产业的规模优势，成为继"举国体制"后，我国参与国际竞争的"第二能力"。

3. 技术引进速度不断加快

外国直接投资的增加加快了技术引进速度，技术水平持续提升，先进管理制度被引入中国，现代化管理体系逐渐建立。伴随技术和管理的进步，家电、轻工业企业竞争力得到提高，改革开放初期的乡镇企业通过股份制改革开始转化为私营企业，企业生产效率和竞争力不断增强。

4. 出现贫富差距和"排浪式"消费

东南沿海地区的收入水平快速增长，一部分人率先富裕起来。同时东南沿海地区与中西部地区之间、城乡之间开始出现贫富差距，导致人口从中西部地区向沿海地区、从乡村向城镇大规模流动，城镇化进程加速。收入水平提高带动了消费增长，消费出现"排浪式"特征，导致产业发展出现"爆发式"扩张，产能过剩问题不时出现。在这种情况下，我国产业的规模优势进一步得到巩固，但同时，粗放的发展方式也引发了资源环境问题。

5. 城镇化进程和基础设施建设加快

加入世界贸易组织后，国际贸易的快速增长带动了资源要素的全国流动，经济活力大幅提高。尤其 1998 年房地产改革的实施，开启了城镇化加速发展的进程。地方政府得到土地财政加持，不断加大房地产和基础设施建设力度，带动重化工业实现大规模快速扩张，经济整体呈现快速发展态势。到 2010 年，我国制造业规模超过美国，成为"世界工厂"，同时我国 GDP 总量超过日本，居全球经济体第二位。

（二）加入世界贸易组织后产业结构转型升级的主要措施

1. 国际贸易和国际投资加快发展

加入世界贸易组织推动了我国进出口贸易总额持续增长。2001 年美国"9·11"恐怖袭击事件后，美国开始把重心转移到中东地区，为我国创造了较宽松的发展环境。大量外国投资进一步涌入我国，但这一良好态势随着 2008 年美国次贷危机爆发结束，之后我国经济发展的外部条件开始逐步发生重大变化。

2. 城镇化进程加速推动重工业大规模扩张

2001 年，我国城镇化率为 39.1%，到 2012 年上升到 52.6%，年均增长1.2%。按照国际规律，当城镇化水平超过 30%后，城镇化进入加速发展阶段，大量人口涌入城市，带动了房地产需求增长，房地产业发展进一步带动电力、钢铁、水泥等重工业扩张。

3. 应对 2008 年美国次贷危机

2008 年美国爆发的次贷危机对全球金融市场造成了巨大影响，导致全球经济发生重大转折。尽管我国政府审时度势，采用扩张性政策有效应对了金融危机，但这次危机对全球形势和我国经济发展都产生了深远影响：一是美欧发达国家从危机中重新认识制造业，危机后纷纷提出"再工业化"战略，对全球产业链供应链格局产生了深远影响。二是危机后全球经济增速趋缓，国际形势和中美关系开始发生重大变化，"中国生产—美国消费"的传统分工体系变得不稳定。三是我国从危机中认识到外向型经济的弊端，经济政策开始从推动外向型经济发展向内外协调的思路转变。

（三）我国产业结构转型升级的特点和原因

从数据上看，我国一、二、三次产业比例由 2001 年的 14.0∶44.8∶41.2，调整为 2012 年的 9.1∶45.4∶45.5。12 年间，第一产业占总体经济的比例下滑 4.9 个百分点，第二产业占比提高 0.6 个百分点，第三产业占比提高 4.3 个百分点。相比前两个阶段，这一阶段产业结构变化幅度大幅降低，一方面是因为产业结构变化随经济总量扩大而变慢，另一方面是因为这一阶段的工业和服务业都在快速增长。

这一阶段产业结构形成两个标志性特征：一是高耗能行业占比大，导致能源消耗和碳排放量大。在这一时期，工业化、城镇化加速发展，带动重工业增长。据统计，1999 年我国重工业增速开始超过轻工业，2003—2007 年重工业增速大幅超越轻工业，最大差距达到 4.1 个百分点。第二产业中，重化工业占比过高，重化工业的快速发展虽然在短时期内能够带来经济的高速增长，但粗放型发展方式以大量资源消耗为代价，对环境造成严重破坏，从长远看是不可持续的。

二是第三产业占比在 2012 年超过第二产业，成为经济结构的最大部门。同时，我国劳动力数量在 2012 年达到峰值，人口红利效应开始减弱。有研究者提出，我国已完成工业化进程，进入后工业时期，应大力发展服务业，将其作为产业结构转型升级的主方向，这对"十三五"时期产业政策产生了影响，成为导致我国制造业占比快速下降的因素。

三是加快发展新兴产业。全球金融危机爆发对我国经济造成了冲击，为减缓金融危机的影响，2008 年后我国提出了"保增长、扩内需、调结构"的政策目标。2010 年发布的《国务院关于加快培育和发展战略性新兴产业的决定》，把节能环保、生物、高端装备制造、新能源、新材料、新能源汽车等产业作为重点扶持保护产业，以促进产业结构向高端迈进。

从 2001 年加入世界贸易组织开始到 2012 年第三产业占比首次超过第二产业截止，这一阶段是我国工业化、城镇化快速发展的时期，也是我国建立完整工业体系、成为"世界工厂"的时期。以 2008 年金融危机为分界点，分为经济快速增长时期（2001—2007 年）和经济稳定增长时期（2008—2012 年）。这两个时期经济形势发生了很大的变化。前者是经济不断扩张的时期，产业结构转型升级方向是在增长中提质量；后者是金融危机后经济发展开始减速时期，产业结构转型升级方向是稳定经济增长。总体看，这一阶段是我国发展较好的阶段，经过这一阶段发展，我国产业结构显现出两大优势：举国体制优势和规模优势。

三大原因促使我国拥有了两大能力：一是加入世界贸易组织极大扩展了全球市场并激发了外国投资，为我国加快引进和吸收先进技术、充分发挥劳动力优势、锻造产业竞争的规模优势创造了重要条件。二是城镇化进程的加快和基础设施的建设，为我国适时推动消费升级和产业升级创造了条件。随着人们收入水平的提高和人口大规模进入城市，消费结构从满足温饱向实现小康生活升级，人们对食品、服装、小家电的需求转向了对家电、汽车和城镇住房的需求，消费升级和产业升级相互促进，实现了消费品工业和重化工业的同步扩张，为锻造规模优势和成为"制造大国"打下坚实的基础。三是新一代信息技术推广应用以及 2003 年"非典"疫情拉动了电子商务的快速发展，这激发了我国丰富数据资源的开发，启发了我国发展以新一代信息技术为引领的战略性新兴产业，为下一步产业结构转型升级提供了方向。

四、2012—2020 年：经济增速变化与实现高质量发展

（一）经济社会进入新发展阶段面临的主要挑战

1. 资源环境问题开始显著影响日常生产生活

2013 年 12 月 2 日至 12 月 14 日，我国中东部地区发生了大面积重度雾霾事件，北京、天津、河北、山东、河南、江苏、安徽、上海、浙江等多地空气质量指数达到六级严重污染级别，京津冀与长三角雾霾连成一片，严重影响了当地的日常生产和生活。工业化进程中在发达国家普遍出现过的资源环境问题，首次引起了全国范围的高度关注，解决资源环境问题开始成为我国产业结构转型升级的重要内容。

2. 制造业占比呈现快速下降趋势

2006—2019 年，全国工业占比从 42%下降到 32%，同期制造业占比由 32.5%下降到 27.7%，制造业占国内生产总值的比重快速下降，快速去工业化趋势开始出现。与此同时，我国 2020 年的人均 GDP 才达到 10504 美元，相比欧美等发达国家，我国的去工业化时机大幅早于人均 GDP 发展水平，这意味着我国已经出现过早过快去工业化的风险。

3. 中美关系巨大变化影响全球产业链供应链格局

自 20 世纪 70 年代中美建交以来，中美关系虽然不时出现冲突，但整体关系呈现友好发展态势。到改革开放后，中美经济关系日益紧密，尤其是在我国加入世界贸易组织后，形成以"中国生产—美国消费"为主的全球分工格局。但 2008 年金融危机后，美国国内贸易保护主义、单边主义、民粹主义日益兴起，对我国的战略关系开始发生转变。随着特朗普政府上台，美国与中国出现贸易摩擦。中美关系变化改变了我国的外部环境，政治对经贸关系的影响增强，我国外部环境变得不稳定，安全风险变大。

（二）新发展阶段产业结构转型升级的主要措施

进入新发展阶段，要完整、准确、全面贯彻新发展理念，着力推进供给侧结构性改革，使高质量发展成为产业结构转型升级的主要方向。具体包括以下三个方面。

1. 实施制造强国战略

"十三五"规划提出，要以提高制造业创新能力和基础能力为重点，推进信息技术与制造技术深度融合，促进制造业朝高端、智能、绿色、服务方向发展，培育制造业竞争新优势。

2. 支持战略性新兴产业发展

"十三五"规划提出，瞄准技术前沿，把握产业变革方向，围绕新一代信息技术、新能源汽车、生物技术、绿色低碳、高端装备与材料、数字创意等重点领域，优化政策组合，拓展新兴产业增长空间，抢占未来竞争制高点，使战略性新兴产业增加值占国内生产总值比重达到 15%。支持战略性新兴产业的发展为我国推动产业结构向高端化转型指明了具体方向。

3. 加快推动服务业优质高效发展

"十三五"规划提出，服务业比重进一步提高，开展加快发展现代服务业行动，扩大服务业对外开放，优化服务业发展环境，推动生产性服务业向专业化和价值链高端延伸、生活性服务业向精细和高品质转变。

（三）新发展阶段产业结构转型升级的特点

2012 年进入新发展阶段以来，我国产业结构转型升级呈现不同于以往的新特点。主要包括以下三个方面。

1. 经济增速下降是产业结构转型升级的背景

产业结构转型升级一般都是在经济中高速增长背景下进行的，产业结构转型升级始终体现"在发展中解决发展问题"的思路，这也是改革开放以来我国经济发展的重要经验。2008 年全球金融危机以来，受国内外多方面因素的影响，我国经济增速放缓，2012 年 GDP 增速为 7.8%，到 2020 年下降到 2.3%，尽管 2020 年受新冠疫情的影响，但经济总体下降的趋势日益明显。与以往阶段不同，此次转型升级是在经济增速下降的背景下进行的。

2. 资源环境约束对产业结构转型升级的影响增大

"十三五"期间，环保成为我国产业结构转型升级的攻坚战。为此，在政策上，我国实施大气、水、土壤污染防治三大战役，先后发布《大气污染防治行动计划》《水污染防治行动计划》《土壤污染防治行动计划》。在投入上，根据生态环境部统计，"十三五"期间我国累计下达生态环境保护资金 2248 亿元，其中，水污染防治资金 783 亿元，大气污染防治资金 974 亿元，土壤污染防治专项资金 285 亿元，农村环境整治资金 206 亿元。

3. 制造业占比呈现快速下降趋势

根据中国社科院的研究，尽管我国制造业占到全球制造业增加值比例的 30%，但从 2008 年以来，我国制造业占全国 GDP 的比重开始快速下降，从 2008 年的 32.1%下降到 2020 年的 26.2%。制造业占比快速下降，表明我国经济有过早去工业化的倾向。这一问题与"大而不强"问题共同构成了当前我国产业结构转型升级中需要高度重视的问题。

（四）影响产业结构转型升级的原因

1. 经济增速下滑压缩了产业结构转型升级的回旋空间

改革开放以来，我国产业结构转型升级经历了多个阶段，每一个阶段都是"在发展中解决发展问题"，这是一条经过实践检验和保障我国经济社会持续发展的重要经验。随着经济增速的持续放缓，在新的发展阶段，我国产业结构转型升级的经济背景发生重大变化，增加了转型升级的难度。

2. 国际环境变化增大了产业结构转型升级的风险

2008 年全球金融危机后，中美关系开始发生变化。这一变化的根源在于我国产业结构的转型升级。核心问题在于，美国等发达国家开始打压和遏制我国产业结构转型升级，开始从改革开放以来的"助力"我国产业结构转型升级转向了"阻碍"我国产业结构转型升级，大幅增加了我国产业结构转型升级的环境风险。

3. 资源环境约束加大了产业结构转型升级的复杂性

资源环境对我国经济发展的约束日益加强，从本质上体现了我国经济随着发展阶段的变化。在工业化中后期，"马尔萨斯陷阱"问题再次出现，对于我国这样的大国而言，这一问题很难避免，关键在于如何应对这一问题。这存在一定的争议：一部分观点主张通过大幅削减高耗能行业和大力发展服务业来解决；另一部分观点则认为通过科技创新提高生产力，推动产业向绿色低碳方向转型。

五、2020—2060 年：我国产业结构的绿色转型升级

（一）我国产业结构的能源消耗和碳排放特征

我国产业碳排放量大，这一特点同我国的产业结构密切相关。能源消耗强度和碳排放强度较大的制造业规模庞大，以及由此引发的对能源的大量需求，是导致我国碳排放量大的重要原因。为降低碳排放总量，实现碳达峰、碳中和目标，必须推动产业结构转型升级。

1. 工业是我国能源消耗的最大部门

21 世纪以来，我国工业经济保持高速增长，工业增加值由 2000 年的 5.6 万亿元增加到 2020 年的近 31 万亿元（按 2010 年价格计算），增长了约 4.5 倍，年均增速为 8.9%。与此对应，工业能源消费总量也持续增长，从 2000 年的 10.4 亿吨标准煤增加到 2020 年的 33.3 亿吨标准煤（见图 1-5），年均

增速为 6%，工业能源消费弹性系数年均约为 0.63。尽管工业能源消费占全国能源消费的比重近年来开始呈逐年下降趋势，但 2020 年占比仍高达 66.8%，是工业增加值占 GDP 比重的 2 倍。

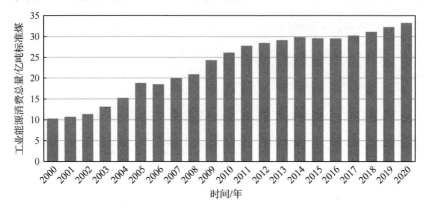

图 1-5 2000—2020 年工业能源消费情况

数据来源：国家统计局，赛迪智库

我国工业能源消费占全社会能源消费的比重始终在 64%以上。21 世纪以来的 20 年，我国工业能源消费占比大体经历了两个变化阶段：一是从 2000 年的 70.1%逐步下降到 2008 年的 65.3%，其间，2005 年工业能源消费占比为 71.9%；二是从 2009 年的 72.5%逐步下降到 2020 年的 66.8%，如图 1-6 所示。工业能源消费占全社会能源消费的比重下降说明了工业经济增长速度低于服务业经济增长速度，体现了去工业化的过程。

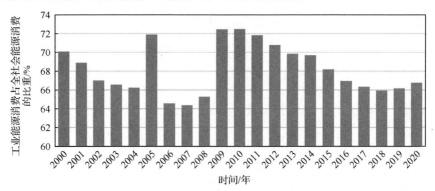

图 1-6 2000—2020 年工业能源消费占全社会能源消费的比重

数据来源：国家统计局，赛迪智库

从能源消费强度看，单位工业增加值能源消费强度总体呈下降趋势。按2010年的价格计算，单位工业增加值能耗从2000年的1.84吨标准煤/万元降低到2018年的1.04吨标准煤/万元，年均下降约3.0%；其中，2012年到2018年期间单位工业增加值能耗处于逐年下降的趋势，6年累计下降28%。

2. 工业碳排放约占全国碳排放的70%

据估算，2020年，我国工业碳排放总量约79亿吨，占全国碳排放的70%左右，占全球碳排放的23%左右。其中，工业能源消费产生的碳排放65.2亿吨，工业过程产生的碳排放13.8亿吨，分别占工业碳排放的83%和17%。

工业能源消费碳排放占全国能源消费碳排放的比重同样在70%左右。2000年以来总体呈上升趋势，由2000年的24亿吨增加到2020年的65.2亿吨的高点。从2014年开始，由于积极推进供给侧结构性改革及大幅压减钢铁、水泥等领域过剩产能等，工业能源消费碳排放增速减缓，连续3年轻微下降后，自2017年开始再次呈现增长趋势。

工业过程排放仍呈增长趋势，除二氧化碳排放外，还包括N_2O、碳氟化合物等温室气体。从2000年到2020年，我国工业过程碳排放从9.5亿吨增长至14亿吨左右，年均增速为2.5%。目前，工业过程碳排放量占工业碳排放量的17%左右，占全国排放总量的13%左右。

3. 高耗能行业是工业碳排放的主要领域

高耗能行业是工业能源消费的重点领域。长期以来，钢铁、建材、石化、化工、有色、电力六大高耗能行业一直是我国工业能源消费的重点；高耗能行业工业增加值占工业增加值的比重大约在33%，2000—2020年高耗能行业的能源消费总量如图1-7所示。

长期以来，钢铁、建材、石化、化工、有色、电力六大高耗能行业能源消费占工业能源消费的比重在66%以上，在有些年份能高达75%，但高耗能行业工业增加值占工业增加值的比重大约在33%。2000—2020年期间，

高耗能行业能源消费占工业能源消费的比重从 2000 年的 67.8%增长到 2020
年的 75.7%，呈现总体上升趋势，如图 1-8 所示。高耗能行业能源消费占工
业能源消费比重较大，这一特征说明我国当前正处于工业化、城镇化的快速
推进过程中。

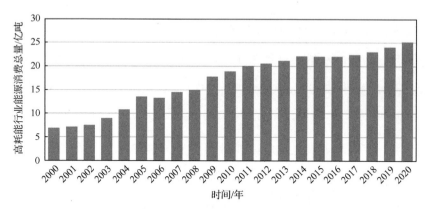

图 1-7   2000—2020 年高耗能行业的能源消费总量

数据来源：国家统计局，赛迪智库

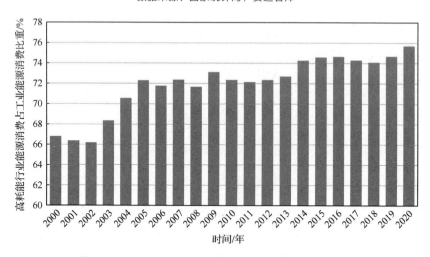

图 1-8   2000—2020 年高耗能行业能耗占比变化

数据来源：国家统计局，赛迪智库

高耗能行业能源消费碳排放占工业能源消费碳排放的比重为 65%左右；
其中，钢铁行业碳排放占比最大，约占 20%；化工、建材、石化、有色金属

行业分别占 16%、11%、9% 和 8%。当前，石化、有色金属行业碳排放仍呈上升趋势。从产品看，钢铁、水泥、电解铝三大产品碳排放分别为 18.1 亿吨、水泥 13.9 亿吨、电解铝 4.5 亿吨，合计约 36.5 亿吨，占全部工业碳排放的 46.2%。

4. 导致高碳排放问题的主要原因

1）高耗能行业占比大

高耗能行业占比大是我国能源消费强度和碳排放强大的主要原因，也是"双碳"目标下产业结构调整的重点和难点。2020 年，钢铁、建材、石化、化工、有色金属、电力六大高耗能行业占我国工业增加值的比重约为 34%，占 GDP 的比重约为 10%，但其能耗占工业能耗的比重约为 76%，占全社会能源消费的比重约为 50%。

2）能源消费以煤为主

长期以来，我国产业能源消费以煤为主，这是我国二氧化碳排放规模较大的另一个重要原因。国家统计局数据显示，2011—2020 年我国能源消费总量逐年增长，2020 年为 49.8 亿吨标准煤，较上年增加了 10152 万吨标准煤。其中，煤炭消费量占比总体不断下降，已从 2011 年的 70.2% 下降至 56.8%；石油、天然气消费量总体保持平稳增长，2020 年其占比分别为 18.9%、8.4%；其他清洁能源消费总量占比受益于国家政策利好持续上升，2020 年已提高至 15.9%。但总体看，产业能源消费以煤为主的特征是我国工业化前期产业结构的重要特征。

3）先进制造业占比小

我国传统制造业占 GDP 的比重大，先进制造业占比较小，传统制造业仍然是我国经济增长的主要引擎，占制造业比重的 80%。2020 年，包括信息技术、生物、高端装备制造、新能源、新材料、新能源汽车、节能环保等产业的战略性新兴产业增加值占我国 GDP 的比重约为 12%。全年规模以上工业中，高技术制造业增加值占规模以上工业增加值的比重为 15.1%。

4）高端服务业竞争力弱

2012 年，我国服务业占 GDP 的比重达到 45.5%，首次超过第二产业，成为我国经济的第一大产业，2020 年服务业占 GDP 的比重达到 54.5%。服务业占比的提高有助于降低我国产业结构的能源消费和碳排放，但我国的服务业发展存在低端化、无序化问题。低端化表现为传统服务业发展速度快于现代服务业，高端服务业无法满足经济社会发展需求，低端服务业出现产能过剩；无序化表现为国内外资本利用服务业轻资产特征进行快速、无序的扩张，通过房地产、教育培训、医疗健康、电子商务等产业利用资本市场的推波助澜，导致财富快速集中，扩大贫富差距，严重压制消费潜力的发挥，同时不断挤占实体经济投资，削弱制造业发展动力，对整个产业体系健康发展造成十分不利的影响。

5）产业空间布局不平衡

空间布局不平衡主要包括四个方面：一是资源要素与市场需求的空间布局不平衡，我国资源、能源等要素主要分布在西部、北部地区，产业市场主要分布在东部、南部地区，这使得北煤南运、北粮南运、西煤东运、西气东输，增加了运输成本和碳排放。二是发展阶段不平衡，从东向西、由南到北，我国工业化进程呈梯次分布特征，部分东部发达地区已完成工业化，进入后工业化社会，但西部落后地区仍处于工业化中前期阶段，工业化不平衡增大了产业结构转型升级难度。三是区域贫富差距大，区域贫富差距既造成市场分割，影响全国统一市场建设和消费潜力发挥，又影响区域要素禀赋升级，限制区域产业升级。

6）贸易结构具有高碳排放特征

我国作为贸易大国，贸易结构具有高碳排放的特征。这主要是由三方面因素导致的：一是作为全球第一制造大国，货物出口规模远大于服务出口，货物碳排放量高于服务的碳排放量，这是我国贸易碳排放量大的重要原因。

二是我国出口产品体系完整，在直接碳排放方面，高碳出口产品集中在化学工业、纺织业、石油和天然气开采业、金属冶炼及压延加工业、炼焦产品和核燃料加工业、非金属矿物制品业，这些行业的出口产品直接碳排放量占出口贸易直接碳排放总量的 60%～75%，在隐含碳排放方面，出口贸易高碳行业是电气机械及器械制造业、机械工业。三是承接国际产业转移是造成中国碳排放量大的另一原因。在产业转移方面，我国对外直接投资近年来迅速增长，在投资结构方面，第一产业和第三产业投资比重从 25%上升至 70%，第二产业投资比重则从 70%下降到 25%，我国跨国直接投资碳排放总量可能已实现达峰。

（二）影响绿色转型升级的七个主要因素变化

未来 40 年，影响我国产业结构转型升级的因素正在发生重大变化，这既构成了"双碳"目标下产业结构转型升级的挑战，也创造了新的机遇。

1. 需求变化：对美好生活的需要日益增长

需求是影响产业结构转型升级的重要因素。我国经济社会需求结构随着时代发展不断变化，建国初期，人口多、生产力低，"吃饭"和"安全"问题是经济社会发展的最大需求，经过艰苦努力，到改革开放前，我国基本解决了"吃饭"和"安全"问题。改革开放后，生产力不断解放，人们生活水平跨越温饱阶段，实现全面小康。进入新发展阶段，中国特色社会主义新时代成为经济社会发展新的历史方位，我国社会主要矛盾已经转化为人民日益增长的美好生活需要和不平衡不充分的发展之间的矛盾，经济社会发展的需求结构再次发生变化，提高发展质量、满足人民日益增长的美好生活需要成为新的需求。

2. 人口变化：进入负增长、老龄化阶段

（1）人口总量即将达峰，开始出现负增长。近年来，尽管全面放开了二孩政策，但我国育龄妇女数量在不断减少，导致人口增长势能进一步减弱，从 2022 年开始，我国人口首次出现负增长。据北京大学预测，我国人口总量将在 2025—2030 年间达到峰值，提前实现人口再生产的历史性转变。

（2）人口数量红利即将消失，老龄化加速。2021—2030 年，我国劳动年龄人口总量和比例将快速降低，人口抚养比进一步提升，低人口抚养比带来的人口数量红利将消失。随着第二次生育高峰出生的"60 后"群体步入退休年龄，我国老年人口增速加快，到 2030 年占比将达到 25%左右。人口负增长和老龄化缓解了资源、环境压力，但也通过消费市场和劳动力供给深刻影响着产业结构。

3. 环境变化：资源环境约束日益趋紧

"十三五"时期，为使发展方式发生转变，我国在传统节能工作基础上，建立了能源消费强度和总量双控制度，开始在全国设定能耗强度降低、能源消费总量目标，并将目标分解到各地区进行严格考核。2023 年 7 月，中央全面深化改革委员会第二次会议审议通过了《关于推动能耗双控逐步转向碳排放双控的意见》，提出要推动能耗双控制度转向碳排放双控制度。此外，近年来，我国在资源、环保、生态等领域不断完善相关法规标准体系，推动市场机制建设。所有这些都表明，我国产业面临的资源环境约束正在日益趋紧。

随着新一代信息技术、新能源、新材料、生物技术、人工智能、高端装备、国防军工等新兴产业对锂、镍、钴、石墨、萤石、稀土等关键矿产资源的需求增加，全球关键矿产争夺持续升温。2019 年，美国商务部发布《确保关键矿产安全可靠供应的联邦战略》，明确提出要同我国展开关键矿产资源的争夺。2023 年，欧盟发布《关键原材料法案》，明确提出要提高关键矿产资源的自主能力，逐步减少在包括稀土、锂、钴、镍、硅等在内的 34 种原材料方面对我国供应链的依赖。随着美国、欧盟开始在全球争夺关键矿产资源，我国未来关键矿产资源供应风险会逐渐增大。

4. 科技变化：面临新一代科技革命与产业变革重大机遇

当前，全球正处于新一代科技革命与产业变革的重大历史机遇期。新生产力在不断改变传统生产关系，新一代信息技术快速发展与人工智能的兴起，改变了数据生产、采集、加工、传输和应用方式，成本快速下降，应用场景不断拓展，数据生产要素对日常生产、生活方式的影响日益凸显。新能源技术推动了光伏、风电、储能、氢能等绿色低碳能源的大规模应用，能源转型和能源革命对大幅降低环境污染和应对全球气候变化挑战发挥着不可替代的作用。生物技术提高了食物供给能力和医疗健康水平，人类平均寿命不断提高，全球人口和劳动力结构正在发生深刻变化。人们开发利用海洋、太空的能力不断提升。全球正处于新工业革命的前夜，新生产力和未来产业推动着人类不断拓展新的边疆。

5. 贸易变化：全球产业链供应链格局发生深刻变化

根据海关数据，2023 年我国以美元计价的出口额为 3.38 万亿美元，同比下降 4.6%，出现自 2016 年以来的首次下降，同期进口也降至 2.56 万亿美元，相比 2022 年下降了 5.5%。这其中尽管有美元升值的原因，但以美国"脱钩断链""小院高墙"政策和欧洲"去风险"政策驱动的全球产业链供应链格局调整是导致国际贸易格局变化的深层"结构性"原因。以墨西哥为例，根据美国商务部的数据，2023 年前 11 个月，美国对我国的进口额同比下降超过 20%，对墨西哥进口额大幅上升，我国占美国进口总额的比重从 2017 年的 21% 下降到 13.9%，为 2004 年以来的最低值，17 年来首次被墨西哥超过。与此同时，制造业产能不断从我国向越南、印度、马来西亚等国家转移，自"冷战"结束以来逐步形成的"中国生产—美国消费"的传统全球分工格局已经开始发生变化。

6. 风险变化：百年变局下安全风险不断增大

（1）国际格局发生不可逆转的变化。自 18 世纪人类从农业社会迈入工业社会以来，欧美等发达国家始终是全球经济的主导力量，近些年正在发生不可逆转的变化，新兴经济体带动发展中国家经济总量持续增大，发展中国家超越发达国家的趋势日益显著，这将从根本上改变全球市场格局和政治秩序。（2）地缘政治冲突日益频繁。自2008年全球金融危机后，地缘政治对经济的影响不断增强，尤其随着中美关系变化、新冠疫情暴发、俄乌冲突和巴以冲突相继爆发，百年变局进程加速，全球经济出现政治化趋势，国际安全问题日益凸显，全球风险增大。

7. 政策变化：多目标相互约束

不同于改革开放后一切以经济建设为中心，如何保持较快的经济增长速度成为产业结构转型升级的主线。在新发展阶段，人民日益增长的美好生活需要和不平衡不充分的发展之间的矛盾要求我们必须在继续推动发展的基础上着力解决好发展的不平衡不充分问题，更好满足人民在经济、政治、文化、社会、生态等多个方面日益增长的需要。这使产业结构转型升级从单目标约束转变为多目标约束，产业结构转型不仅要考虑经济增长问题，还要考虑环境改善、国际安全、共同富裕等问题。

（三）阻碍产业结构绿色转型升级的七个挑战

不同于改革开放初期产业结构转型升级面临的形势，此次转型升级任务重、难度大、时间紧，面临多方面的挑战。

1. 增长挑战：经济增速出现下降趋势

1978年至2010年的33年，我国经济保持10%以上的超高速增长，但从2011年开始，我国经济增长速度逐年下降，且下降速度很快。根据清华大学的研究，过去10年来，我国经济增速平均每年下滑0.32%。根据中国社会科学院的研究，我国经济增长持续下降的原因既有客观因素，也有主观原因。主观方面主要聚焦于两点：

一是中国经济增速持续下跌是否可以避免。一种观点认为由于人口、规模收益、环境代价、改革滞后、地缘政治等影响经济增长的基本因素发生变化，因而中国经济增速持续下降不可避免，这正如日本经济从 20 世纪 90 年代开始持续下降一样有必然性。另一种观点认为，由于我国人均 GDP 相比发达国家差距巨大，且在人力资本、产业升级、超大规模市场等方面潜力巨大，因此中国经济增长潜力仍然巨大。

二是应不应该执行扩张性财政货币政策。一种观点认为我国主要面临供给侧、结构性、体制性问题，而不是周期性问题，因此扩张性财政货币政策不能解决经济增长问题。另一种观点认为，中国经济长期处于有效需求不足状态，执行扩张性财政货币政策，不仅可以扭转 GDP 增速持续下跌的趋势，还可以为结构调整和体制改革创造有利条件。因而，应该采取扩张性财政货币政策，以尽快扭转 GDP 增速持续下跌的趋势。

无论怎样的原因导致我国经济增速逐年持续下降，一个不能忽视的现实是我国经济必须保持较高增速，且我国产业结构必须实现转型升级，否则2035 年实现人均 GDP 达到中等发达国家水平和 21 世纪中叶实现中华民族伟大复兴目标，都将是无源之水、无本之木。

2. 道路挑战：努力开拓新型工业化道路

随着发展阶段的变化，我国同发达国家的竞争不断加剧。过去我国侧重模仿发达国家的成功经验，未来继续模仿发达国家的风险在不断增大。在发展道路上，我国面临着从模仿向模仿与创新并重的转变，这将面对开拓新道路的挑战。2022 年我国人均 GDP 达到 12741 美元，根据世界银行 2022 年 7 月发布的"高收入"经济体人均 GNI 标准 13205 美元测算，中国 2022 年人均 GNI 约为 12800 美元，预计 2025 年前将跨越"中等收入陷阱"，进入高收入国家行列，从而距离发达国家更近一步（2022 年国际货币基金组织把人均 GDP 30000 美元作为发达国家的标准）。从国际经验看，多数国家在跨越"中等收入陷阱"这一阶段，产业结构转型升级的路径会分化，一部分国家选择以服务业为主，如英国、美国等，另一部分国家选择以制造业为主，如德国、日本等。作为最大的发展中国家，未来 10～15 年，我国的发展条件和国际形势与发达国家日益不同，在产业结构转型升级上，如何走出一条具有中国特色的成功道路无疑充满风险和挑战。

3. 创新挑战：提升创造和管理不同生产力的能力

我国是一个地域广阔、人口众多的大国，这样的国家如何通过产业结构转型升级实现现代化，没有先例和经验。但从经济社会发展逻辑看，必须保障生产力的丰富多样与结构合理，以实现对美好生活的安全供给和"人尽其才、物尽其用"。例如，2022 年我国城镇化率达到 65.22%，城镇化速度开始减缓。伴随这一过程，我国消费结构进一步升级，钢铁、水泥等产品需求增速减缓，先进算力、家庭机器人等高端产品需求快速增长。另外，我国发展不平衡不充分问题突出，东中西部地区、城乡之间存在较大差距，这使得不同生产力并存有着现实基础。

为满足这一现实需求，我国必须具备创造和管理不同生产力的能力。工业革命以来，科技创新持续不断地创造着不同种类、特征、性质的生产力，每种生产力都对生产和生活有不可缺少和无法替代的作用。过去，我国提升生产力主要通过"引进吸收全球科技，大规模发展中低端产业"的方法，并据此实现由落后农业国向"世界工厂"和"制造大国"的转变。未来要进一步实现"制造大国"向"制造强国"的转变，关键在于提升创造和管理不同生产力的能力。

4. 降碳挑战：实现高耗能行业大规模降碳

我国的钢铁、建材、石化、化工、有色、电力六大高耗能行业规模庞大、体系完整，长期以来支撑着我国工业化和城镇化发展，对保障原材料与能源安全，以及产业链供应链安全至关重要，是我国工业竞争优势的重要来源。同时，高耗能行业能源消费长期占我国工业能源消费的 66%～75%，占全国能源消费的 50%左右，是我国能源消费和碳排放的主要来源，高耗能行业如何实现大规模降碳，成为决定"双碳"目标实现的关键和难点。对此，国际上存在两种路径，一是把高耗能行业大规模转移到国外，实现国内大规模降碳，但这会因"产业空心化"增大产业链供应链风险，2008 年后，发达国家纷纷提出"再工业化"，原因就在于此。二是通过绿色科技创新实现高耗能行业绿色转型，但科技创新需要大规模资源投入，并承担创新失败的风险。如何实现高耗能行业的大规模降碳，将是我国产业结构绿色转型升级的重大挑战。

5. 要素挑战：转化绿色能源资源优势为发展优势

改革开放后，我国实施"一部分人先富起来"的策略，实现经济快速增长的同时，也扩大了区域之间、城乡之间的贫富差距。新发展阶段，缩小贫富差距、实现共同富裕成为未来发展的重要目标。缩小区域、城乡贫富差距同"双碳"目标下产业结构转型升级有紧密关系。"双碳"目标的提出，改变了我国不同区域的能源资源禀赋结构和比较优势，区域比较优势变化势必促使产业空间布局的优化调整，影响区域协调发展和贫富差距水平。如何在双碳背景下推动产业结构转型升级的同时，通过优化产业空间布局，实现不同区域绿色能源资源优势向绿色发展优势的转化，既是"双碳"目标下产业结构转型升级的挑战，也是新的机遇。

6. 贸易挑战：避免全球大规模碳排放转移

随着人们收入水平的提高，我国劳动力和环境成本不断提高，导致产业在国内外转移的速度加快。根据欧美国家的发展经验，产业转移过程中会不可避免地产生碳排放转移。降低碳排放具有全球性的影响，由于我国产业规模巨大，大规模降碳对全球的影响显著。如果我国历经艰辛通过产业结构转型升级实现国内大规模降碳的同时，国际上却利用这一机遇在国外大规模发展相应产业，从全球碳排放总量看，这将大幅影响我国实现"双碳"目标的效果，大幅减缓全球应对气候变化进程，这是一个十分重大和需要高度重视的问题。

7. 风险挑战：防范化解转型升级风险陷阱

发达国家和发展中国家产业结构转型升级的成功与失败案例都说明，工业化后期产业结构转型升级面临经济增速变化、去工业化、贫富差距等诸多风险。如何防范并化解这些风险是"双碳"目标下产业结构转型升级的挑战。

（四）支撑产业结构转型升级的七个基础条件

1. 庞大的人口资源

改革开放以来，我国人口始终居世界第一位，大量廉价劳动力资源滞留在农业部分，为我国长期、持续、快速推进工业化、城镇化进程提供了劳动力资源，也为做大纺织服装、电子信息等劳动密集型产业，提高国际产业竞争力提供了成本基础。经过 40 多年改革开放，我国人口总量逐渐见顶，人口发展呈现少子化、老龄化、区域人口增减分化的趋势性特征，并且随着人们收入水平的提高，劳动成本不断增加。但总体来看，在较长时间内，我国人口众多的基本国情和丰富劳动力资源的优势短期内不会改变。2022 年年末我国劳动年龄人口总量约为 8.8 亿人，劳动参与率在世界上较高，劳动力资源依然丰富。此外，劳动资源丰富有利于孕育强大的创新能力和创新活力，近年来，我国科学家和工程师总人数一直保持较大规模，研发人员规模稳居世界首位，人口资源优势正在从劳动力优势向人力资本优势和市场优势转变。

2. 丰富的数据资源

作为新生产要素，数据正在改变传统生产、生活方式，成为经济社会发展的重要趋势。我国有超过 10 亿的网民，每天都在产生海量数据资源，已建成全球最完善的基础设施体系和规模最大的光纤和 5G 网络，拥有全球最大的线上线下电商网络，跨境电商蓬勃发展推动着数字贸易做大做强，工业互联网和智能制造建设不断加快制造业数字化转型，为我国抓住新一代科技革命和产业变革重要历史机遇创造条件。

3. 充沛的绿色资源

我国太阳能、风能、水能等绿色能源资源充沛，新能源开发速度不断加快。根据国家能源局数据，2022年全国可再生能源发电量达2.7万亿千瓦时，占全部发电量的30.8%；其中水电发电量1.35万亿千瓦时，占全部发电量的15.4%；风电发电量7627亿千瓦时，占全部发电量的8.7%；光伏发电量4273亿千瓦时，占全部发电量的4.9%；生物质发电量1824亿千瓦时，约占全部发电量的2.1%。我国主导全球清洁能源技术的供应链，根据国际能源署（IEA）的研究，目前我国主导着全球大多数清洁能源技术的供应链。2021年，我国光伏硅片、电池和组件产能分别占全球的96%、85%和75%；陆上风电叶片、机舱和塔架产能占比分别为55%、62%和61%；海上风电叶片、机舱、塔架产能则分别占53%、73%和83%；电动汽车的电池、正极和负极材料的产能分别占75%、87%和68%；（绿氢）电解槽产能占比达41%。

4. 超大规模的市场

市场是全球最稀缺的资源，我国目前拥有14亿多人口和全球最大的中等收入群体，有超大规模的市场优势和内需潜力，国内市场供求多元、创新活跃、拉动力强。超大规模的市场从三个方面助力我国产业结构转型升级：一是超大规模市场空间有助于很快形成规模优势，降低生产成本，提高产品竞争力。二是超大规模市场空间意味着更多的创新场景、更低的创新成本、更高的创新收益和更好的竞争生态。三是由于发展不平衡，超大规模市场空间有助于形成宽谱系的产品梯次分布，巩固完整产业体系优势并提升产业配套能力。

5. 庞大的制造能力

我国规模庞大的制造业是最为首要的优势，也是我国产业竞争优势的重要基础。庞大的制造业规模为我国工业化、城镇化进程提供了全面的物质基础保障，支撑了我国经济持续高速增长，满足了我国人民不断丰富的物质生活，为全世界人民提供了物美价廉的工业品。2022年，我国制造业增加值达到4.98万亿美元，相比2000年，增幅为1250%，占全球制造业的29.47%，接近美国与欧盟制造业的总和，连续11年位居世界第一。美国制造业增加值为 2.81 万亿美元，占全球制造业的比重为 16.63%，为历史新高。欧盟 27 国制造业增加值为 2.43 万亿美元，占全球制造业的比重为 14.38%。

6. 完整的产业体系

我国制造业涵盖了电子、汽车、机械、化工、纺织、钢铁等众多领域，工业体系包括 41 个大类、207 个中类、666 个小类，覆盖联合国产业分类中全部的工业门类，在全球约 200 个国家中拥有最完整的工业体系，已成为全球产业链供应链的重要组成部。完整的工业体系大大增强了我国工业生产的强大配套能力。我国有完善的基础设施，"十纵十横"综合运输大通道基本贯通，截至 2022 年年底，全国铁路营业里程达到 15.5 万公里，其中高铁 4.2 万公里，占世界高铁运营里程的三分之二以上。我国现代信息通信体系逐渐完备，截至 2023 年 11 月，我国已建成的 5G 基站总数达 328.2 万个，具有一定影响力的工业互联网平台超过 340 家。

7. 较好的科技基础

近些年来，我国科技发展取得历史性成就，科技水平发生重要变革，为产业结构转型升级提供了较好的基础。全社会研发经费从 2012 年的 1 万亿元增加到 2022 年的 3.09 万亿元，基础研究投入从 2012 年的 499 亿元提高到 2022 年的 1951 亿元，研发人员总量多年保持世界首位，高被引论文占全球总量的 27.3%。我国不仅是国际前沿创新的重要参与者，也成为解决全球问题的重要贡献者，实现从自主创新到自立自强、从跟跑参与到领跑开拓、从重点领域突破到系统能力提升的突破。

8. "举国体制"优势

自新中国成立以来，我国就通过"举国体制"优势建立了比较完整的工业体系，改革开放后，"举国体制"为我国实现经济快速增长发挥了重要作用。未来，"举国体制"将进一步助力我国产业结构转型升级。

我国产业结构转型升级历程如表 1-1 所示。

表1-1 我国产业结构转型升级历程

阶段	产业结构转型升级的关键影响因素					产业结构转型升级的特点		
	要素	技术	需求	环境	政策	实现的经济增速	产业结构转型升级主要特征	产业结构竞争优势
1949—1978年	存在封建土地所有制，一穷二白	工业基础薄弱，技术创新依赖引进	人口持续快速增长，面临饥饿与温饱问题突出	环境风险较大，国际环境严峻，安全问题突出	优先发展重工业，建立一个独立的比较完整的工业体系	6.1%	重工业优先发展，巩固国防安全，助力国家建设	"举国体制"优势
1978—2001年	农村剩余大量劳动力，资本缺乏	技术水平低，不断引进新技术	提高收入水平，满足物质需要	环境风险减小，苏联解体、冷战结束，中美关系缓和	从大力发展轻工业转向重轻工业协调发展，建设"两头在外，大进大出"外向型经济模式	9.4%	劳动密集型产业快速发展，发挥劳动力资源丰富优势	"举国体制"优势，劳动力成本优势
2001—2012年	劳动力数量出现峰值，国内资源要素得到快速开发	技术引进速度加快，技术水平持续提升	出现贫富差距，人口从农村向城市快速流动	环境风险较小，加入世界贸易组织，形成"中国制造-美国消费"全球分工体系，美国危机	加快基础设施建设，重工业大规模扩张	10.2%	产业结构从劳动密集型向资本资源密集型转变，成为"世界工厂"	"举国体制"优势、规模优势

续表

阶段	产业结构转型升级的关键影响因素					实现的经济增速	产业结构转型升级的特点	
	要素	技术	需求	环境	政策		产业结构转型主要特征	产业结构竞争优势
2012—2020年	人口红利减弱，资源环境问题日益凸显	技术水平得到提高，技术引进向自主创新转变	贫富差距持续存在，城镇化速度放缓，公共服务需求增大	环境风险日益增大，中美关系发生变化，世界力量格局变化	积极推进供给侧结构性改革，分三步走实施制造强国战略	6.6%	战略性新兴产业得到发展，建立起完整工业体系，推进高质量发展	"举国体制"优势、规模优势、配套优势
2020—2060年	人口结构发生根本性转变，资源供给风险增大，数据资源丰富优势日益凸显，环境约束日益趋紧	强化自主创新，持续加大研发投入，完善创新体制机制，推动从局部领先向全面领先发展	扩大消费水平，推动消费升级，提高公共服务水平，基本实现共同富裕	环境风险较大，中美竞争不断增强，面临百年变局，全球分工体系面临变革	坚持创新驱动，大力发展新质生产力；坚持以实体经济为主，保持产业体系完整性；坚持推进数字化、绿色化转型，实现更高水平对外开放	2020—2035年：5%以上；2035—2060年：3.5%	建立独立自主的完整现代化产业体系，实现中华民族伟大复兴	新型举国体制、规模优势、配套优势、智能优势、绿色优势、开放优势、创新优势

数据来源：赛迪智库

第二章
发达国家的产业结构转型升级

　　我国从一开始就重视学习国外的经验，早期学习苏联，改革开放后学习东亚，之后学习美国。通过借鉴国际经验，我国在较短时间内实现经济的快速增长。进入新发展阶段后，我国人均 GDP 水平达到 1.3 万美元，即将由中等收入国家变为高收入国家，同发达国家的竞争变得激烈，社会主要矛盾、发展目标任务、国内外形势条件等也都发生了变化。在这种情况下，简单模仿发达国家已经不能适应新形势和百年变局，如何学习发达国家、如何从简单模仿转向模仿与创新并重，如何开拓有中国特色的新发展道路，意义重大。为此，要深入剖析发达国家产业结构绿色转型升级的经验和教训。

第一节　发达国家产业结构绿色转型升级的主要历程与特点

一、发达国家产业结构绿色转型升级主要历程

　　发达国家大规模产业结构转型升级开始于第二次世界大战结束之后，经历了以下四个不同阶段。

（一）第二次世界大战之后的长久繁荣阶段（1945—1970 年）

　　20 世纪五六十年代，科技革命加速发展，一系列新技术成果面世，成为经济增长的重要动力。欧洲等发达国家和地区战后社会百废待兴，经济出现 20 年的持续增长，同时环境保护、技术创新等新问题层出不穷，这些要素共同作用，推动了发达国家的产业结构普遍发生了重大变化。以美国为例，农业比重进一步下降，工业生产占国民经济的比重稳中有升，但传统的钢铁、建筑、采矿等却相对衰落。以新兴技术为基础的部门，如石油、电子、航空和航天工业等，发展迅速，银行、保险、服务、宾馆、餐饮等第三产业的比重大为增加。到 20 世纪 60 年代，第三产业的产值已超过第二产业。与此相应的是就业结构和社会结构出现了新特点，被称为新中间阶层的"白领"人员激增，社会结构由原来居于社会底层的贫困居民最多的金字塔式，变为中

间阶层的居民占多数的结构。这是美国高度现代化的表现。同时，美国开始出现"铁锈地带"，西部和南部成了经济发展的阳光地带。新兴工业企业犹如雨后春笋，新的大财团纷纷崛起，如西部的加利福尼亚财团、南部的得克萨斯财团等，在美国经济中的地位越来越重要，而东北部老工业区的地位和影响却相对式微。

（二）能源危机与产业转型阶段（1971—1991 年）

20 世纪七八十年代福利主义盛行与宏观调控失据，导致滞胀局面形成并不断趋于恶化，产业结构转型升级问题再次出现，三大因素推动了这一阶段的产业结构转型升级。一是中东石油禁运导致发达国家爆发能源危机，能源成本大幅上涨对产业发展造成重大影响，为降低能源成本，发达国家纷纷推动高耗能产业向外转移。二是环境污染问题显著影响生产生活，环境运动风起云涌，成为推动产业转型升级的重要力量。三是发达国家内部不同国家的力量对比发生变化，推动全球范围内的产业转移，其中苏联经济实现快速增长，为美苏冷战中的美欧国家造成巨大压力，日本、德国经济在开始快速增长，对美国日益构成威胁；美国、日本、德国和苏联等发达国家力量对比发生变化，对全球产业分工造成影响。

美国：美国经济在 20 世纪 70 年代经历了三轮严重滞胀，1973—1979 年两次石油危机爆发，将美国带入恶性通胀，经济增长放缓，高失业与高通胀并存，在黄金和石油价格不断飙升的背景下，通胀率达 15% 以上，失业率从 4% 以下上升到接近 9%，从而引发金融市场动荡、股市价格暴跌，直至发生社会骚乱。

英国：随着进入后工业社会，英国重工业需求不断下降，传统工业部门面临着规模收缩和结构调整的压力，1973 年石油危机直接引爆英国的经济矛盾。国有企业因长期政府保护和缺乏激励机制而效率低下，并且承担过重的社会职能，使其无法按照收益最大化目标组织生产；机构庞大臃肿、官僚主义盛行的国有企业所需巨额补贴不仅增加了财政负担，而且挤占了对私人企业的资金扶持。在外部经济环境恶化和内部企业管理不善的共同作用下，英国的国际竞争力不断下降。

联邦德国：这一时期的联邦德国在经济上奉行凯恩斯主义，在社会领域奉行民主社会主义，在政治上受到美国的影响，两次石油危机和布雷顿森林体系的瓦解导致联邦德国的经济很快陷入滞胀困境。第一次石油危机爆发的1973年，联邦德国的通胀率上升到7.1%的历史高峰，经济增速从4.8%下滑到1975年的-0.9%，出现负增长，同时失业率升到4.7%，经济社会发展出现波动。随着1979年第二次石油危机爆发，其增长率、失业率和通胀率再次受到影响，1980—1983年，经济增速四年平均增长率仅为0.8%，工业增长大幅下降，消费持续萎缩，失业率开始上升，经济社会环境的恶化成为产业结构转型升级的重要背景。在这一背景下，联邦德国开始推动产业结构转型升级。

日本：石油危机造成油价不断飙升，进一步引发输入性通胀。对于依靠重化工和出口导向实现高速增长的日本，石油不仅是重要能源，也是出口产业的主要原材料，因此，石油危机导致工业生产下降了20%以上。从时间上看，第一次石油危机发生于日本经济粗放型发展阶段的顶峰时期。当时日本经济虽然实现了工业化，但是单位能耗过大，对能源进口依赖过大，经济高速增长背后的高耗能和环境污染问题日益突出，抵御外部冲击的能力十分脆弱，因而日本经济在第一次石油危机时受到的冲击较大。第二次石油危机期间，由于日本政府把"危机管理"应用于应对石油危机，并提前收紧银根，因此，第二次石油危机对日本经济的影响相对较轻。但石油危机和环境污染问题推动了日本开始产业绿色转型的进程。

（三）冷战结束后的全球化阶段（1992—2008年）

冷战结束后到2008年全球金融危机爆发，这一时期是全球化快速发展阶段。这一阶段发达国家的产业结构转型升级具有三大特征：

一是冷战结束后全球化成为世界共识。世界经济开始在统一市场上运行，占有世界市场三分之一的原有社会主义国家开始积极推进改革，实行市场经济体制，世界各国开始在统一市场经济规则下开展贸易投资，世界经济整体性开始形成；科技革命和信息技术发展使全球更紧密地联系在一起，变成了一个"地球村"；国际货币基金组织、世界银行、世界贸易组织等全球性国际组织在世界经济的运行和协调中发挥着越来越重要的作用。

二是贸易、投资与金融的自由化。随着贸易、投资和金融的便利化、自由化发展，全球范围内金融经济和实体经济出现显著的区域分工，美国、欧洲等金融业发达地区成为全球金融资本边际收益率最高的区域，制造业资本则流向了以中国为代表的新兴发展中国家。先进的科技和人才优势，发达的金融服务业吸引了全球资本流向发达国家追逐高利润；丰富的劳动力资源、强烈的工业化意愿、使发展中国家大规模引进劳动密集型、资源密集型中低端产业。发达国家与发展中国家在要素禀赋上的差异为全球产业分工体系的形成准备了重要条件。新自由主义主张的贸易投资自由化重塑了全球产业结构，这是一种金字塔式的全球产业结构体系，发达国家处于全球价值链的顶端，主要发展技术和资本密集型产业，发展中国家处于全球价值链的中低端，主要发展劳动和资源密集型产业。

三是以"中国生产—美国消费"为主要特征的全球价值链的形成。跨国公司、发展中国家的劳动力资源、发达国家的科技与资本在全球的融合，逐步形成了以"中国生产—美国消费"为主要特征的全球价值链系统，传统意义上的产业间贸易体系被打破，产品内分工开始大行其道，从研发、零部件生产到终端产品装配的现代化生产流程开始通过外包机制在全球多个国家和区域并行完成，生产效率大幅提升。

（四）发达国家"再工业化"阶段（2009 年至今）

2008 年全球金融危机爆发以及中国在金融危机中展现出来的韧性，让发达国家开始重新反思制造业的作用，为提高产业韧性，推动产业体系由虚入实，发达国家纷纷提出"再工业化"战略。之后，随着特朗普政府、拜登政府先后把中国作为竞争对手，针对国际贸易实施"贸易战"、针对全球产业链供应链构建"联盟体系"，针对科技创新实施"小院高墙"政策，美国逐步构建全球范围内的"在岸外包""近岸外包"和"友岸外包"政策，试图全方位分解劳动密集型、资源密集型和技术密集型产业在我国的集聚优势。美国的战略在一定程度带动了欧盟、日本、韩国的政策响应，对我国已有的产业链优势造成不利影响。

二、发达国家产业结构转型升级基本特点

（一）英国：实体经济转向服务经济的典型代表

自 18 世纪中期开启工业革命后，英国在 1860 年左右基本完成工业化，成为世界上首个完成工业化的国家。五大条件发挥了重要作用：一是英国拥有的丰富煤炭和铁矿资源为工业革命提供了必要的原材料；二是对比隔海相望和战争频发的欧洲大陆，英国在整个 18 世纪都处于相对和平的状态，为工业化创造了良好条件；三是从 16 世纪到 18 世纪，英国农业快速发展，包括毛纺织、酿酒、粮食加工、造纸、建材、冶炼、金属制造、采煤、制盐等家庭工业在乡村地区广泛出现，开拓了工业革命的初级形态；此外，高度发达的商业和金融体系为融资和国际贸易提供了便利；四是纺织机、蒸汽机、铁路、化学制品等科技创新的爆发引发了工业革命，英国颁布了一系列鼓励科技进步的政策，推动专利法案实施，激发了创业；政府开展教育改革，培养了大量工程师和科技人才；五是庞大的殖民地体系为英国提供了丰富的原材料资源和海外市场。

第一次工业革命促使英国成为全球第一个"世界工厂"，伴随第二次、第三次工业革命的兴起，英国在全球的地位开始衰落，但在 20 世纪 70 年代英国经济陷入"滞涨"前，英国经济发展一直由工业主导。随着全球能源危机爆发，撒切尔夫人推行"新自由主义"改革，英国开始实施产业结构转型

升级，传统制造业向全球大规模外迁，服务业占经济的比重快速上升，制造业占英国 GDP 的比重从 1950 年的 35% 左右下降到 2010 年的 10% 左右，英国成为七国集团中制造业比例最低的国家。

2008 年发生的全球金融危机给拥有发达金融服务业的英国带来了沉重打击，此外，海外工厂成本抬高、供应链安全问题凸显，再工业化成为英国政府和企业讨论的重要议题。2013 年 10 月，英国政府发布报告《制造业的未来：英国面临的机遇与挑战》，开始实施"再工业化"战略，但十多年过去了，英国再工业化之路表现平平。制造业产出占英国 GDP 的比重一直徘徊在 10% 左右，比例并没有明显增长，制造业从业人员从 1978 年的 670 多万人下降到 2008 年的不足 270 万人后，这一数字维持至今。

纵观英国工业化道路：英国引领第一次工业革命使其成为全球最强大的"日不落帝国"，但缺失对第二次、第三次工业革命的引领，也导致国力日渐衰落。20 世纪 70 年代以来的产业结构转型升级，在降低能源消费和排放、提高发展质量的同时，传统制造业的衰落增大了英国产业体系的脆弱性，导致"空心化""贫富差距扩大"等一系列问题。

英国工业化道路具有如下典型特点：一是政府干预较少，英国工业革命本身不是政府计划中的行为，而是由众多小作坊、小企业自下而上推行的提高效率的经营方法。二是国际性强，英殖民地极多，工业革命大幅降低了生产成本，产品市场和原材料资源从一开始就是面向国际市场的；三是通过殖民掠夺积累资本，工业革命需要大规模资本投入，作为第一个工业化先发国家，英国缺乏后发优势，所需原始资本很大一部分依赖于殖民掠夺和奴隶贩卖。

（二）法国：革命背景下缓慢推进的工业化进程

法国的工业化不像英国有明显的年代标记，有的说法国的工业化开始于18 世纪末，有的说开始于 19 世纪 20 年代初，也有的说开始于 1840 年左右，还有的说开始于 1895 年。这种状况源于法国多次政权更迭对工业化造成的影响，由此可见，法国在早期缺乏工业化的稳定环境。法国完成工业化的时间，一种说法是完成于 1870 年，即在法兰西第二帝国时期完成，因为这一时期的法国"工商业扩展到极大的规模"，冶金业、纺织业和交通业迅速发展，快速增加了法国的工业规模，钢的产量增加了 8 倍多，仅次于英国，居世界第二位。但此时法国仍是农业国，因为直至 20 世纪初，法国农业生产在国内生产总值中仍占 40%，到 1913 年第一次世界大战爆发前，法国城市化率也只有 38.5%，60%以上的人口仍居住在农村。第一次世界大战后，国家全面重建再次推动工业化，政府把大批重工业、易污染、不安全的工厂从城市中心迁往周边郊区，大量农村劳动力进入郊区工厂，工业化和城市化加速发展，到 1931 年城市人口首次超过农村人口，城市化率达到 51.2%。

总体看，法国工业化时间长、速度慢，受三大因素影响：一是缺乏稳定的环境，革命和多次政权更迭打断了工业化进程；二是法国的煤炭钢铁资源稀少，制约了工业化发展；三是小农社会阻碍工业化，大革命百年间法国农村土地所有者数量增加 1 倍，总人口只增加 50%，土地与人口的碎片化，同工业化集中倾向背离，阻碍了要素流动。

第二次世界大战后，法国工业化建设突飞猛进，20 世纪 70 年代一度位居全球前列。此后，受能源危机和"后工业化社会"理论影响，法国着力于发展高附加值的服务业，工业生产中附加值低的环节逐渐迁往低成本地区。政府放弃中长期计划制定，经济及产业政策缺乏战略目标和长远规划布局。到了 20 世纪 80 年代，国有企业私有化加速，政府失去对产业的控制权和主导权。20 世纪 90 年代中期，随着全球化加速发展，法国工业企业外迁进程显著加快，国际竞争力进一步下降。

2008 年全球金融危机后，再工业化开始被法国政府和社会重视。近年来，面对新冠疫情和乌克兰危机带来的国际形势变化，法国政府将再工业化提升到经济主权的高度，提出基于科技创新和绿色转型的产业发展目标，明确了国家干预经济的方针。2021 年 10 月，法国提出"法国 2030"投资计划，计划对人工智能、半导体、农业技术、绿色工业、氢能源、低碳飞机、核电、太空等领域投资总计 540 亿欧元，旨在打造能与中国和美国竞争的法国企业巨头。

2023 年 6 月，法国经济部长勒梅尔在议会的《绿色产业法案》听证会上曾提出："'光荣 30 年'之后的 40 多年间，法国背叛了她的工人阶级文化，背叛了她的工业才华，背叛了她对进步、技术革新和制造业的重视。如今，我们已经完成意识形态革命，正在告别去工业化，开创一个法国和欧洲再工业化的新时代。"可见，发展制造业已经成为法国当下产业结构转型升级的重要特征。

（三）美国：工业体系的衰落与金融体系的崛起

美国的工业化开始于 1808 年的禁运和 1812—1814 年的美英战争。虽然早在 1790 年美国建立了第一座阿克莱特式纺纱厂，但直至禁运前，美国棉纺厂仍屈指可数，禁运给制造业带来极大刺激，对外贸易停顿导致制成品来源中断，使美国不得不走上独立自主生产工业品的道路。美英战争爆发，使得美国国会拨出巨款在国内购买军用品，带动了纺织、冶金、制铁、交通、造船等行业的快速发展。起初，北方在工业化程度上对南方有优势，这确保了北方在南北战争中的胜利，南北战争结束后，全国统一市场的建立为美国工业快速发展创造了条件。到 1894 年，美国代替英国成为当时世界上新的"世界工厂"，其工业总值约占世界的 30%，到 1913 年，美国工业总产值已占世界工业产值总量的 1/3 以上。1915 年仅美国福特公司一年制造的汽车就是德、英、法等国总和的 14 倍。经过两次世界大战，到二战结束时，美国凭借庞大的工业产能优势，总体实力超越英国成为全球最强大的国家。

第二次世界大战结束时，美国的产业具有如下特点：一是工业生产规模大，1945 年美国 GDP 占世界的 56%，工业产值占世界的 40% 以上，黄金储备占世界的 75%，钢铁产量占世界的 63.92%，石油产量占世界的 70% 以上。二是产业体系完整，从食品、服装到钢铁、汽车、飞机、航母、兵器、电子产品等，美国拥有完整的工业产品体系，通用、杜邦、IBM 等一系列跨国公司云集。三是新兴产业和尖端技术发达，第二次世界大战中美国生产了 32.4 万架飞机、10.8 万辆坦克及自行火炮、238.2 万辆车辆、150 多艘航母、58 艘战列舰和巡洋舰、近千艘驱逐舰和护卫舰、200 余艘潜艇，还研制出雷达、无线电、译码机、原子弹等尖端技术；四是工业集聚化发展，80%的钢铁、90%的汽车等传统制造业占制造业产值的 50%，主要集中在东北部，航空、造船、电子和导弹等新兴产业占工业产值的 10%，主要集中在西部，石油、化工、造船和军工等产业占全国工业产值的 20%，主要集中在南部地区。

为遏制苏联势力的扩张，美国先后在欧洲实施"马歇尔计划"和在亚洲发动朝鲜战争，这两件事开启了美国制造业向外转移的进程，导致美国产业结构出现三大变化：一是美国制造业就业人数占比从 1945 年的 38%峰值开始下滑；二是美国制造业增加值占比从 1953 年的 28.3%峰值开始下滑；三是美国开始从最大贸易顺差国向最大贸易逆差国的转变，1948 年时，美国是全球最大的贸易顺差国，到 1968 年美国首次出现贸易逆差，全球石油危机增加了石油进口成本，导致美国制造业加速外迁，贸易逆差进一步扩大，到 1976 年，美国成为全球最大的贸易逆差国，持续至今，2020 年美国贸易逆差超过 8700 亿美元，占到 GDP 的 4%以上。

美国制造业的衰落过程伴随着金融业和信息科技的崛起。从财富 500 强企业名单中可以看出这种产业结构变化，1955—1980 年的 25 年间，传统制造业占财富 500 强企业比重保持在 70%以上，1990 年前财富 500 强企业里几乎看不到金融业，这是美国传统制造业蓬勃发展和制造业工人收入增速最快的时期。随着布雷顿森林体系的崩溃，美国放松金融监管，开启了金融自由化进程，这极大地促使了美国金融业在全球的扩张，尤其进入 20 世纪 90 年代后，随着冷战结束和全球化进程开始加速，金融等服务业开始高速发展，传统制造业在美国经济中的比重持续下降，服务业占比快速上升。到 2020 年，美国制造业就业仅占全部就业的 8.4%，工资增长处于历史最低水平。

（四）德国：成功实现超越的追赶型工业强国

德国的工业化落后于英国和法国，英国在 18 世纪中期开始工业革命时，德国（普鲁士）还是落后的农业国，到 19 世纪 30 年代，德国开始工业革命时，英国即将完成工业化，所以德国是以"赶超"态度开始工业化的。通过国家强力干涉，德国经济从 19 世纪 50 年代开始迅速起飞，1860 年德国工业产能还落后于英、法、美三国，但到 1870 年，德国工业生产能力和 GDP 总量首次超过法国，1913 年超过英国成为仅次于美国的欧洲强国。德国工业化有如下特点：

一是起步晚、速度快。英、法等国成熟的工业技术为德国创造了后发优势，英、法完成工业革命后，国内工业资本寻找海外市场，为德国工业化提供了技术和资金基础。德国大力引进国外先进技术设备，通过大规模投入获取了规模效益，成为快速工业化的基础。

二是重工业占比大。英、法、美的工业化都有一个长期的纺织业发展史，然后才开始发展重工业和先进制造业。德国工业化初期的纺织业是一个短暂的过程，很快就转向以铁路建设为中心的重工业。从 1850 年到 1913 年，德国重工业发展速度一直快于轻工业，到第一次世界大战前夕，德国已建立起完善的以重工业为主导的工业体系。

三是重视技术和产业创新。德国引进技术的同时积极开展技术创新，其中尤其重视电气、化学等新兴产业发展。1894 年德国电力装机容量只有 3.9 万千瓦，经过不到 20 年的发展，1913 年时就达到了 360 万千瓦。此外，德国的酸、碱等化学工业产品产量也占世界首位，新工业革命提高了德国经济增速和生产力水平。1870—1913 年，德国的 GDP 年均增长率、人均 GDP 年均增长率和人均单位小时 GDP 年均增长率都高于同一时期的英国和法国。

四是多途径积累资本。德国工业化所需的原始资本主要包括如下途径：

一是在进行农奴制改革时向被解放的农奴索取巨额赎金；二是普法战争的胜利使其得到了 50 亿法郎的战争赔款和阿尔萨斯省和洛林省大部分矿产资源，这吸引了大量国外资本的进入。三是建立投资银行和股份公司吸收社会资金。

德国赶超型工业化道路具有如下经验：一是依赖投资。从 19 世纪 70 年代到第一次世界大战前夕，德国的投资率都明显高于英国，一些年份甚至也高于美国。这期间，德国投资率保持在 20% 左右，是英国的 2 倍多。德国投资倾向两大领域：一方面引进先行技术购置大量的机器设备，另一方面大量投资铁路等基础设施领域。二是人口增长。从 19 世纪 30 年代中期到第一次世界大战前夕，德国人口高速增长和从农业区向工业区大规模人口转移，为德国工业发展提供了劳动力。1820 年时，德国比法国人口少 600 多万人，但到 1913 年，德国竟比法国多 2300 多万人，比英国多近 2000 万人。三是技术创新。德国高度重视通过增加教育投入来提高劳动力素质，把服兵役和受教育视为公民的基本义务，实行强制性的初等教育制度，1860 年已基本普及了初等教育，重视科教使得德国的科学技术成就领先英、法、美等国家。四是重视基础设施。德国政府重视交通运输业的发展，这加速了物资流通速度、降低了运输成本，促进各地区、各产业和各部门的协调发展。五是重视城市化。城市化改善了劳动力资源配置的效率，提升了劳动生产率。

（五）日本：政府主导的亚洲工业化成功范例

日本的工业化是工业化在亚洲的成功范例，相比欧美各国，呈现起步晚、发展快、差异大三个特点。总体看，日本工业化可从政府主导、资本来源和社会转型三个方面总结。

政府主导：日本工业化是一种"政府主导"贯穿始终的模式，政府在日本工业化中的作用不可替代。19 世纪后半期以来，以日本、德国和俄罗斯为代表的后发国家通过国家政权发展本国工业，最大限度地利用资源来发展工业，缩小对外差距，鼓舞国内有计划、有步骤地实现经济和社会转型，节约了宝贵的时间和资源，其中政府主导成为一个工业落后国家实现跨越式赶超最关键的一环。日本工业化进程中的政府主导主要体现在国家主导、垄断国营、战争掠夺三个方面。其中，在国家主导方面，日本政府在工业化起始阶段注重从资金方面为工业发展提供支持，当民间产业因资金而陷入困境时，政府出资兴办；日本通过殖产兴业，发展铁路、航运、邮政等通信事业，成功建立全国统一市场；通过扶植财阀，发展企业，即时引进国外先进技术。与沙俄计划经济不同的是，日本工业化并未变成单一的政府主导计划经济，在国家主导的同时，日本同时重视发展私人经济，例如以涩泽荣一为代表的精英弃政从商，这为日后的经济发展留有余地。

资本来源：工业化需要大量资金的持续投入，欧美国家工业化所需资金来源于殖民扩张和本国财税改革。日本刚开始的资金来自国内地税改革，继而是外国资本，再后来通过战争殖民掠夺，第二次世界大战后是美国扶植。日本工业化是在日本工业资本缺乏的先天缺陷下发展的，外国资本对日本有着天然的诱惑力。最初，外国资本流入和封建模式加剧了日本的贫穷，引发反抗和革命，1869 年革命成功后的新政权通过"明治改革"推动工业化发展，其中的地税改革使国家向资本主义靠拢，并从战乱中恢复，期间的财税收入成为日本开启工业化的"第一桶金"，在这一点上，不同于欧美的原始积累来自全球殖民，日本工业化起始资金一部分来自国内明治维新期间的地税改革。

但内部资金并不能满足日本工业化的需要，出于对资金的强烈需要，日本走上军国主义扩张道路，制定"大陆政策"，1876 年迫使朝鲜打开国门，为解决工业资金打开一个缺口，1879 年吞并琉球，1894 年甲午海战击败清朝，获得三亿多两白银的原始积累。几次战争掠夺大大加速了日本工业化进程。这种战争、殖民和资本积累一体的模式一直持续到第二次世界大战，伴随了日本工业化的整个进程。日本在中国台湾地区、中国东北地区、韩国等国家和地区掠夺资源、倾销商品，推进其工业化的进程。

1945 年日本战败后，成为美国在亚太的附庸和扩张的支点。在美国的压制下，日本工业化进程从过去的以军事为主开始转入重点发展民用和基础设施建设，并通过清除封建军国主义对经济的影响，利用美国援助改造落后工业，建立现代财阀和企业股份制度，完善市场经济等一系列措施，逐步建立起比较完善的工业体系。

社会转型：工业化是社会发展的动力，日本在工业化过程中积极推动社会转型。早在明治时期，就开始通过封建社会向工业社会变革，士族授产是日本明治政府安置士族的一系列措施的总称，明治4年（1871年）废藩置县后，日本政府逐步取消大名、公卿与士族的部分封建特权，用公债券代替世袭俸禄，这推动了传统封建权贵开始用公债购置土地和从事农业生产，部分士族因为破产成为"浪人"（明治时期西南战争后到处流浪居无定所的穷困武士），这部分农民和"浪人"后来成为日本早期工业化的工人来源，士族授产政策为日本早期工业化提供了劳动力来源。第二次世界大战之后，日本通过"劳动三法"促进日本农村发展，修订劳动法保障劳工权益，并通过产业升级发展资金技术密集型产业，推动产业结构从重视劳动强度向注重科技创新和改善环境发展，经过长期的发展，日本实现从技术进口国向技术自给国的转变，在新材料等某些方面甚至超过美国。技术创新水平的大幅提高，大力推动了日本的资本输出和全球产业布局，推动日本逐步实现贸易立国。

（六）俄罗斯：反复被中断的曲折工业化道路

俄罗斯的工业化经历了3个阶段，且每个阶段都比较曲折。

一是沙俄时期。19世纪30年代，沙俄开始工业化进程，不同于英国、法国，沙俄开始工业化时，社会尚处于封建农奴制，农奴制成为沙俄工业化的巨大绊脚石。1861年，沙俄政府启动农奴制改革，解放了大量劳动力并通过向农奴索要巨额赎金为工业化提供了早期的资本，这推动了沙俄时期工业化的快速发展。到20世纪初时，沙俄通过工业化成为世界五大工业强国之一，但随后爆发的日俄战争、第一次世界大战、二月革命、十月革命导致沙俄的工业化进程中断。

二是苏联时期。基于沙俄时期的工业化基础，十月革命胜利后，苏维埃政权选择了"计划经济+重工业"的工业化模式，这种模式通过 3 个五年计划快速建立起以重工业为基础、部门齐全的工业体系，使得苏联的工业产值迅速跃居欧洲第一、世界第二。之后，在第二次世界大战中，苏联快速崛起，引领了战后原子能、电子计算机、空间技术和生物工程等技术创新，进一步巩固了工业化成果，但美苏争霸和冷战的失败，使苏联的工业化进程被再次打断。

三是俄罗斯时期：苏联解体后，虽然俄罗斯继承了苏联的大部分遗产，但苏联时期的结构性危机和系统性危机仍然在延续，苏联主导下的产业链供应链不断断裂。在经济转型危机、对资源的高度依赖、不断爆发的地缘政治危机等国内外多种因素的影响下，俄罗斯在较长时间内处于"去工业化"进程中，苏联的庞大工业体系不断遭到破坏。总体看，俄罗斯处于从"去工业化"到"新工业化"的艰难探索中。

俄罗斯工业化的主要特点是重工业优先发展为主，实施追赶型战略。当前，俄罗斯的"新工业化"进程主要包括三方面内容：一是通过技术改造复苏传统优势产业的竞争力；二是通过发展新兴产业争取产业竞争优势；三是努力摆脱能源原材料依赖型增长模式，积极推动科技创新；四是不利的国际环境导致俄罗斯的工业化进程不得不更多地依赖国内资源，从而大大限制了俄罗斯的发展速度。

第二节 发达国家产业结构绿色转型升级的降碳成效

绿色发展不是一开始就被人们认识到的，在 20 世纪六七十年代之前，发达国家并不重视绿色发展问题，直到环境保护运动和能源危机的相继发生，发达国家才相继推动产业结构绿色转型升级。到今天，发达国家经过近半个世纪的努力，基本实现了产业结构绿色转型升级，相对于发展中国家，初步实现了能源消费和碳排放大幅下降。

一、产业结构转型升级带来的碳排放总量变化

1965 年以来，发达国家碳排放开始陆续达到峰值，如图 2-1 所示。英国、法国等九个国家的碳排放呈现依次达峰的趋势，其中欧美国家的碳达峰时间主要出现在 20 世纪 70 年代。在这一阶段，能源危机的爆发推动了欧盟国家产业结构转型升级；美国、加拿大的碳排放在 21 世纪前 10 年实现碳达峰，相差约 30 年；日本、韩国在 21 世纪第二个 10 年达到峰值，比北美国家晚 10 年，比欧洲国家晚 40 年；中国和印度的碳达峰时间更晚。

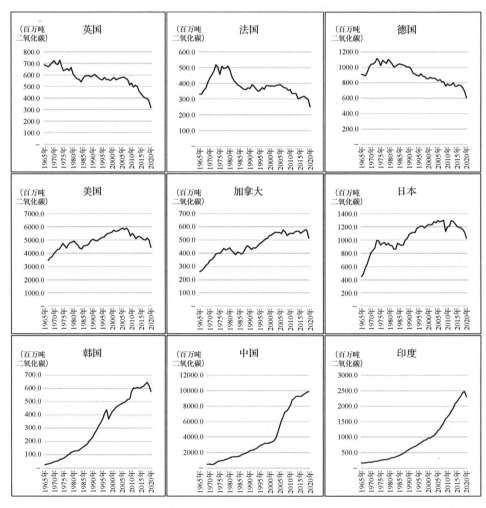

图 2-1　1965—2020 年发达国家碳排放总量变化

数据来源：BP、赛迪智库

两方面原因使各个国家碳达峰时间存在差异：一是工业化起点不同，率先完成工业化的发达国家普遍比较晚工业化的发展中国家先碳达峰，在最富的发达国家与最穷的发展中国家之间分布着大量处于不同发展阶段的国家；二是国家大小、要素禀赋、国际环境等原因导致产业结构不同，进一步影响碳达峰时间。

二、产业结构转型升级带来的人均碳排放变化

如图 2-2 所示，1965—2020 年间，人均碳排放水平大致可以分为三类：一是最高类，以美国、加拿大为代表，人均碳排放水平超过 15 吨；二是较高类，以英国、法国、德国、日本等为代表，人均碳排放在 7～15 吨；三是较低类：以中国、印度为代表，人均碳排放水平在 7 吨左右，印度大约为 1 吨。

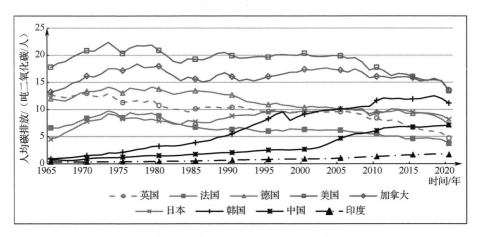

图 2-2　全球主要国家人均碳排放变化与国家比较

数据来源：世界银行、BP、赛迪智库

三、产业结构转型升级带来的碳排放强度变化

如表 2-1 所示，发达国家的碳排放强度普遍比发展中国家低。按照 2020 年的碳排放强度计算，我国碳排放强度比发达国家高出许多，每创造万元 GDP 排放的二氧化碳分别是法国、英国、德国、日本的 9 倍、7 倍、5 倍、5 倍。

表 2-1　主要国家碳排放强度下降率

国家	碳排放强度/（吨二氧化碳/万美元）		下降率/%	倍数
	1965 年	2020 年		
英国	8.0	1.2	85.0	7
法国	4.2	0.9	77.9	9
德国	6.8	1.6	76.4	5
美国	8.5	2.5	70.7	3
加拿大	6.7	2.8	58.3	3
日本	3.6	1.7	51.6	5
韩国	7.5	3.9	47.5	2
中国	36.4	8.4	77.0	1
印度	9.5	8.5	10.7	1

数据来源：世界银行、BP、赛迪智库

四、产业结构转型升级影响碳排放的主要机制

根据定义：

$$碳排放强度 = \frac{碳排放量}{GDP} = \frac{\dfrac{碳排放量}{人口数量}}{\dfrac{GDP}{人口数量}} = \frac{人均碳排放}{人均GDP}$$

由于发达国家的碳排放强度低于发展中国家，人均碳排放水平高于发展中国家，由上面的定义公式可知，发达国家与发展中国家的人均 GDP 差异是导致发达国家与发展中国家碳排放差异的主要原因。如图 2-3 所示，如果进一步分析不同国家人均 GDP 和人均碳排放的关系，可以发现：英国、法国、德国、美国、加拿大、日本，随着人均 GDP 的提高，人均碳排放持续降低；韩国、中国、印度随着人均 GDP 的提高，人均碳排放持续上升。

产业结构是影响发达国家人均 GDP 的关键因素。冷战结束后，美国利用科技、军事、经济，通过国际贸易和投资，构建了西方主导下全球分工体系，这一体系把资源能源密集型制造业和低附加值传统制造业大规模转移到发展中国家，把低污染和高附加值先进制造业和服务业留在国内，实现了发达国家低消耗、低污染、高利润的生产模式。环境库茨涅兹曲线描述了这种

碳排放先增长、再达峰、进而下降的变化规律，但这一曲线同全球产业分工体系紧密相关，在这种全球体系下，发达国家虽然不生产高能耗高排放产品，但却大量消费发展中国家生产的这些产品，这一生产消费过程也是碳排放从发达国家向发展中国家转移的过程。这说明低消耗、低排放、高利润的模式并非技术进步而是产业分工的结果，发达国家的全球影响力是维持这种产业分工的基础，也是维持发达国家低消耗、高利润发展模式的基础。从环境库茨涅兹曲线看，一旦发展中国家不再为发达国家生产高耗能产品，环境库兹涅茨曲线是难以成立的。

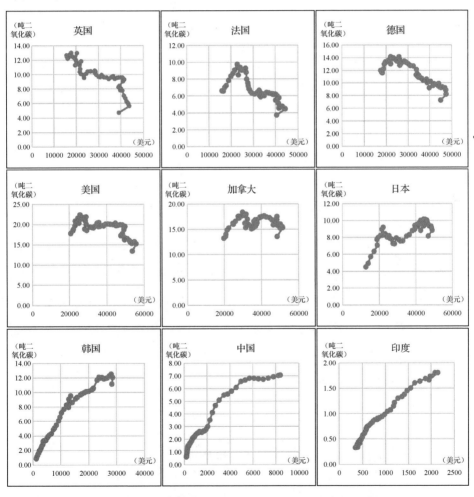

图 2-3 主要国家人均碳排放与人均 GDP 的关系

数据来源：世界银行、BP、赛迪智库

五、案例：美国产业结构绿色转型升级的主要做法

美国曾经拥有全球最大规模的制造业体系，并通过降低制造业占比实现了产业结构转型升级，因此深入剖析美国产业结构的转型升级的经验具有重要意义。美国通过产业结构转型升级降低碳排放的经验做法主要包括如下方面。

（一）降低农业、工业比重，提高服务业比重

在三产层面，美国农业占比从 1970 年的 4% 降到 2020 年的 1% 左右，工业占比从 1951 年的 32.4% 降低到 2020 年的 13.3%，服务业占比从 1951 年的 61% 提高到 2020 年的 80% 以上，由此美国实现从工业化时代向后工业化时代的跨越，同时碳排放强度从 1970 年的 9.0 吨二氧化碳/万美元 GDP 下降到 2020 年的 2.7 吨/万美元 GDP 左右，下降了 70%。

（二）降低非关键高耗能行业占比

对于钢铁、有色金属、建材等高耗能行业，美国不断降低其比重，非金属矿物产品、初级金属产品占 GDP 的比重从 1978 年的 2.5% 持续下降到 2020 年的 0.6%。对于对经济社会影响较大，且具有比较优势的电力产品、石油产品、化学产品，美国长期保持三大行业占 GDP 的比重为 2.5%；对于高端制造业，美国集中力量发展汽车、航空航天、生物技术、电子信息等高附加值和低消耗的制造业，1950—2020 年，美国电子信息产业占 GDP 的比重从 2.8% 上升到 5.5%。

（三）通过优化产品结构降低行业碳排放强度

以钢铁业为例，美国通过用短流程电炉钢替代长流程转炉钢，降低了行业碳排放。美国钢铁工业流程结构经历了 20 世纪五六十年代的以平炉炼钢

为主，70 年代的转炉大发展，到 80 年代末到 90 年代初，中美两国转炉流程比例相当，均在 60%左右，之后美国因大力发展 Minimill 钢厂，转炉钢比开始下降，电炉钢比持续上升。而中国转炉钢比继续呈上升趋势，电炉钢比逐渐下降。目前美国长短流程比例基本为 3∶7，而中国钢铁工业长短流程比例基本为 9∶1，电炉钢比远低于世界平均水平。

（四）通过全球转移高消耗低附加值产业实现生态殖民

第二次世界大战之后，美国分别以德国和日本为依托，开始了全球范围的产业转移。产业转移先从纺织业开始，逐步扩展到钢铁、机械制品、电子制品等行业；在地域上，则沿着德国、日本、韩国、东南亚、中国的路径推进。美国主导的全球分工模式，使发达国家在不生产高耗能产品的同时，依然能够享受高耗能产品带来的便利。

第三节　发达国家产业结构绿色转型升级的经验与教训

发达国家产业结构转型升级的主要方式，是将高耗能的传统行业大规模转移到发展中国家，在国内重点发展低能耗、低排放的服务业和先进制造业。这只是实现了发达国家自身境内的降碳，从全球看，碳排放却随着产业转移被大规模转移到了发展中国家。发达国家的这种产业结构绿色转型升级不是真正意义的产业结构绿色转型升级。事实上，正是发达国家产业结构绿色转型升级，才使发展中国家有机会承接高能耗、高污染、高排放、低附加值的传统制造业，进而促进新兴经济体和发展中国家在全球的兴起，使发展中国家与发达国家力量格局发生变化，与此同时，全球碳排放总量也快速增长。在这一过程中，发达国家还出现了"去工业化""铁锈地带""贫富差距扩大""碳排放转移"等一系列风险和挑战。进入 21 世纪后，发达国家经济增长频繁出现问题，其根源与此有关。随着我国的人均收入水平日益接近发达国家，我国同发达国家的竞争日益激烈，因此，我们更应借鉴有益经验，摒弃不利教训。

一、发达国家产业结构绿色转型升级的主要经验

积极发展先进制造业、大规模降低传统制造业比重、积极提高服务业的比重和打造全球统一市场是发达国家调结构、降排放的成功经验。

（一）积极发展先进制造业

先进制造业相比传统制造业具有低消耗、低排放、高附加值的特征。20世纪后半期，美国、英国、法国、德国、日本、韩国等主要发达国家都高度重视发展先进制造业，其中美国注重电子信息、航空航天、生物技术、新能源等产业；日本强调汽车制造、电子信息、新材料产业；德国重视机械、化工等产业，法国重点发展航空、核能等产业。

（二）大规模降低传统制造业比重

传统制造业包括纺织、服装等劳动密集型行业和钢铁、建材等高耗能行业，具有附加值低、能源消耗大的特点。英国、德国、美国、日本等发达国家普遍向发展中国家大规模转移传统制造业。英国工业占比从 1970 年的42%持续下降到 2020 年的 19%左右，美国也从 1950 年的 35.2%下降到 2020年的 17.7%，德国则从 1970 年的 48.1%下降到 2020 年的 26.5%。

（三）提高服务业的比重

服务业是碳排放强度最低的行业，推动产业结构从以制造业为主向以服务业为主转变，是欧美发达国家产业结构调整的主要方向。1950—2020 年，美国的服务业占比从 1950 年的 58.3%提高到 2020 年的 81.6%，服务业开始占据美国经济的主导地位，同时美国碳排放强度从 1970 年的 9.0 吨二氧化碳/万美元 GDP 下降到 2020 年的 2.7 吨二氧化碳/万美元 GDP。

（四）打造全球统一市场

发达国家的产业绿色转型升级是以全球统一市场和全球分工体系为前提的。发达国家虽没生产但并未减少高能耗、高排放、低利润产品的消费。通过打造全球统一市场，建立发达国家与发展中国家的分工体系，通过国际贸易和国际投资，发达国家实现发展与减排的统筹。但这个过程中，发达国家并未真正实现绿色发展，而是把污染和消耗转移到了发展中国家，这不是真正的绿色发展。

二、发达国家产业结构绿色转型升级的突出问题

发达国家的产业结构转型升级在四个方面存在比较突出的问题。

（一）产业空心化

英国、美国、日本等发达国家在工业化后期普遍出现了产业空心化问题。

英国：英国从 18 世纪中叶开启工业化进程，是最早完成工业化的国家。在 19 世纪 50 年代完成工业化时，英国成为当时的世界工厂，获得了全球工业、贸易和金融的霸主地位。此后，英国工业资本大举海外投资，德国和美国成为英国制造业转移的主要承接者，20 世纪初时英国海外投资一度超过国内投资，这使国内工业产能持续下降，技术创新速度明显放慢，随着工业规模先后被美国、德国超越，英国从世界工厂变为工业品进口国。之后半个世纪，英国虽然仍保持了金融上的领先地位，但第二次世界大战之后也被美国所取代，同时工业生产又被后来的日本超越。近一个世纪的产业空心化进程，使英国国内生产和技术创新不断被竞争对手超越，成为"日不落帝国"失去往日风采的主要原因。

美国：19 世纪后期南北战争结束后，通过承接英国的产业转移和利用第二次工业革命契机，美国工业规模快速扩张，到 1894 年超过英国成为第二个世界工厂。到 1914 年第一次世界大战爆发时，美国的工业规模再次翻

了一番，相当于英国、法国、德国、日本四个国家工业产量之和。20 世纪 20 年代的经济危机和大萧条是美国产业空心化进程的开始，经历第二次世界大战的耽搁，战后美国工业资本开始大举对外投资，美国制造业占经济的比重持续下降，从 1950 年的 27%下降到 2020 年的 11%左右。

日本：日本工业化进程结束较晚，属于后来发达国家。1985 年之前，日本经济始终保持较高的增长速度，其外向型经济在发达国家中表现出强劲的竞争力，但 1985 年签订的"广场协议"对日本经济造成重要冲击，企业生产条件急剧恶化，导致日本对外直接投资规模开始快速增加，引发了日本产业空心化进程，从 1985 年到 2020 年，日本制造业占经济的比重从 28%左右下降到 20%。20 世纪 80 年代以来，日本经济的高速增长戛然而止，进入漫长的"失去年代"，导致这一现象的原因有多个方面，但产业空心化在其中发挥了重要作用。

（二）铁锈地带

铁锈地带是产业结构调整过程中工业繁盛后衰败的地区，是工业化后期调整产业结构时很容易出现的问题。美国的五大湖地区、德国的鲁尔地区、日本的北九州地区、俄罗斯乌拉尔工业区、法国洛林区、英国曼彻斯特地区，甚至中国东北地区等都属于铁锈地带。产生铁锈地带形成的原因包括多个方面：一是产业结构单一，产业发展主要以能源资源等资源型产业为主，在资源枯竭时自身无法主动及时适应产业结构变化；二是重工业长期发展导致本地区环境严重恶化，随着环境政策约束日益严格，削弱了产业竞争力，导致日益衰落；三是工业进程完成后，随着土地、劳动力等要素成本的提高，产业竞争优势消失，进一步发展需要调整产业结构；四是科技进步导致国家主导产业发生变化，生产要素大量向新兴产业集聚，导致重工业衰退。

从发达国家的经验来看，铁锈地带影响着现代化进程：一是铁锈地带由于产业衰落导致大量工作岗位流失，进而导致城市人口迁移和城市贫穷化；二是铁锈地带的出现通常意味着国家发展中心的区域转移，如果铁锈地带无法及时实现产业转型升级，很容易加剧区域发展不平衡，破坏社会稳定；三是铁锈地带的长期存在会影响政治稳定，例如美国五大湖地区长期的政治摇摆态度，与美国民粹主义的兴起有着紧密的关系。

（三）贫富差距

产业结构调整影响着贫富差距。以美国为例，美国贫富分化的程度比大部分发达国家更加严重。美国贫富差距在 20 世纪后期快速扩大的主要原因，是随着全球化的离岸外包把大量低附加值的制造业转移到国外，美国制造业占 GDP 的比重大幅下降，服务业占比大幅上升。这改变了美国的就业结构，少数的高级人才涌向研发设计、市场销售、财务金融等高利润的服务环节，产业向微笑曲线两端集聚，原本依附于制造业的蓝领工人工作岗位大规模流失，由于劳动力技术能力限制，这些工人只能进入低端服务业，劳动收入水平并未因为就业变化而随经济增长。这种产业结构最终导致财富越来越向少数高级人才集聚，贫富差距越来越大。根据美国经济政策研究所发布的报告，在过去的几十年里，美国大企业高管（CEO）实际年薪从 1978 年的 150 万美元增加到 2014 年的 1630 万美元，增幅为 987%，而同一时期，美国一般工人的实际年薪从 1978 年的 4.8 万美元增加到 2014 年的 5.32 万美元，增幅仅为 10.8%。

贫富差距的扩大对美国造成了深远而严重的影响：一是贫富差距的持续扩大，导致中产阶级不断流失，普遍认同的橄榄型社会结构开始两极化，这成为民粹主义、保守主义、政治撕裂等美国诸多社会问题的深层根源。美国近年来爆发的游行示威活动接连不断，从 2011 年的"占领华尔街运动"到 2020 年反对美国警察暴力执法的"黑人的命也是命（Black Lives Matters）"游行，部分游行示威甚至演变为暴力事件。大规模游行示威的背后，是美国底层人民对种族歧视、阶级固化与财富分化的不满与抗争。二是贫富差距的扩大强化了阶层固化，社会上升通道越来越窄，最终将影响社会活力和创新。贫富差距巨大不利于底层人群的人力资本投资及发展能力的提高，他们缺乏足够的资金投资于健康与教育，自然人力资本积累受到影响。根据研究，从20世纪70年代到2000年，收入处于顶层5%的美国家庭，对每个孩子的教育投资增加了155%，而收入处于底层20%的美国家庭仅增加了55%。这种早期投资的差异，进一步扩大了不同社会群体受教育机会和质量的差距，低收入人群的人力资本积累不足，会阻碍长期经济增长。三是高度的财富不平等会滋生更多寻租行为，带来社会不公平。从美国国内政策看，富人倾向于支持税收减免政策、抵制公共福利支出项目和再分配政策，说服政府对其所在利益集团放松管制，从美国获得垄断市场和超额收益；从国际政策看，美国资本为追逐全球利润，不断在世界各地制造金融危机、地缘政治活动，通过全球影响力破坏和平稳定的国际环境。

（四）生态殖民

西方国家的工业化道路和产业结构转型升级模式具有显著的生态殖民特征。生态殖民是指西方发达国家通过直接或间接掠夺发展中国家的生态资源，控制发展中国家发展进程的一种理论。它是西方殖民思想在经历了军事帝国主义、经济帝国主义之后的新发展阶段，其目的在于维护发达国家在全球的殖民掠夺统治秩序。生态殖民一词最早出自阿尔弗雷德·克劳斯比所著的《生态帝国主义：欧洲生物扩张 900—1900》一书，书中指出："我们以为帝国主义造成被占领国土的破坏是在于其船坚炮利，其实帝国主义对生态的影响远较武力军事带来的灾难更深远和广泛。"后来，西方社会学家约翰斯顿正式用这一概念描述当代发达国家向发展中国家转嫁生态危机和实施生态殖民掠夺的行径。

面对资源环境约束，发达国家推动产业结构转型升级的主要模式是把高能耗、高排放、低附加值的传统制造业大规模转移到发展中国家，把低能耗、低排放、高附加值的服务业和先进制造业留在国内，但这并未真正从根本上减少全球碳排放，而是把排放通过国际贸易转移到了发展中国家。这种产业结构转型升级的本质是富裕的发达国家通过国家贸易和投资对发展中家实施生态殖民。发达国家对发展中国家的生态殖民主要表现在以下五个方面：

一是生态帝国主义生活方式。西方发达国家的人均资源消耗和能源消耗普遍远高于发展中国家，这种高消耗生活方式是维持西方发达国家帝国主义生活的物质基础。

二是西方发达国家为了提高本国环境质量，把高消耗、高排放工业大规模转移到发展中国家，并通过全球贸易再从发展中国家获得产品，从而把污染留在了发展中国家。发达国家主导的全球分工体系是发达国家转移污染的机制和工具。

三是发达国家向发展中国家大规模输出有毒有害的工业废料和生活垃圾，把发展中国家当成发达国家的垃圾场，有毒废料在全球大规模转移造成了严重的全球性环境污染问题。

四是发达国家通过全球气候治理体系，限制发展中国家的温室气体排放，进而限制发展中国家的发展进程。这是一种不公平的气候治理方式，这种不公平至少体现在两个方面：一是历史排放责任，发达国家漫长的工业化进程，积累了远超过发展中国家的历史排放，现有发达国家主导的气候治理体系没有充分体现历史责任；二是人均责任，发达国家的人均碳排放普遍高于发展中国家，这意味着发达国家每天排放的二氧化碳多于发展中国家，但其并未承担相应责任；三是消费者责任，发达国家消费水平远高于发展中国家，在界定产品碳排放责任时，发达国家主张生产者责任制，把碳排放责任归咎于作为生产者的发展中国家，掩盖其最终消费的责任。

五是发达国家利用自己控制的全球话语权在意识形态上把自己塑造成为生态环境保护的领导者和倡导者，占据道德高地，把全球环境污染、生态破坏和气候变化的责任转嫁到发展中国家，并通过碳边境调节机制、征收绿色关税等措施，破坏国际贸易的公平性，并干涉他国内政。

第四节 发达国家产业结构绿色转型升级的背景、挑战和冲突

一、发达国家产业结构转型升级有着特殊时代背景

发达国家能在 20 世纪后期实现产业结构绿色转型，得益于四个重要时代背景特征：一是发达国家工业化时间早，先行工业化使发达国家人均 GDP 水平和人均收入始终领先全球平均水平，为发达国家调整产业结构创造了条件。二是全球影响力，通过在科技、军事和金融领域的影响力，美国等发达国家主导了 20 世纪后期的全球统一市场和全球分工，占据了最大份额的利润，为产业结构绿色转型提供了资本、技术、人才、政策等保障。三是能源危机和环境问题，20 世纪后期，能源危机和环境问题日益突出，成为全球挑战，由于当时国际绿色法律制度体系不健全，发达国家没有承受当前发展中国家的绿色约束成本。四是战争客观上带动的产业结构转型升级，20 世纪后期美国发动的朝鲜战争为日本创造了契机，日本承接了美国大量转移的产业；之后发动的越南战争则为韩国提供了契机，韩国承接了美国的产业转移。

二、发达国家产业结构转型升级并未解决全球挑战

大力发展先进制造业和提高服务业占比，在工业化后期产业结构调整中，对提高发达国家人均收入水平、推动产业转型升级有普遍的积极意义，也是我国应积极借鉴的重要经验。但另一方面，要辩证分析发达国家通过产业转移实现产业结构转型升级的方法。

一是高耗能行业从发达国家转移到发展中国家没有真正减少排放，只是把排放转移到了境外。随着发达国家产业结构转型升级，全球能源资源消耗和碳排放快速增长，资源环境问题日益成为全球挑战的事实，这说明了发达国家产业结构转型升级未从根本上解决全球工业化进程中的资源环境挑战问题。

二是产业转移并没有降低发达国家对传统工业品的需求。发达国家没有因为产业结构转型升级而改变消费习惯,对传统工业品的大规模需求仍是发达国家维持生活水平的重要物质基础,也成为国际贸易快速发展、发展中国家能源资源密集型产业大规模发展以及全球能源消费和碳排放快速增长的重要原因。在这一过程中,通过国际贸易产生了大规模的碳排放转移。

三是完成转型升级的发达国家的人口总量规模小。如果以 OECD 国家作为完成转型升级的发达国家,那么这部分国家的总人口约为 10 亿,仅占 2022 年全球 80 亿人口的 12.5%,刚超过我国 14 亿人口的 70%,但这一人口消耗的能源资源远大于其他人口消耗的能源资源,这意味着当前全球产业体系仅能保障 10 亿人口过上发达国家的高质量生活。

三、发达国家产业结构转型升级存在现实目标冲突

发达国家产业结构转型升级模式同我国产业发展目标存在三个方面的冲突,我国在借鉴其经验时要保持警惕。

(一)西方转型升级模式与可持续发展理念的冲突

可持续发展是全球应对气候变化的重要理论基础,也是工业低碳发展理论的思想理论来源。按照联合国对可持续发展的定义,可持续发展是指既满足当代人的需要,又不对后代人满足其需要的能力构成危害的发展,公平性、持续性、共同性是可持续发展的三大基本原则和思想核心。公平性包括两个方面:一是本代人的公平,即代内之间的横向公平;二是代际公平性,即世代之间的纵向公平性。这种世代间的公平要求当代人在考虑自己需求与消费的同时,也要对未来各代人的需求与消费负起历史责任,因为同后代人相比,当代人在资源开发和利用方面处于一种无竞争的主宰地位。持续性是指生态系统在外部干扰时仍能保持生产力的能力。资源和生态环境是人类社会生存与发展的基础,资源的持续利用和生态系统的可持续性是保持人类社会可持

续发展的首要条件。持续性要求人们在生态环境可承载的范围内确定消耗标准,调整生活方式,合理开发利用自然资源,使再生资源能保持其再生产能力,非再生资源不过度消耗并能得到替代资源补充。持续性原则从某一个侧面反映了公平性原则。共同性原则是指,可持续发展关系到全球范围内不同国家和地区的发展,要实现可持续发展总目标,必须争取人类社会共同行动,这是由地球的整体性和相互依存性决定的。因此,致力于达成既尊重各方利益,又保护全球环境与发展体系的国际协定对实现可持续发展至关重要。

西方发达国家产业结构转型升级模式与可持续发展理念在两方面存在冲突。一是生态殖民特征不具有持续性。西方发达国家的高消费、低生产模式,将生产消费产品过程中排放的二氧化碳通过国际贸易和投资转移到了发展中国家,对发展中国家的资源、环境造成影响,表面看减缓了发达国家的资源环境问题,但却加剧了发展中国家的资源环境问题,从全球看,并没有真正解决持续性问题。二是生态殖民特征不具有共同性。发达国家的产业结构转型升级保护了发达国家的资源与环境,却恶化了发展中国家的资源与环境,这与可持续发展的共同性原则相冲突。西方发达国家产业结构转型升级模式同可持续发展理念中的持续性、共同性原则的冲突,决定了西方工业化道路不能从根本上应对气候变化问题,并不能实现真正的可持续发展。

(二)西方转型升级模式与现有全球分工体系的冲突

1. 发达国家绿色转型升级的两种模式

总体看,每个发达国家的工业化进程都不完全相同,相似之处在于:每个发达国家的转型升级都是持续不断的,且成功者皆因当时找对了方向并解决了当时面临的问题。但每个国家面临的具体问题又不完全相同,这种相似和差异正是产业结构转型升级规律性与特殊性的体现。从第一次工业革命至今,全球只有不到 40 个国家最终成为发达国家。在这些成功案例中,根据制造业占比的差异,大致可分为"英美模式"和"日德模式"两类类型。这两种模式都成功建立了现代化产业体系,人均 GDP 水平超过 30000 美元,成功跨越了"中等收入陷阱"。其中，英国、美国分别是 19 世纪和 20 世纪崛起的两个世界强国。

（1）英美模式

英美模式是指以英国、美国为代表的模式，其特点是市场机制发挥主导作用，前期以制造业为主，后期以服务业为主。英美模式具有五个方面的特征：一是重视市场竞争，强调资本力量，在全球推进自由主义，为本国资本对外投资创造条件；二是重视金融业和服务业发展，金融业和服务业在经济总量中的占比都比较大；三是大规模对外转移高消耗、高排放、低附加值的传统产业，通过去工业化大幅降低能源消费和碳排放；四是重视科技创新的作用；五是通过霸权主导全球产业和贸易体系，其中，英国盛行于 19 世纪，美国盛行于 20 世纪。

（2）日德模式

日德模式是指以日本、德国为代表的模式，其特点是注重发挥政府的作用，前期以制造业为主，后期制造业和服务业并重。日德模式同英美模式在五个方面存在区别：一是不仅重视市场机制，也注重国家管理，这是不同于英美情景的重要特征；二是重视发展制造业，日本、德国重视打造包括上下游在内的产业生态，两国制造业占 GDP 的比重都长期维持在 20%左右，远高于英美情景；三是重视发展服务业，但金融业对经济的影响没有英美情景大；四是两者都是出口大国，是全球化产业分工体系中的主要参与者，也是位于前列的贸易顺差大国；五是不同于英国、美国侧重用金融资本在全球市场获取利润，日本、德国强调通过在全球投资高端制造业获取高额利润。

总体看，"英美模式"和"日德模式"的最大区别是制造业占比不同（表 2-2）。制造业占比变化直接或间接关系到产业空心化、进出口贸易、贫富差距等一系列问题，选择不同模式也必然将面临不同的发展风险和挑战。全球工业化的历史表明，随着收入水平从中等收入跨入高收入门槛，产业结构转型升级会面临完全不同于以往的境况。发达国家在这个阶段会出现发展道路的分化,一部分国家选择以服务业为主,一部分国家选择以制造业为主。为什么工业化进程会出现这种现象,这同全球产业分工体系紧密相关,这就涉及冷战结束后全球产业分工逐渐形成的"一个体系"问题。

表2-2　工业化模式分类

序号	代表国家	开始时间	前期核心产业	后期核心产业	效果
1	英国、美国	18、19世纪	制造业	服务业	成功
2	日本、德国	19、20世纪	制造业	制造业、服务业	成功

数据来源:赛迪智库

2. 全球分工体系的形成历程及其特点

当前全球产业分工体系是指以美国为主导、以西方发达国家为中心的全球产业分工体系,总体呈现核心-外围的模式。其中发达国家占据核心位置,发展中国家占据外围位置,发达国家和发展中国家通过国际贸易和投资共同形成全球价值链。处于最核心主导位置的美国通过控制全球金融体系和先进制造业,获得价值链上的最大利润,处于最外围边缘位置的发展中国家通过生产环节获得价值链的最小利润,处于中心和边缘之间位置的英国、德国、日本等西方发达国家获得中间利润。这一体系是发达国家率先完成工业化并通过产业结构持续转型升级形成的结果。

(1)全球分工体系的形成历程

第二次世界大战结束后,世界政治经济格局很快分化为美苏两个阵营,全球工业化进入冷战时期。在这一阶段,以美国为首的欧美国家形成美国阵营,以苏联为首的社会主义国家形成苏联阵营,两者各自构建了相对独立的产业链供应链分工体系。冷战前期,苏联阵营经济增速快于美国阵营,到冷战后期,苏联阵营逐渐被美国阵营超越。20世纪80年代末和90年代初,随着东欧剧变和苏联解体,美国阵营获得冷战的最终胜利,苏联阵营诸多国家的经济通过国际贸易和投资相继被纳入美国主导的全球产业链供应链,全体统一市场逐渐形成。这一体系本就脱胎于第二次世界大战结束后形成的美国阵营，美国从一开始就是主导者，位于体系核心位置，分享最大利润，英国、法国、德国、日本等发达国家位于体系外围位置，分享次大利润，发展中国家位于体系的边缘位置，分享最小利润。

尽管只获得微薄利润，但相比冷战时期，发展中国家仍然在体系中得到了较快发展，这同全球市场大幅提升生产效率有关，也同冷战结束后长期和平的国际环境促进贸易投资快速增长有关。总之，冷战结束后，在以美国为首的发达国家主导下，发达国家和发展中国家共同打造了一个体系，形成了全球市场，两者都从中获益。

（2）全球分工体系的深入发展

全球市场的逐步扩大深化了产业分工，新兴经济体凭借人口、矿产、区位、税收等资源禀赋，逐步获得竞争优势，在产业竞争中脱颖而出，例如正是人口优势使中美形成"中国生产—美国消费"的全球产业链供应链格局。这使我国新兴经济体的增长速度普遍快于发达国家和其他发展中国家。新兴经济体快速增长带动了发展中国家整体经济实力的增长，最终导致发展中国家和发达国家经济力量格局开始发生不可逆转的改变，进而推动了全球地缘政治格局的改变。

（3）全球分工体系的利润分配

在整个分工体系中，美国处于最核心位置，英国、日本、德国处于外围位置，这种分工格局是决定"英美模式"和"日德模式"产业结构不同的主要原因。美国和英国因处于全球产业链供应链核心（或接近核心）位置，可以通过资本在全球的自由流动从三个层级（核心、外围、边缘）汲取利润，而日本、德国因处于外围位置，只能通过本国制造业沿产业链上下游汲取两个层级（外围、边缘）的利润，至于边缘位置的发展中国家只能汲取一个层级（边缘）的利润，即"辛苦钱"。

3. 现有分工体系中转型升级的利益冲突

从全球分工看，西方主导这一全球产业分工体系有着现实的利益诉求。

这种诉求的核心在于，通过始终遏制发展中国家产业结构转型升级，维持现有全球产业分工秩序，进而维持现有全球价值链利润分配模式。产业结构转型升级的本质是从边缘位置向核心位置移动，这势必同发达国家发生冲突和竞争。2008 年后，全球贸易格局逐渐变化，发达国家纷纷提出"再工业化"战略，并开始改变全球分工态度，贸易保护、民粹主义、逆全球化开始在西方发达国家兴起，其根源在于近些年发展中国家快速发展逐渐动摇全球产业分工体系，西方发达国家意图通过破坏国际贸易环境和格局来打压与遏制这一趋势，阻止发展中国家从边缘位置向核心位置移动。2018 年以来中美关系急剧变化，美国针对中国实施中美贸易战，"脱钩断链""小院高墙""去风险"等一系列政策纷至沓来，主要目的是全面打压与遏制中国进行产业结构转型升级。

从这个角度看，收入水平提高后，继续模仿发达国家走过的道路（无论选择"英美模式"还是"日德模式"），都意味着最终要取代发达国家占据的核心位置（要么替代美国或英国，要么替代日本或德国），这在由美国等发达国家主导的分工体系中，无异于"与虎谋皮"，最终必将失败。导致这一必然结果的原因在于，当前以美国为首的发达国家构建的这一全球分工体系，本质上是不包容、不公平、不公正的层级体系。在这一体系中，发展中国家产业结构转型升级的道路要么被发达国家占据着，要么从一开始就不存在。对中国这样一个大国而言，无论选择哪种模式的道路，都将面临诸多风险。只有摒弃过去简单模仿发达国家的老路，坚持模仿与创新并重，吸收发达国家的有益经验，避免其有害教训，根据现实国情，努力开拓具有中国特色的新道路，才是历史必由之路、必然之路。

（三）西方转型升级模式与现代化产业体系的冲突

当前，率先完成工业化并在 20 世纪 70 年代能源危机后进行大规模产业转移的西方发达国家，其产业体系普遍具有服务业占比高、先进制造业竞争力强、产业体系不完整、制造业占比低的特点。以美国为例，第二次世界大战之后美国推进产业结构转型升级的模式主要通过三大途径。

途径一：大力发展服务业

1970—2020 年的半个世纪，美国农业占比从 4% 下降到 2020 年的 2%，工业占比从 1951 年的 32.4% 降到 2020 年的 13.3%，制造业占比从 1953 年的 28.3% 下降到 2020 年 10.8%，服务业占比则从 61% 提高到 80% 以上。由此，美国一举实现从工业化时代向后工业化时代的跨越，服务业开始占据美国经济的主导地位。同时美国的碳排放强度下降了 70%，人均碳排放水平下降了 35%，基本上实现了经济绿色转型。

途径二：通过产业转移降低高耗能行业规模

一是大幅降低钢铁、有色金属和水泥等行业的比重。20 世纪 70 年代末、80 年代初，当美国的城镇化水平超过 74% 以后，美国房地产等基础设施建设开始下降，这导致作为建设提供原材料的钢铁、有色金属、建材等行业的衰落，这些行业占经济的比重也开始快速下降。到 2020 年时，美国的钢铁、建材等行业占经济的比重从 1978 年的 2.5% 持续下降到 2020 年的 0.6%。二是电力、石油、化工等行业的发展，丰富的石油和煤炭资源使得美国在电力、石油和煤炭产品、化学产品三大高耗能行业领域拥有比较优势，并未因石油危机爆发而衰落，三大行业占美国 GDP 的比重长期稳定在 2.5%。三是美国大力发展先进制造业，集中力量推动汽车、航空航天、生物技术、电子信息等产业的发展，提高附加值水平。

途径三：构建并主导全球产业分工体系

第二次世界大战结束时，美国就拥有了比较完整的工业体系，成为全球第一工业大国。随着冷战爆发，美国为巩固自己在全球的优势，进一步获取全球利益，分别以战后被驻军的德国和日本为依托，开始全球产业布局。尤其在 20 世纪 90 年代初期，冷战胜利大大提升了美国对全球统一市场的控制力，促进美国在全球范围内实施深度的产业转移。这导致第二次世界大战结束后完整的工业体系被逐步破坏，主要体现为两个方面：一是从产业看，美国产业转移顺序按照纺织业、钢铁、机械制品、电子制品的顺序依次转移；二是从国家和地区看，美国产业转移的顺序按照德国、日本、韩国、东南亚、中国等顺序转移。产业转移破坏了美国工业体系完整度，同时也推动了美国获得全球霸权地位，助力美元成为全球货币。

西方产业结构转型升级模式与我国建设现代化产业体系在以下四个方面存在冲突：

一是以实体经济为重。2023 年 5 月召开的二十届中央财经委员会第一次会议强调，加快建设以实体经济为支撑的现代化产业体系，要坚持以实体经济为重，防止脱实向虚；坚持稳中求进、循序渐进，不能贪大求洋；坚持三次产业融合发展，避免割裂对立；坚持推动传统产业转型升级，不能当成"低端产业"简单退出；坚持开放合作，不能闭门造车。西方发达国家普遍把大力发展服务业和降低制造业比重，作为提高利润和收入水平、降低能源消耗和碳排放的重要途径，这同我国加快建设以实体经济为支撑的现代化产业体系的要求冲突。

二是完整性。完整产业体系是我国产业在国际竞争中发挥配套优势、降低成本、提高效率的重要基础。2023 年 5 月召开的二十届中央财经委员会第一次会议强调，保持并增强产业体系完备和配套能力强的优势，高效集聚全球创新要素，推进产业智能化、绿色化、融合化，建设具有完整性、先进性、安全性的现代化产业体系。西方发达国家普遍把对外转移高耗能行业和传统行业、建设和主导国际贸易，作为产业结构转型升级的重要途径，这破坏了产业体系的完整度，降低了产业链供应链的韧性和安全水平，弱化了产业体系整体竞争力，同我国加快建设具有完整性、先进性、安全性的现代化产业体系的要求冲突。

三是安全性。我国是拥有 14 亿人口的大国，不能像西方发达国家那样把传统制造业大规模对外转移，这不仅影响我国大量低端劳动力的就业，而且更影响产业安全。一旦发生类似新冠疫情的突发事件，我国的产业链供应链安全就难以得到保障。

四是绿色化。表面上西方发达国家产业碳排放总量和碳排放强度都低于我国，但西方发达国家的绿色产业体系有三个具体条件不同于我国的国情：一是西方发达国家城镇化水平和收入水平普遍高于我国，这导致西方发达国家消费结构高于我国，对传统工业品的需求趋于成熟，不同于我国在未来一段时期内仍然对传统工业品有大量需求。二是西方发达国家人均教育素质水平普遍高于我国，这导致西方发达国家拥有更优越的人力资本条件。人力资源发展现状决定了我国产业结构转型升级需要一个长期渐进的过程，不能脱离资源条件限制大幅跨越式转型升级，否则会由于产业就业不匹配导致经济不稳定。三是西方发达国家的绿色产业体系是以国内缺少足够丰富的上游资源能源密集型产业，通过国际进口实现保障产品供给，进而实现把能源资源消耗和环境排放转移到境外的目的，但这是以牺牲产业链供应链韧性和安全为代价的，这也是西方发达国家产业体系碳排放总量和碳排放强度比较低的一个重要原因。

第三章
三产结构与不同工业化道路
选择差异

从来源看，工业占我国能源消耗和碳排放总量的 70% 以上。如果大幅压减工业产能，全面发展服务业，就可以像发达国家那样快速实现大规模降碳，但工业同样是保障社会民生和国家安全的关键。我国作为一个人口众多的大国，当前人均 GDP 水平刚刚超过 1 万美元，工业化、城镇化都未完成，物质产品需求依然巨大，在很长时间内都离不开庞大先进工业体系的支撑和保障，因此在较长时间内，工业仍然是我国要坚定发展的关键产业，保持工业和制造业占比基本稳定至关重要。那由此就产生了下面的问题，工业尤其是制造业保持怎样的比重，才能既满足社会民生和国家安全需要，又保障"双碳"目标的实现？这就涉及本章要研究的三产结构问题。比较我国和全球主要国家的工业化道路可以发现，三产结构的不同选择，本质上反映了不同的工业化道路，也意味着不同的能源消耗和碳排放路径。

第一节　不同发展阶段的三产结构变化

农业、工业、建筑业、服务业的占比关系构成了三产结构的基本内容，体现了农业现代化、工业化和城镇化三大现代化进程的平衡问题。从国际经验看，在高收入阶段之前，农业占比不断下降，工业和服务业占比上升，产业结构呈快速工业化趋势；到高收入阶段之后，工业化道路出现分化，一些国家重视先进制造业，制造业占比趋于稳定，如德国、日本等制造业占比长期稳定在 20% 左右，产业结构呈现"稳定化"趋势，另一些国家工业占比继续下降、服务业占比进一步上升，如英国、美国等，产业结构呈现"服务化"趋势。

一、农业占比下降速度减缓并趋于稳定

从整个现代化看，农业占比始终呈下降趋势，直到稳定在很低的水平。例如大多数发达国家的农业占比稳定在 1%～3%，部分国家甚至低于 1%。

（一）农产品消费占比随着收入水平提高而降低

根据恩格尔系数理论，一个家庭收入越低，购买食物的支出在家庭收入中所占比重就越大；一个家庭收入越高，购买食物的支出在家庭收入中所占比重就越小。因此，随着国家或地区收入水平的提高，农产品消费占总消费的比重会降低。恩格尔系数与农业占比的变化如表 3-1 所示。

表 3-1　恩格尔系数与农业占比的变化

时间	人均 GDP/美元	人均 GDP/人民币	恩格尔系数/%	农业占比/%	发展阶段
1978 年	156	385	63.9	27.7	贫穷
1990 年	347	1663	56.8	26.6	温饱
2000 年	959	7942	42.2	14.7	小康
2010 年	4550	30808	33.4	9.3	
2020 年	10408	72000	30.2	7.7	全面小康

数据来源：国家统计局，世界银行

从中等收入阶段进入高收入阶段，人们的基本生活需求消费占比会减少，例如食品、衣物等基本生活必需品的消费占比会逐渐减少，而非必需品消费（如旅游、娱乐、教育等）的占比会逐渐增加，对应地，农业占经济的比重会逐步降低，并最终稳定在较低水平。例如，1978—2020 年，随着我国人均 GDP 从 385 元提升到 72000 元，我国的恩格尔系数从 63.9%下降到 30.2%，对应的农业占比从 27.7%下降到 7.7%。

（二）工业和服务业发展提升农业生产力

工业和服务业是农业发展的重要助力。一方面，工业为农业提供种子、化肥、农药、农膜、农机等条件，大幅提升农业的生产力。另一方面，现代农业不仅包括农业生产环节，还越来越依赖产前、产后的物流、营销、研发、质量标准、金融期货、供应链等服务体系。农业越来越依赖工业和服务业的支撑保障。根据国家统计局发布的《农业及相关产业统计分类（2020）》，2020年全国农业及相关产业的全部增加值为 16.7 万亿元，占国内生产总值的

16.47%，其中单纯农业增加值占比为 46.8%，相关的工业占比为 29.1%、服务业占比为 24.1%。

（三）城镇化进程助力农业占比趋于稳定

城镇化带动农村人口向城市迁移，农民进城后，生产和消费都会变化，就业从农业转向工业、服务业，收入也不断提高，增加文化娱乐消费，带动消费升级和城市内相应产业的发展。同时，人们收入增加还会提高教育投入和教育水平，进而提高劳动效率，使得人均农业产出增加。根据刘易斯的拐点理论，工业化发展驱使农村劳动力向非农产业转移，这将使农村劳动力逐步减少，并最终从富余变为短缺。在这一过程中，农业资本积累水平和劳动生产率会不断提升，最终实现农业现代化，达到农村和城市劳动收入趋于平衡，农业占比趋于稳定。

二、制造业占比提升难度增大并趋于稳定

（一）工业占比与人均 GDP 的关系

随着人们收入的提高，工业占比将结束上升态势并开始下降，最终趋于稳定。如图 3-1 所示，对 9 个主要国家经济数据分析发现，多数国家在人均 GDP 达到约 1.3 万美元时，工业占 GDP 的比重会出现峰值，之后开始缓慢下降；在人均 GDP 水平约达到 3.5 万美元时，工业占 GDP 的比重将趋于稳定。具体稳定比例数值大小，不同国家间存在较大差异，这形成了不同国家的不同工业化道路。英国、美国等部分国家的这一比例约在 20%，日本、德国等部分国家则在 30%左右。

（二）制造业占 GDP 比重的稳定比例

制造业是影响工业占比的主要因素。制造业占比较大时，工业占比会更大，制造业占比较小时，工业占比会更小。这主要因为制造业是采矿业和能

源产业的下游市场,因此制造业增大或减小会导致采矿业和能源产业增大或减小,进而工业总体更大或更小,因此,制造业占比下降会导致"去工业化"进程加速。

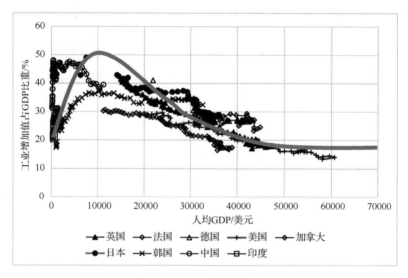

图 3-1 工业增加值占比

* 数据来源:世界银行,赛迪智库

进入高收入阶段后(按世界银行标准,人均国民总收入约在 1.3 万美元),发达国家的制造业占比会改变增长趋势,开始下降或趋于稳定。例如韩国制造业在高收入阶段长期稳定在 26%左右,美国、英国、法国在高收入阶段制造业占比快速下降并最终稳定在 10%左右,比利时长期稳定在 12%左右,德国、日本则长期稳定在 20%左右水平。

(三)"再工业化"战略与制造业占比回升

2008 年金融危机后,发达国家实施"再工业化"战略,例如德国在《国家工业战略 2030》中提出,到 2025 年德国和欧盟的制造业占比将分别提升到 25%和 20%。十几年来,"再工业化"战略总体遏制了发达国家制造业占比下降的趋势,部分发达国家制造业占比出现回升。例如,比利时长期稳定在 12%左右,但自 2019 年到 2021 年,其制造业占比从 12.17%持续上升到

13.17%。新加坡制造业占比从 2004 年的 27.1%不断下降到 2017 年的 18.5%，之后开始上升，到 2021 年已经回升到 21.1%。爱尔兰制造业占比在 2008 年前长期处于下降趋势，从 2009 年开始由 17.5%回升到 2021 年的 37.0%。

美国在 2008 年后通过"再工业化"战略遏制了美国制造业占比快速下降的趋势，并在 2021 年实现了小幅上升。根据美国商务部经济分析局的数据，2021 年美国的制造业增加值为 2.563 万亿美元，占 GDP 的比重为 11.1%，较 2020 年的 10.9%水平有所回升。

总体看，国家或地区进入高收入阶段后，制造业占比会改变增长态势，分化为"稳定化"和"服务化"两种路径。2008 年金融危机促使发达国家重新重视制造业，但经过十几年的努力，只达到减缓去工业化的效果，总体没有实现"再工业化"目标。这说明高收入阶段发展制造业的难度远大于服务业，"去工业化"容易，"再工业化"难，制造业"一旦失去"，再获得将十分艰难。

三、城镇化速度开始减缓并趋于稳定

根据美国学者诺瑟姆提出的城镇化 S 曲线，城镇化率在 30%～60%阶段属于城镇化加速期，60%～70%阶段属于减速期，70%以后进入成熟期，城镇化速度将逐渐趋于稳定。

（一）我国超高速城镇化增长时代即将结束

如图 3-2 所示，对比不同收入类型国家的城镇化率数据可以发现：

（1）城镇化水平上升最快的时期是在中高等收入阶段，在 1960—2020 年，中高等收入国家的城镇化率年均上升 0.66 个百分点。其次是中低等收入阶段（年均上升 0.35 个百分点）和低收入阶段（年均上升 0.34 个百分点），在高收入阶段，城镇化速度最慢（年均上升 0.31 个百分点）。

（2）高收入类型国家的城镇化率在 1975 年越过 70%后连续 44 年一直缓

慢上升，2020 年达到了 81.05%，这说明即使进入高收入阶段，城镇化仍在继续，但速度较慢，部分国家出现稳定态势。例如美国城镇化率在 1960 年达到 70%，之后 60 年缓慢上升，到 2020 年达到 82.66%，年均增长约 0.21 个百分点。

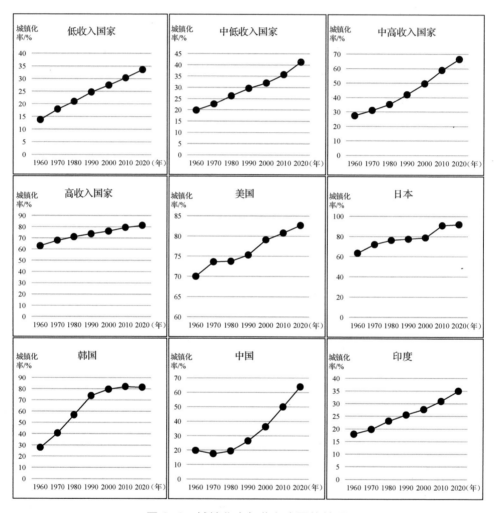

图 3-2　城镇化率与收入水平的关系

数据来源：世界银行

（3）日本和韩国分别在 20 世纪 70 年代和 90 年代进入高收入国家行列，之后两国城镇化水平一直高于同等收入类型国家。这说明尽管东亚国家人口众多、土地稀缺，但城镇化进程却相对较快，水平相对要高。

如图 3-3 所示，在 20 世纪 90 年代韩国跨入高收入国家行列以前，韩国的城镇化一直处于加快趋势。1960—1970 年城镇化率年均提高 1.3 个百分点，1970—1980 年城镇化率年均提高 1.6 个百分点，1980—1990 年城镇化率年均提高 1.7 个百分点。在 20 世纪 90 年代进入高收入国家行列后，韩国城镇化率开始减速，1990—2000 年城镇化率年均上升 0.61 个百分点，2000—2010 年城镇化率年均上升 0.41 个百分点，2010—2020 年城镇化率从81.94%下降到 81.41%，10 年内城镇化率反而下降 0.53 个百分点。

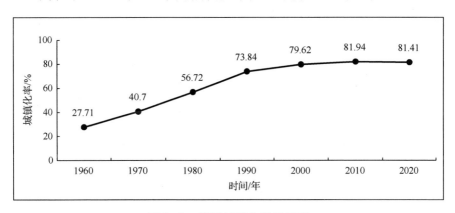

图 3-3 韩国城镇化发展历程

数据来源：世界银行，赛迪智库

日本在 20 世纪 70 年代成为高收入国家之前，城镇化呈快速发展趋势。1930—1950 年城镇化率由 24%上升到 37.9%，年均提高约 0.69 个百分点；1950—1968 年城镇化率由 37.9%上升到 70.32%，年均提高约 1.80 个百分点；而后速度逐渐减缓，1968—1980 年城镇化率从 70.32%上升到 76.18%，年均提高 0.48 个百分点，1980—2018 年城镇化率从 76.18%上升到 91.62%，年均提高 0.40 个百分点（见图 3-4）。

从我国城镇化进程看，我国的城镇化率在整个 19 世纪一直未超过 10%，其中 1820 年的城镇化率水平约是 6.47%，1893 年提高到 8.22%。20 世纪上半叶，我国城镇化率一直在 10%左右徘徊，1901 年为 9.79%，1949 年是 10.64%，城镇化基本处于稳定或者停滞状态。新中国成立后,城镇化波动发展,1960年城镇化率达到 19.75%,随后出现下降。改革开放以后,我国的城镇化开始加速,1996年城镇化率达到 30.48%,2010年接近 50%,到 2017年达到 60%,如图 3-2 所示。

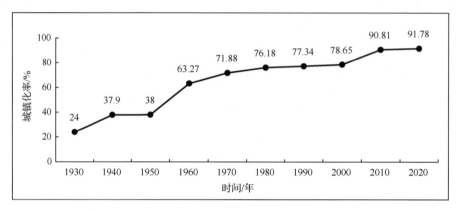

图 3-4 日本城镇化发展历程

数据来源:世界银行,赛迪智库

根据中国社会科学院的研究,城镇化率增速可分为 5 类:低于 0.2 个百分点是低速,0.2~0.6 个百分点属于中速,0.6~1 个百分点为中高速,1~1.4 个百分点为高速,超过 1.4 个百分点为超高速。我国的城镇化率在超过30%以后进入了超高速发展时期。1996—2017 年的 22 年间,我国城镇化率年均提升 1.42 个百分点。但城镇超高速增长和建成区快速扩张对资源环境产生了巨大压力,碳排放量快速增长。

"十三五"以来,中国城镇化开始全面减速。2016—2023 年,中国常住人口城镇化率增速分别为 1.51、1.40、1.26、1.21、1.81、0.83、0.50、0.94个百分点,城镇化率增速出现逐年减速趋势。这表明,随着即将进入高收入阶段,长达 20 多年的城镇超高速增长时代正在结束,我国即将进入城镇化全面减速趋稳的新阶段。

(二)建筑业占 GDP 的比重开始趋于稳定

尽管"十三五"时期城镇化速度减慢,但由于我国城镇化规模总量大,城镇化率从 2015 年的 57.33%提高到 2020 年的 63.89%，仍然有约 1 亿左右的农业转移人口在城镇落户，这导致建筑业继续快速发展，全国建筑业增加值年均增长 5.1%，占国内生产总值比重保持在 6.9%以上。2020 年全国建筑业总产值达 26.39 万亿元，实现增加值 7.2 万亿元，占国内生产总值的 7.1%，房屋施工面积 149.47 亿平方米，建筑业从业人数 5366 万人。可见，尽管城镇化在减速，但建筑业作为国民经济支柱产业，对经济的影响作用仍然显著。

如图 3-5 所示，从我国建筑业占经济比重看，1978—2020 年，随着城镇化进程的加快，建筑业占经济的比重保持持续增长，从 3.8%增长到 7.1%，提高了 3.3 个百分点。进入"十四五"后，随着城镇化减速，建筑业增速减缓，2021、2022 年建筑业占经济的比重稳定在 6.9%，低于 2020 年的 7.1%。

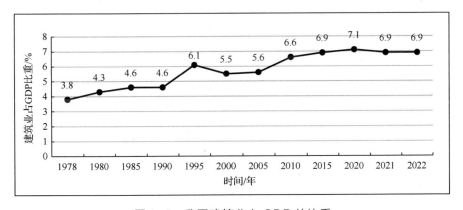

图 3-5 我国建筑业占 GDP 的比重

数据来源：世界银行，赛迪智库

总体看，由于我国城镇化进程并未结束，未来建筑业仍将保持一定增速，建筑业占 GDP 的比重仍将长期保持在 6.5%～7.0%的稳定区间。原因如下：

1. 城镇化新增住房需求

我国城镇化对住房新增需要仍然较大。一方面我国常住人口城镇化率相比国际常用的 75%成熟标准仍有 10%左右的差距。另一方面，从户籍人口看，2020 年我国常住人口城镇化率为 63.9%，户籍人口城镇化率达到 45.4%，两者相差 18.5%，这意味着我国真实城镇化水平低于常住人口城镇化率。根据中国社科院的研究预测,2020—2035 年,我国城镇化速度逐步减缓,2035 年城镇化率大概率为 75%～80%,之后进入稳定发展阶段。按照这一目标测算,2020—2035 年还将有 1.6 亿农村人口进入城镇,这将带来住房刚性需求,交通、教育等各方面基础设施建设也需要进一步增长。

2. 人均居住面积提升住房需求

根据第七次人口普查数据,从住房总量看,2020 年我国住房共有 517.2 亿平方米,14.86 亿间,其中,城镇家庭户住房 294.6 亿平方米、8.1 亿间,分别占比 57%、54.4%,与城镇家庭户人口占比大致相当。2020 年,我国人均住房建筑面积为 38.6 平方米,其中镇和乡村分别为 42.3 平方米和 46.8 平方米,城市仅为 36.5 平方米。从国际上看,2020 年,德国农村人均居住面积 51.4 平方米,其中城市人均居住面积 40.9 平方米,小城镇和郊区人均居住面积 47 平方米;英国人均居住面积 49.4 平方米,法国人均居住面积 40 平方米。在人口密度较高的东亚地区,日本人均住房面积是 35.2 平方米,新加坡人均居住面积 30 平方米、韩国 28 人均居住面积平方米。但不同于国际上按使用面积计算,我国按照包括公摊面积的建筑面积计算。根据第七次人口普查资料,建筑面积≈使用面积×1.33,所以 2020 年我国实际人均居住面积只有 29 平方米(38.6 除以 1.33),距离发达国家仍有较大差距。按照 2035 年我国人均 GDP 达到中等发达国家水平和 21 世纪中叶成为富裕国家的目标测算,随着人均收入提高,要满足人们对美好生活的需要,人均住房面积仍待提高。如果人均建筑面积从 38.6 平方米提高到 60 平方米(使用面积为 45 平方米,相当于 2020 年德国的人均居住面积),需新建 143 亿平方米的住房。

3. 存量住房更新需求

我国现有住房按建成时间看,1980 年之前建成的住房占住房总面积的 3%,1980—1989 年建成的占 8%,1990—1999 年建成的占 19.7%,2000—2009 年建成的占 32.2%,2010—2020 年建成的占 36.6%。总体看,2020 年我国住房平均年龄约为 15.4 年，2020 年家庭户住房中超过七成是 2000 年之后建成的，其中 2000—2010 年建成的占比为 32.2%，近十年建成住房占 36.6%；另有 27.7%是在 1980—2000 年间建成的，3%是 1980 年之前建成的。

我国建筑设计年龄为 50 年，如果按照这一建筑年龄测算，未来 10 年我国 1980 年之前建成的住房（约 15.7 亿平方米）需要被更新；未来 20 年我国 1980—1990 年建成的住房（约 43.7 亿平方米）要更新；未来 30 年我国 1990—2000 年建成的住房（约 102.1 亿平方米）要更新；未来 40 年我国 2000—2010 年建成的住房（约 166.3 亿平方米）要更新，40 年总计有 327.8 亿平方米住房要更新重建。另外，这一数据未考虑大面积的非普通住房，以及其他非住房建筑，如果考虑这一部分，面积将更大。

4. 基础设施建设需求

我国基础设施快速发展的同时，也存在多方面的问题，这决定了未来 40 年我国在基础设施建设方面仍然存在较大缺口。（1）基础设施建设系统性弱。我国的传统基础设施建设往往忽略系统性特征，偏重单个专业或单项设施建设。交通、电信、电力、水利、园林等难以实现统一规划和整体布局，造成各类基础设施不匹配、不协调及资源浪费，综合效益低。（2）重建设、轻运营。传统基础设施建设完成后，疏于管理养护，基础设施寿命期短，服务效果差。（3）补短板任务仍然艰巨。交通、能源等生产性基础设施建设的投入大，养老、环保等社会基础设施项目发展滞后。（4）发展不平衡不充分，超大和特大型城市设施水平高，中小规模城市存在较大差距，乡村基础设施建设落后，中西部地区落后于东部地区。

四、服务业占比上升态势减缓并趋于稳定

与工业占 GDP 的比重随着人均 GDP 增长而"下降并趋于稳定"不同，服务业占 GDP 的比重随着人均 GDP 增长而"上升并趋于稳定"。如图 3-6 所示，对 9 个主要国家经济数据分析发现，服务业占 GDP 的比重在人均 GDP

水平达到 1.3 万美元之前，呈现快速增长趋势，之后增速趋缓；人均 GDP 水平约达到 3.5 万美元时，服务业占 GDP 的比重开始趋于稳定。稳定比例大小与具体国家国情相关，例如日本、德国的服务业占 GDP 的比重在 65% 左右波动，而英国、美国、法国的服务业占 GDP 的比重普遍在 80% 以上。

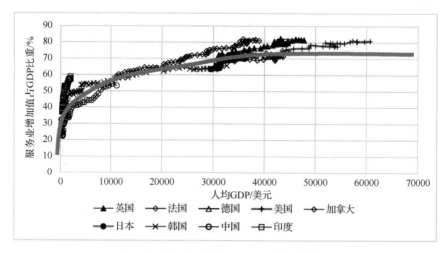

图 3-6　服务业同人均 GDP 变化的关系

数据来源：世界银行，赛迪智库

从国际经验看，制造业和服务业占比既相互排斥又相互制约。当制造业占比高时，服务业占比低，当制造业占比低时，服务业占比高。选择权衡两者的比例成为高收入阶段工业化进程出现差异的关键。

相比制造业，服务业涉及更复杂的因素：（1）服务业的需求收入弹性比制造业大，当收入波动时，服务业的波动远大于制造业。（2）服务业依赖制造业发展，交通运输、批发零售、信息服务、商务服务、科技研发、金融业等生产服务业主要以制造业等实体经济为市场，制造业规模影响生产服务业规模，生产服务业质量影响制造业转型升级。（3）服务业发展依赖金融业，国际上金融业发达的国家，如美国、英国等，从服务业获益的能力远大于金融业不发达的国家。（4）服务业存在鲍莫尔病效应，即制造业的生产率的增速快于服务业，这导致制造业工资上涨会同时带动服务业工资上升，从而服务业会吸引更多的劳动力，形成更大的产出。久而久之，服务业在整个经济中所占的比例将会越来越高，而整个经济的生产率增长则会因此而降低。（5）教育、医疗、养老、社会保障、文化体育等生活服务业有较强的公共服务特征，不能完全照搬市场化机制，需要庞大的财政投入以提高社会保障能力。这一特征决定了发展服务业不能类似制造业那样完全交给市场机制，这一特征决定了服务业的发展很大程度上依赖于综合国力的提高，也就是依赖于制造业的进一步发展。服务业的这些特征在很多情况下被忽视，导致政策上把服务业同制造业发展简单并列等同，随后在市场经济中，服务业的自由发展导致效率低下、资本无序扩张、收入分配差距扩大等问题，这些问题逐渐积累成为产业结构转型升级的隐藏风险和陷阱。

从总体看，进入高收入阶段后，农业、工业、建筑和服务业占 GDP 的比重普遍将趋于稳定，选择怎样的产业结构取决于如何对待制造业和服务业。当前，全球产业结构依赖于美国主导的分工秩序。在这一秩序中，核心的美国、英国通过金融业汲取核心、外围、边缘三个层面的最大利润，外围的日本、德国等通过先进制造业汲取外围、边缘两层面的次大利润，边缘的新兴经济体和发展中国家通过中低端制造和初级资源获得最小利润。在全球化深度融合的今天，产业结构转型升级不能脱离这一分工秩序，而一旦从这一全球秩序看待产业结构转型升级就会发现，对于高利润产业的选择并非是自由的，发展高端产业的过程也是国际冲突增多和地缘政治变革的过程。

第二节　高收入阶段产业结构转型升级的情景研究

"十四五"期间，我国人均 GDP 水平有望超过 1.3 万美元，从中等收入阶段进入高收入阶段。为了研究我国进入高收入阶段后三产结构的合理占比，我们以制造业占比为关键变量，设计了三种我国在进入高收入阶段后的三种不同的发展情景，并研究不同情景下我国到 2060 年的能源消费和碳排放情况。

一、我国进入高收入阶段后三种不同工业化道路

如表 3-2 所示，美英模式、日德模式、中国模式分别代表了我国进入高收入阶段后的三种不同的发展情景。其中，美英模式工业化道路的典型国家是英国和美国，产业结构以服务业为主，日德模式工业化道路的典型国家是日本和德国，产业结构以先进制造业为主，中国模式工业化道路是以中国为主，产业结构以实体经济为主。

表 3-2　工业化道路分类

序号	代表国家	工业化开始时间	制造业占比	主导产业	情景名称
1	英国、美国	18、19 世纪	15%	服务业	美英模式
2	日本、德国	19、20 世纪	20%	先进制造业	日德模式
3	中国	20 世纪中期	25%	以实体经济为主的完整体系	中国模式

数据来源：世界银行，赛迪智库

（一）三种不同工业化道路的基本特征

英美模式把服务业作为主导产业，制造业占经济的比重稳定在 15%左右，英美模式代表了现实中诸多把服务业作为"后工业社会"主导产业的发达国家和发展中国家，这些国家认为服务业是工业化发展的最终目标。

日德模式重视发展先进制造业，制造业占经济的比重稳定在 20%左右。相比传统制造业，先进制造业消耗低、排放小、附加值高；相比服务业，先进制造业有利于加快科技创新，并通过国际贸易实现贸易逆差和稳定经济发展。

中国模式是基于我国制造业发展历史和特点，结合当前发展形势和国家战略目标，提出的不同于英美模式和日德模式的新工业化道路，以实体经济为主和完整的产业体系是中国模式的两个关键特征。以实体经济为主体现为

制造业占经济的比重稳定在 25% 左右①,完整的产业体系是指产业门类齐全。

（二）三种工业化道路与我国当前产业结构的差异

三种不同工业化道路与当前产业结构的差异如表 3-3 所示。不同差异意味着我国进入不同情景的工业化道路后产业结构转型升级的目标和方向。

表 3-3　不同工业化模式对比

对比领域	英美模式	日德模式	中国模式	当前产业结构
人口规模	大	较大	超大	超大
贫富差距	大	小	小	大
激励机制	资本、市场	市场、国家	市场、举国体制	举国体制、市场
工业规模	大	小	超大	超大
产业完整度	不完整	不完整	完整	完整
制造业占比	15%	20%	25%	28%
主导产业	服务业	先进制造业	实体经济	传统制造业
产业安全	差	差	强	差

数据来源：世界银行，赛迪智库

（1）制造业占比差异。英美模式制造业占比约为 10%，日德模式制造业

---

① 这里的比重并非指制造业占比一直精确保持在 15%、20% 和 25%，经济运行受多种因素影响，存在波动，制造业占比也始终在波动。不严格来说，英美模式、日德模式、中国模式是指制造业占比分别在 10%～20%、15%～25% 和 20%～30% 三个区间内波动的三种不同产业结构类型。通过制造业占比波动所围绕的主线差异可以明确区分三种产业结构主导产业的不同。此外，由于制造业和服务业相互制约，制造业占比变化必然导致服务业占比也变化，从而对应形成服务业占比分别在 65%～75%（英美模式）、60%～70%（日德模式）和 55%～65%（中国模式）三种区间内波动，如果将每种模式制造业和服务业占比结合起来看，能更清楚地区分出不同工业化道路。这三种道路有深刻的现实基础，分别对应美国和英国、日本和德国、中国三种典型工业化道路。在现代经济增长中，从时间维度看，三种模式对应不同的工业化阶段，例如无论英国还是美国，都在发展历程中先后经历过前后相继的三种不同产业结构和发展阶段。但具体产业结构比例关系并不必然存在归于一定的模式，科技发展、地缘变化、要素供给、国家战略等变化都能改变这种时间变化特征。发达国家所经历的并非必然是产业结构转型升级不可违背的一般内在规律，西方的道路并不必然就适合东方。与时俱进和因地制宜地优化调整产业结构，最终实现"人尽其才，物尽其用"才是产业结构转型升级需要真正追求的目标，而不能把是否遵循西方道路、是否符合西方模式作为不可改变的一般规律。

占比约为 20%，中国模式制造业占比约为 25%。（2）激励机制。英美模式主要依赖市场竞争，日德模式强调市场竞争与国家管理共同发挥作用，中国模式强调市场竞争与举国体制共同发挥作用。（3）主导产业方面。英美模式以服务业为主导，日德模式以先进制造业为主导，中国模式以实体经济为主。（4）工业规模。英国工业规模最小，日本、德国、美国工业规模都比较大，中国模式的工业规模超级大，成为全球超级制造中心。（5）工业体系完整度。英美模式、日德模式都不具备完整工业体系，强调专业化分工，中国模式强调产业配套优势，有完整的工业体系。（6）英美模式、日德模式都输出污染，把高消耗、高污染行业转移到发展中国家，通过实施生态殖民来实现绿色转型。（7）全球化。美国对全球化的主导作用在衰落，中国对全球化的引领作用在增强。（8）产业安全方面，中国模式拥有完整的工业体系，产业安全问题主要集中在关键技术和初级原材料对外依赖，英美模式和日德模式对外实施专业化生产，对传统工业品的依赖较大。

二、三种不同工业化道路的参数设定

（一）人口

1. 人口与工业化进程的关系

不同阶段人口与经济增长的关系可以分为四个阶段：（1）在工业前的农业经济阶段，落后生产力制约着人口增长，人口缓慢增长又限制经济发展，总体看经济落后制约人口增长是主要的，这导致经济与人口都处于缓慢增长模式；（2）工业化前中期阶段，生产力发展改变了人口缓慢增长模式，人口进入快速增长阶段，这促进了经济增长；（3）在工业化中后期阶段，随着工业化、城镇化深入发展，人口增长与经济增长都开始减缓，人口红利减退，老龄化、少子化问题出现，人口与经济相互促进开始向人口缓慢增长和经济缓慢增长相互制约转型；（4）后工业化时期，老龄化、少子化导致人口负增长以及倒金字塔形人口结构成为影响经济增长的重要因素。

2. 我国的人口问题及未来形势

从上述可知，不同发展阶段的国家面临的人口问题是不同的。发展中国家主要处于第二、三阶段，发达国家主要处于四阶段。我国正处于第三阶段，即人口增长速度开始减缓，工业化、城镇化进入中后期，去工业化开始出现，经济增速开始减缓，人口结构从金字塔形转变为长方形，老龄化、少子化问题开始出现。与发达国家相比，我国过渡期更短，去工业化出现得更早、更快，人口转型更快，老龄化和少子化问题更加严重。这意味着在未来较长一段时期内，我国极有可能面临比发达国家更严峻的挑战。主要表现在以下几个方面：

一是劳动力减少。2010 年，我国劳动人口数量达到峰值，之后开始转升为降，用工荒问题开始频繁出现，这导致我国工资水平开始快速增长，劳动密集型产业向外转移趋势不断加强。根据中央银行的研究，预计 2020—2060 年间，我国劳动人口将以每年超过 0.5%的速度逐年下降，2060 年比 2020 年下降 15%左右。从劳动人口占比看，2010 年为 74.5%，2020 年降至 70%左右，预计 2035 年为 64.6%、2050 年为 59.8%、2060 年为 55%左右。

二是养老负担加重。老年抚养比持续上升，2020 年为 19.7%，预计 2035年、2050 年、2060 年分别为 32.0%、43.6%和 45%。如果按 60 岁退休需抚养算（即不延迟退休），这一比例分别升至 49.8%、67.6%和 71%左右。这意味着届时一个劳动力需抚养 0.5 个或 0.7 个老人。另一方面，政府养老金支出占 GDP 比重快速上升，2019 年为 5.3%，较 1990 年上升 4.5 个百分点。未来随着老年抚养比上升，这一支出将继续增加。

三是面临三低一高。我国人口结构趋向长方形甚至倒金字塔形，意味着消耗的人多、产出的人少，也意味着存在经济停滞、物价疲软、资产价格通缩的压力。这很像目前日、意等国低增长、低利率、低通胀和高负债的状况。而且我国的情况可能更严重，因为人口转型更快、老龄化和少子化更严重。

3. 与主要国家的比较

同美国相比，从人口结构看，我国加速老龄化和少子化的同时，美国由于移民等原因，人口却在发生有利的变化。联合国预计，2050年美国人口将比2019年增加0.5亿，增长15%；而同期我国将减少约3200万人，下降2.2%。从劳动力看，我国劳动力减少而美国劳动力增加。根据央行的相关研究，预计2035和2050年，我国人口分别比2019年下降4.6%和15.2%；而同期美国将分别增长2.4%和7.7%。从劳动人口占比看，2019年中、美分别为70.6%和65.2%，我国比美国高5.4个百分点；而2035年，这一差距将缩小到3.2个百分点；2050年我国将比美国低1.3个百分点。从养老负担看，2019年，中、美老年抚养比分别为17.8%和24.8%，我国比美国要低7个百分点；而2035年，两国基本持平；2050年，我国比美国将高7个百分点。从人口结构看，到2050年我国人口分布中，底部的少儿和中部的劳动人口均窄、顶部的老年人宽，而美国的底部和中部均比我国宽得多，顶部则更窄。

同印度相比，作为全球两个人口大国，长期以来我国的经济增长快于印度，但随着印度后发优势显现和我国人口红利消退，印度经济增速已经接近甚至开始超过我国。更重要的是，十年后我国老龄化和少子化问题更加严重，而未来三十年印度的人口结构将形成人口红利推动经济发展。具体而言，一是印度人口总量超过我国。现在，印度已经超过我国成为世界人口最多的国家，到2050年印度人口将比我国多出2.5亿人。二是劳动力超过我国，2019年，中、印两国劳动力分别为9.9亿和8.8亿，我国比印度还多1.1亿，到2035年和2050年，印度将分别为10.6亿和11.1亿，比我国多1.2亿和2.7亿。三是印度养老负担比我国轻。2019年，印度老年抚养比低于我国8.3个百分点；到2035年和2050年，这一差距将扩大到18和23.3个百分点。四是中印人口结构优势差距明显。2019年印度顶部老年人比我国窄得多，中部劳动人口更宽，到2050年这一优势继续扩大，印度不仅顶部老年人比我国窄得多，中部劳动力宽得多，而且底部少儿部分更宽，显示其2050年后劳动力更充沛、增长潜力更大。

4. 我国人口参数设定

老龄化意味着净消耗，少子化意味着产出少，为提早应对我国人口转型出现的问题，我国应尽快全面放开和大力鼓励生育，下大力气提高人口出生率，尽早尽快改变人口结构。我国 2016 年放开二胎政策、2021 年放开三胎政策，随着教育、医疗、养老、住房等一系列相关政策的优化调整，我们认为当前的人口问题会在未来 40 年逐步得到较大程度的改善。基于这一判断，并参考联合国世界人口发展报告、我国人口与发展研究中心等机构相关研究，设定 2030 年、2035 年、2050 年、2060 年，我国人口规模分别为 14.5 亿、14.4 亿、14.0 亿、13.5 亿。同期，根据联合国《世界人口展望 2022》报告，相应年份全球总人口将达到 85 亿、88 亿、96 亿、100 亿。我国人口占全球的比重分别为 17%、16.4%、14.6%、13.5%。

（二）城镇化

城镇化是指农村人口转化为城镇人口的过程，是世界各国工业化进程中必然经历的历史阶段。根据联合国人居署的报告《2022 世界城市状况报告》，2021 年全球人口有 79 亿，城镇化率达到 56%，即全球有 44 亿人居住在城镇中，其中世界发达国家城镇化水平多达 80%以上，部分发展中国家已达 55%～60%，到 2050 年全球城镇人口的占比将上升至 68%，届时全球人口规模达到 100 亿，其中 68 亿人口将居住在城镇中，这意味着未来 40 年，将新增 24 亿城镇人口。

1. 城镇化发展规律

大量研究表明城镇化发展分为三个阶段。一是城镇化初期阶段：在这一阶段，城镇人口占总人口的比例不足 30%，农村人口具有绝对优势，此时生产力水平低，产业提供的就业机会有限，农村剩余劳动力释放缓慢，城镇化速度较慢，市场对工业品的需求主要集中在轻工业，实现农产品加工后销售到城市。二是城镇化中期阶段，城镇人口占总人口的 30%～70%（或 75%，美国在城镇化率达到 74%后结束这一快速发展阶段），这一阶段工业化、城镇化进程加快，大量基础设施和房地产开工建设，带动钢铁、建材、家居等重化工业加快发展。三是城镇化后期阶段，这一阶段城镇人口占总人口的比重在 70%以上，大量城镇基础设施和住房已经建立起来，城镇化进程减慢，大规模城镇建设需求减少，城镇更新和精细化管理成为城镇化发展的新任务。

2．我国城镇化的特点

一是我国城镇化进程尚未结束，到 2035 年前，推动城镇化建设仍是我国经济社会发展的重要任务。我国常住人口城镇化率相比发达国家仍有差距。2021 年我国城镇化率达到 64.7%，如果按照城镇化率达到 70%（按城镇化发展阶段划分）作为城镇化基本完成的标准，我国还差 5.3 个百分点才能基本完成城镇化进程，这意味着，需要 7500 万农村人口进城后城镇化进程才算基本结束。如果按城镇化率达到 74%（美国在城镇化率达到 74%时基本完成城镇化）作为城镇化基本完成的标准，我国还有 10 个百分点的差距，即再需要 1.4 亿农村人口进城后，我国城镇化进程才算基本完成。就此而言，今后一段时间内，加快推进城镇化建设仍是我国经济社会发展的重要内容。

二是我国户籍人口城镇化率差距更大。如果按照户籍人口城镇化率计算，我国的城镇化水平相比发达国家差距更大。根据国家统计局数据，2020年末我国常住人口城镇化率达到 63.89%、户籍人口城镇化率提高到 45.4%，按城镇化率达到 74%为成熟标准测算，我国还需要完成 28.6 个百分点，这相当于要把 4 亿农村户籍人口转移到城镇落户。

三是我国城镇化发展不平衡问题十分严重。东部发达地区与中西部地区城镇化水平差距显著。我国各省市城镇化率如表 3-4 所示。东部发达地区的上海是我国城镇化水平最高的城市，城镇化率达到 89.3%，西部地区的西藏自治区是我国城镇化水平最低的省市，城镇化率只有 36.61%，两者相差约 53 个百分点。从省市数量看，按照全国城镇化率水平 64.7%计算，我国 31

个省、市、自治区（不包括香港、澳门、台湾省），只有 12 个省、市、自治区超过这一标准，其中包括沿海地区上海、北京、天津、广东、江苏、浙江、福建 7 个省市、东北辽宁、黑龙江 2 个省，中西部重庆、内蒙古、宁夏三个省、市、自治区。

表 3-4　我国各省市城镇化率

省、市、自治区	2021 年常住人口/万人	城镇化率/%
上海	2489.43	89.3
北京	2188.6	87.5
天津	1373	84.88
广东	12684	74.63
江苏	8505.4	73.94
辽宁	4229.4	72.81
浙江	6540	72.7
重庆	3212.43	70.32
福建	4187	69.7
内蒙古	2400	68.21
宁夏	725	66.04
黑龙江	3125	65.07
湖北	5830	64.09
山东	10169.99	63.94
陕西	3954	63.63
吉林	3480	63.42
江西	2375.37	63.36
河北	7448	61.14
青海	594	61.02
海南	1020.46	60.97
湖南	6622	59.71
安徽	6113	59.39
山西	3718.34	58.41
四川	8472	57.8
新疆	2589	57.26
河南	9883	56.45
广西	5037	55.08

省、市、自治区	2021年常住人口/万人	城镇化率/%
贵州	3852	54.33
甘肃	2490.02	53.33
云南	3690	51.05
西藏	366	36.61

数据来源：国家统计局，赛迪智库

3. 城镇化率对产业结构的影响

城镇化是拉动经济增长和工业化进程的重要动力，对产业结构具有阶段性的影响，即在不同工业化阶段，城镇化对产业结构的影响不同。在工业化早期，城镇化率不足30%，这一阶段的城镇化不仅为农产品提供了广阔的市场，也为农村过剩劳动力提供了就业机会，并通过轻工业发展不断积累资本；进入工业化中期，城镇化率超过30%，工业化、城镇化加快发展，大量人口向城镇集聚，拉动基础设施和房地产业发展，进而带动钢铁、建材、电力等重化工业加快发展，这使得重化工业在产业体系中的占比快速提升。我国自20世纪初期以来的快速城镇化进程，以及伴随的重化工业迅速发展已经证实了这种作用。进入工业化后期，城镇化率达到70%以上，大量人口集聚在城镇，为交通物流、金融、教育、医疗、文化娱乐等服务业的发展创造了条件。进入后工业化社会，工业化、城镇化进程已经完成，城市中汇聚了丰富的市场、资本、人才、知识、思想等创新要素，科技、市场、制度、文化等众多领域的创新成本不断下降，创新成为城市的主要活动。

4. 2020—2060年我国城镇化率的判断

基于上述规律，并结合国内外多家机构的研究，我们研究了不同时间点我国的城镇化率水平。

（1）2025年我国常住人口城镇化率达到68%左右。根据《中华人民共和国国民经济和社会发展第十四个五年规划和2035年远景目标纲要》提出的目标，2025年我国常住人口城镇化率从2020年的60.6%提高到65%，增长 4.4 个百分点。2021 年第七次人口普查数据把 2020 年的常住人口城镇化率调整为 63.89%，调整后的数据增加了 4.4 个百分点，我国 2025 年常住人口城镇化率将达到 68% 左右。"十三五"期间，户籍人口与常住人口城镇化率的差距不降反增。2015 年，我国户籍人口城镇化率为 39.9%，比常住人口城镇化率低 17.4% 个百分点；到 2020 年，户籍人口城镇化率提高到 45.4%，但仍比常住人口城镇化率低 18.5 个百分点。《"十四五"新型城镇化实施方案》提出，到 2025 年，全国常住人口城镇化率稳步提高，户籍人口城镇化率明显提高，户籍人口城镇化率与常住人口城镇化率差距明显缩小，为此，方案提出：放开放宽除个别超大城市外的落户限制，试行以经常居住地登记户口制度。全面取消城区常住人口 300 万以下的城市落户限制，确保外地与本地农业转移人口进城落户标准一视同仁。全面放宽城区常住人口 300 万至 500 万的 I 型大城市落户条件。这些措施有助于提高户籍人口城镇化率提高速度。根据国家统计年鉴，"十三五"以来，我国户籍人口城镇化率提高到 45.4%，年均提高 1.1 个百分点，"十四五"期间如果户籍人口城镇化率按年均提高 1.5 个百分点测算，到 2025 年我国户籍人口城镇化率有可能达到 53%。

（2）2030 年我国常住人口城镇化率达到 72% 左右。根据城镇化发展规律，当城镇化率接近 70% 的水平时，城镇化速度会减缓。"十三五"期间，我国常住人口城镇化率年均提高 1.13 个百分点；"十四五"期间，2025 年城镇化率按 68% 计算，年均提高 0.88 个百分点；"十五五"期间，按年均提高 0.8 个百分点测算，2030 年我国城镇化率将达到 72%。

（3）2035 年我国常住人口城镇化率达到 75% 左右。在 2030 年测算基础上，2030—2035 年年均城镇化率增速进一步降低了 0.7 个百分点，据此，2035 年我国常住人口城镇化率达到 75% 左右。另外，《国民经济和社会发展第十四个五年规划和 2035 年远景目标纲要》提出，到 2035 年，要基本实现新型工业化、信息化、城镇化、农业现代化，建成现代化经济体系。基本实现城镇化目标意味着我国城镇化进程基本完成，一般来说，当城镇化率达到 70%以后，城镇化将进入缓慢增长阶段，城镇化进程基本完成。美国在城镇化率达到 74% 时,结束了大规模城镇化建设阶段,城镇化进入稳定期。据此,我们把城镇化率达到 75% 左右作为城镇化进程基本结束的指标。

(4)2050 年我国常住人口城镇化率达到 80% 左右。党的十九大报告提出,到 21 世纪中叶,我国将建成富强民主文明和谐美丽的社会主义现代化强国。届时,我国将实现城乡建设一体化,城镇人口将超过 10 亿,我国城镇化率达到 80% 的峰值水平并稳定下来。到 2060 年,我国常住人口城镇化率基本稳定在 80% 左右。

(三) GDP

GDP(国内生产总值)是影响工业总量和经济结构的重要因素。改革开放以来,我国经济经历了 30 多年快速增长期,不同时期推动经济增长的动力不同。

1. 我国经济过去的增长历程

根据国家统计局的数据,1980—1985 年,我国 GDP 平均增速为 10.6%,工业增加值平均增速为 9.9%。改革开放初期,家庭联产承包制的实施大幅提高了农业生产率,农业经济实现快速增长,进而带动轻工业等工业经济实现增长。

1986—1990 年,我国 GDP 平均增速为 7.9%,工业增加值平均增速为 9.2%,乡镇企业的崛起带动了工业经济发展。1984 年,社队企业被正式改称为乡镇企业,乡镇企业开始进入全面高速发展阶段,推动了我国轻工业的快速发展。

1991—1995 年,我国 GDP 平均增速为 12.3%,工业增加值平均增速为 17.6%。这一阶段在邓小平南方谈话之后,市场经济体制改革开始快速推进,1993 年取消粮油收购价格和统销价格,我国大幅上调能源、交通等基础产业的价格,投资需求和消费需求都快速增长,经济进入快车道。

1996—2000 年，我国 GDP 平均增速为 8.6%，工业增加值平均增速为 10.2%。这一阶段尽管产生了众多困难，但我国经济仍然实现较快增长。1996 年我国首次出现产能过剩，1997 年亚洲金融危机爆发，1998 年我国正式由卖方市场进入买方市场。

2001—2005 年，我国 GDP 平均增速为 9.8%，工业增加值平均增速为 10.9%。2001 年我国加入世贸组织，推动了我国进出口贸易的快速发展，工业化、城镇化进程加快，基础设施建设投资速度加快。

2006—2010 年，我国 GDP 平均增速为 11.3%，工业增加值平均增速为 11.8%。这一阶段房地产市场快速发展，基础设施建设投资速度加快。

2011—2015 年，我国 GDP 平均增速为 7.9%，工业增加值平均增速为 7.8%。在这一阶段，我国经济进入新的发展阶段，人口红利对经济的带动作用开始减弱，国际贸易增长趋缓。

2016—2020 年，我国 GDP 平均增速为 5.7%，工业增加值平均增速为 5.0%。在这一阶段，受多种因素影响，我国 GDP 增速和工业增速相比过去都开始大幅下降。

2. 未来经济增长的两种路径

2008 年金融危机以来，国际环境和国内条件都发生了深刻变化，世界进入百年未有之大变局。这种变化既有不利于经济增长的因素，也有促进经济增长的因素，这种复杂的变局增加了未来经济增长的不确定性。为把握经济增长的这种不确定性，我们设定了 2020—2060 年经济增长的两种路径。

（1）经济中低速增长

在这种情况下，2021—2060 年，每五年 GDP 平均增速分别为 5.5%、4.9%、4.4%、3.4%、3.4%、3.4%、2.5%、2.5%。这种增长主要参考了国务院发展研究中心、中国社科院、国家信息中心等机构的相关研究。经济中低速增长的原因包括如下四个主要方面：第一，欧、美、日、韩等发达国家和地区都曾经历过经济快速增长后的"下台阶"过程，即在工业化、城镇化快速发展之后，经济增长速度会下降一个水平，经济进入新的增长阶段。第二，随着我国经济规模的基数不断增大，经济增速不可能再保持在高速水平，尽管增速降低，但从经济新增量看，仍然较大。第三，传统上依靠工业化、城镇化进程中的大规模投资的模式由于投资效率不断下降，越来越难以支撑我国经济进一步增长。第四，国际环境变化，尤其是中美关系的变化，单边主义、保护主义、逆全球化、新冠疫情以及俄乌冲突等地缘政治变化，导致全球生产网络和全球供应链变得不稳定。这些因素增大了国际贸易和投资的成本，不利于全球经济增长。

（2）经济中高速增长

在这种情况下，2021—2060 年，每五年 GDP 平均增速分别为 6.0%、5.5%、5.0%、4.5%、4.0%、3.8%、3.6%、3.4%。这种增长主要考虑了影响我国经济的五个积极因素和经济减速的三大风险，五个积极因素为实现经济中高速增长创造条件，具体包括：

① 工业化仍是我国经济发展的内在动力。新冠疫情暴发几年来，制造业对我国经济增长的坚强支撑，再次证明工业化仍是我国经济发展的制胜法宝。2008 年以来，美、欧、日、韩等发达国家和地区坚持不懈地通过"再制造战略""近岸外包""右岸外包""小院高墙"等政策策略，其核心是寻求制造业向本国"回流"或从我国"外流"，这从反面说明了发展实体经济、稳定制造业占比具有稳增长的重要意义。我国制造业规模是全球最大的，并具备全产业链优势，新兴制造业优化升级也非常显著，未来会持续通过制造业功能完善和增强支持出口，以使我国出口产业长期在全球保持重要地位。

② 城镇化仍是持续推进经济发展最为重要的动力。我国城镇化发展还有比较大的空间，目前我国城镇化率距离发达国家 75%～80% 的峰值稳定水平至少有超过 10% 的空间，未来 15 年，我国城镇化仍会保持较高增长速度。

③ 我国消费市场对社会经济发展将做出更大贡献。我国在"十四五"

期间有可能超越美国成为全球第一大消费国，在"十五五"期间超越美国成为全球第一大经济体，在"十六五"期间我国人均收入将达到中等发达国家水平，人均 GDP 达到 20000 美元以上，同时我国中间阶层群体规模将扩大 1 倍，达到 8 亿人口规模，这意味着我国消费市场的巨大成长空间。随着全国统一大市场的建设完善和推进共同富裕，消费对我国经济增长的拉动作用将越来越大。

④ 数字化转型赋能经济增长新动力

我国是数据要素大国，随着大数据、云计算、5G、物联网、人工智能、工业互联网、元宇宙等新一代信息技术赋能千行百业，我国经济增长的动力有可能发生革命性变化，这一变革过程将为经济增长创造诸多机遇。

⑤ "双碳"目标助力经济绿色增长

"双碳"目标既通过对传统高耗能产业的约束限制我国经济增长的传统动力，又通过对新能源产业、新能源汽车产业、绿色低碳产业的激励推动我国经济的增长，风险与机遇并存。加强调查研究，实事求是，把我国的现实国情同绿色发展理念有机结合起来，将有助于把风险转变为机遇，实现绿色增长。

三大风险要求我国经济有必要维持中高速增长：

① 百年未有之大变局中的大国竞争

中美竞争尤为关键，而 GDP 增速更是关键中的关键。2022 年前半年，我国多年来首次出现中美差距拉大的现象，同期印度经济实现 8.4% 的增长，这些信号提醒我国，维持 GDP 速度并非一帆风顺，如果不能在 GDP 速度上超越，其他领域更难超越。

② 中华民族伟大复兴的发展根基

发展是解决一切国内问题的基础。我国在未来 40 年肩负着共同富裕、构建新发展格局、区域协调发展、乡村振兴、新型城镇化、稳定制造业占比等一系列目标，面临着人口老龄化少子化、"双碳"目标、供给侧结构性改革、科技创新等一系列约束，解决这些问题都必须在发展中才能解决，而且必须在一定速度的发展中才能解决。

③ 保持经济增速与高质量发展并不矛盾

发展速度、发展质量都是对应具体发展阶段的，不能脱离发展阶段讲速度和质量。在工业化中期的快速发展阶段，追求后工业化社会的发展质量；或者在后工业社会阶段，追求工业化中期的速度；或者在各阶段不扎实充分发展，要么过早成熟、要么过晚发育，都是脱离现实的教条式发展。当前我国经济已经跨越工业化中期的高增长阶段，尚未进入后工业化社会的高品质阶段，处于工业化进程的中后期阶段，面临自身阶段的问题和任务，也有着自身阶段的速度潜力和质量要求。

综合考虑有利条件和不利影响，认为在当前发展阶段，我国存在经济中高速增长路径。各种模式工业化道路情景下主要参数设定如表 3-5～表 3-7 所示。

表 3-5 美英模式工业化道路情景下主要参数设定

年度	GDP/（亿元，2020 年价格）	时期	GDP 年均增速/%	总人口/亿	城镇化率/%	城镇人口/亿	人均 GDP/（元/人）	人均 GDP/（美元/人）
2020 年	1015986	2016—2020 年	5.7	14.1	63.89	9.0	72056	10447
2025 年	1327853	2021—2025 年	5.5	14.3	67.94	9.7	92857	13463
2030 年	1684160	2026—2030 年	4.9	14.5	71.74	10.4	116149	16840
2035 年	2084908	2031—2035 年	4.4	14.4	74.69	10.8	144384	20933
2040 年	2464277	2036—2040 年	3.4	14.3	75.47	10.8	172327	24984
2045 年	2912676	2041—2045 年	3.4	14.1	76.25	10.8	206573	29949
2050 年	3435251	2036—2050 年	3.4	14.0	77.03	10.7	246255	35703
2055 年	3886671	2051—2055 年	2.5	13.7	77.18	10.6	283699	41131
2060 年	4408062	2051—2060 年	2.5	13.5	77.33	10.4	326523	47340

数据来源：赛迪智库

表 3-6 日德模式工业化道路情景下主要参数设定

年度	GDP/（亿元，2020年价格）	时期	GDP年均增速/%	总人口/亿	城镇化率/%	城镇人口/亿	人均 GDP/（元/人）	人均 GDP/（美元/人）
2020 年	1015986	2016—2020 年	5.7	14.1	63.89	9.0	72056	10447
2025 年	1327853	2021—2025 年	5.5	14.3	67.94	9.7	92857	13463
2030 年	1684160	2026—2030 年	4.9	14.5	71.74	10.4	116149	16840
2035 年	2084908	2031—2035 年	4.4	14.4	74.69	10.8	144384	20933
2040 年	2464277	2036—2040 年	3.4	14.3	75.47	10.8	172327	24984
2045 年	2912676	2041—2045 年	3.4	14.1	76.25	10.8	206573	29949
2050 年	3435251	2036—2050 年	3.4	14.0	77.03	10.7	246255	35703
2055 年	3886671	2051—2055 年	2.5	13.7	77.18	10.6	283699	41131
2060 年	4408062	2051—2060 年	2.5	13.5	77.33	10.4	326523	47340

数据来源：赛迪智库

表 3-7 中国模式工业化道路情景下主要参数设定

年度	GDP/（亿元，2020年价格）	时期	GDP年均增速/%	总人口/亿	城镇化率/%	城镇人口/亿	人均 GDP/（元/人）	人均 GDP/（美元/人）
2020 年	1015986	1978—2020 年	5.7	14.1	63.89	9.0	72056	10447
2025 年	1359619	2021—2025 年	6.0	14.3	67.94	9.7	95078	13785
2030 年	1776967	2026—2030 年	5.5	14.5	71.74	10.4	122549	17767
2035 年	2267911	2031—2035 年	5.0	14.4	74.69	10.8	157058	22771
2040 年	2826229	2036—2040 年	4.5	14.3	75.47	10.8	197638	28654
2045 年	3438540	2041—2045 年	4.0	14.1	76.25	10.8	243868	35357
2050 年	4143438	2036—2050 年	3.8	14.0	77.03	10.7	297021	43063
2055 年	4944924	2051—2055 年	3.6	13.7	77.18	10.6	360943	52330
2060 年	5844701	2051—2060 年	3.4	13.5	77.33	10.4	432941	62769

数据来源：赛迪智库

（四）农业

按照经济学家刘易斯的研究，由发展中国家转变为发达国家，将先后跨越两个刘易斯拐点，实现从二元经济结构向城乡经济一体化的跨越，这一过程中人口不断从农村向城市转移，农业劳动力不断减少，农业的资本积累水平和劳动生产率不断提升，最终实现农业现代化。整个过程中，农业占 GDP 的比重持续下降，最终稳定在 1%～2%的水平。

（五）制造业

在综合分析全球不同国家制造业占比变化的基础上，根据政策研究目的，设定我国制造业占 GDP 的比重存在三种情景。

1. 美英模式（制造业占比为 15%）

2025 年制造业占 GDP 的比重为 26%，按照《中华人民共和国国民经济和社会发展第十四个五年规划和 2035 年远景目标纲要》中提出的稳定制造业占比的要求，将制造业占 GDP 的比重在"十四五"期间稳定在 26%。

"十五五"期间，为实现碳排放达峰目标，大幅控制和压减高耗能产业，大力发展服务业，2030 年制造业占 GDP 的比重稳定在 24%的水平，相比 2025 年降低约 2 个百分点。

初步形成基于自主创新的先进制造业体系，进一步压减高耗能行业产能，提高服务业占比，2030 年制造业占 GDP 的比重稳定在 22%的水平，相比 2025 年降低约 4 个百分点。

在这一情景下，我国产业结构转型升级以模仿英国、美国经验为主，把金融、信息技术、房地产等服务业和先进制造业作为主导产业，强调市场经济自由竞争和资本在全球追逐超额利润。在"双碳"目标方面，侧重通过大规模淘汰和转移高耗能航运降低能源消耗和碳排放。

2. 日德模式（制造业占比 20%）

按照《中华人民共和国国民经济和社会发展第十四个五年规划和 2035 年远景目标纲要》中提出的巩固壮大实体经济根基，稳定制造业占比要求，"十四五"期间将制造业占 GDP 的比重稳定在 27% 的水平，相比 2020 年提高 1 个百分点。

"十五五"期间，推动制造业和服务业同步增长，为实现碳排放达峰目标，在控制和压减高耗能产业的同时，积极发展服务业，2030 年制造业占 GDP 的比重稳定在 26% 的水平，相比 2025 年降低 1 个百分点。

"十六五"期间，初步形成基于自主创新的先进制造业体系，为实现碳达峰目标，加快推进高耗能行业去产能，到 2030 年将制造业占 GDP 的比重稳定在 25% 左右，即相比 2030 年再降低 1 个百分点。

在这一情景下，我国产业结构转型升级以模仿日本、德国经验为主，将发展先进制造业作为未来产业发展的主要方向，积极发展服务业的同时，推动高耗能行业产业转移，逐步降低制造业总体能耗和碳排放水平。

3. 中国模式（制造业占比 25%）

按照《中华人民共和国国民经济和社会发展第十四个五年规划和 2035 年远景目标纲要》中提出的巩固壮大实体经济根基，深入实施制造强国战略，稳定制造业占比要求，进一步强化制造业重要地位，到 2025 年制造业占比稳定在 28% 左右，相比 2020 年提高约 2 个百分点。

"十五五"期间，推动制造业和服务业同步增长，保持制造业体系完整，推动新能源、新能源汽车等新质生产力加速发展，加快能源结构绿色低碳转型升级，到 2030 年，将制造业占 GDP 的比重稳定在 28% 左右。

不同于学习模仿英美、日德等不同发达国家的工业化道路，中国模式把发展实体经济作为工业化的核心内容，坚持制造业占 GDP 的比重保持长期稳定，坚持产业体系完整性，坚持产业发展安全优先，不通过大规模转移和淘汰高耗能产业来降低碳排放,把科技创新和能源转型作为实现"双碳"目标的根本。

(六)能源结构

根据《关于完整准确全面贯彻新发展理念做好碳达峰碳中和工作的意见》,到 2025 年,非化石能源消费比重达到 20%左右;到 2030 年,非化石能源消费比重达到 25%左右;到 2060 年,非化石能源消费比重达到 80%以上。2020—2060 年一次能源结构设定如表 3-8 所示。

表 3-8 2020—2060 年一次能源结构设定

	2020 年	2025 年	2030 年	2035 年	2040 年	2045 年	2050 年	2055 年	2060 年
煤炭占比/%	56.8	50.6	44.4	38.1	31.9	25.7	19.5	13.2	7.0
石油占比/%	18.9	17.3	15.7	14.1	12.5	10.8	9.2	7.6	6.0
天然气占比/%	8.4	8.2	8.1	7.9	7.7	7.5	7.4	7.2	7.0
非化石能源/%	15.9	20.0	25.0	35.0	45.0	55.0	65.0	75.0	80.0

数据来源:赛迪智库

(七)能源效率

"十四五"期间,国家总体单位 GDP 能源消费强度和单位工业增加值能源消费强度下降都为 13.5%。在这一政策基础上分别提升 10%和 25%,形成强化政策和努力政策,按照过去的发展和我国同发达国家能效水平的差距,年均能耗强度下降不超过 4%的目标,经过努力是可以实现的。三种政策情况如表 3-9 所示。

表 3-9 三种政策情景

政策情景	2020 年	2025 年	2030 年	2035 年	2040 年	2045 年	2050 年	2055 年	2060 年
基准政策/%	16	13.5	13	12.5	12	11.5	11	10.5	10

续表

政策情景	2020 年	2025 年	2030 年	2035 年	2040 年	2045 年	2050 年	2055 年	2060 年
强化政策/%	16	15	14.5	14	13.5	13	12.5	12	11.5
努力政策/%	16	17	16.5	16	15.5	15	14.5	14	13.5

数据来源：赛迪智库

第三节　选择不同工业化道路的产业结构与能源消费

一、我国选择美英工业化道路的产业结构和能源消费

如图 3-7 所示，如果按照英美工业化模式发展，我国农业占 GDP 的比重将从 2020 年的 7.7% 下降到 2035 年的 5% 和 2060 年的 2.5%，工业占 GDP 的比重将从 2020 年的 37.8% 下降到 2035 年的 36.8% 和 2060 年的 22.6%，服务业占 GDP 的比重将从 2020 年的 54.5% 上升到 2035 年的 63.3% 和 2060 年的 75%。

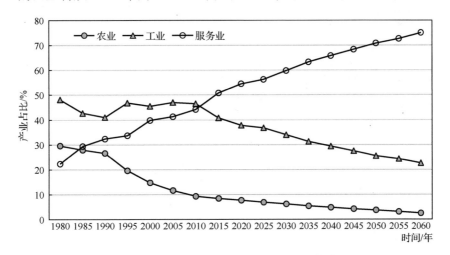

图 3-7　英美模式下我国的三次产业结构变化

数据来源：赛迪智库

（一）农业

我国农业用世界 5%的淡水资源和 8%的耕地为世界 18%的人口提供了 95%的食物，同时为工业化和城镇化提供了大量劳动力和人口。1970—2020 年，我国农村人口占全国总人口的比重从 82.6%下降到 36.1%，劳动力在农业部门的就业比重从 81%下降到 24%，农业占 GDP 的比重从 34.8%下降到 7.7%。根据中国工程院的研究，当前农业生产格局不但难以保障粮食安全，也无法实现共同富裕，必须在高收入阶段深入推进农业现代化，进一步改变我国"三农"面貌，使农业增加值大幅提升的同时，使农村人口大幅下降，在 2050 年下降到 20%（实现户籍人口城镇化率达到 80%），农业就业比例将下降到 2050 年的 3.0%。农业占 GDP 的比重变化如图 3-8 所示。

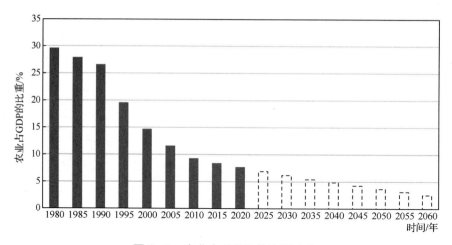

图 3-8　农业占 GDP 的比重变化

数据来源：赛迪智库

（二）工业

第二产业在创造物质产品和推动经济增长的同时，也是资源、能源消耗和碳排放最大的产业，调整第二产业占经济总量的比重，对推动产业结构绿色低碳转型意义重大。1978—2010 年，我国第二产业实现快速增长，经济增加值占 GDP 的比重长期以来基本稳定在 45%左右，是我国经济社会发展的主导产业。2012 年，服务业（第三产业）占 GDP 的比重达到 45.5%，首次超过第二产业的 45.4%，成为经济社会发展的第一大产业；之后随着工业经济增速逐步趋缓，服务业占经济的比重逐渐增大，工业占 GDP 的比重不断降低，2020 年下降到 37.8%。2020 年后我国进入工业化后期，如果我国借鉴英国、美国在工业化后期的产业发展道路，那么 2025 年、2035 年、2050 年、2060 年，我国工业占 GDP 的比重将分别下降为 36.8%、31.3%、25.5%、22.6%，其中工业增加值总量从 2020 年的 31.3 万亿元增加到 2035 年的 54.5 万亿元，2050 年的 72.2 万亿元，以及 2060 年的 80 万亿元（按 2020 年价格计算）。工业增速从"十四五"的年均增长 5.3%，依次下降到 2055—2060 年的 0.7%。工业占 GDP 的比重变化如图 3-9 所示。

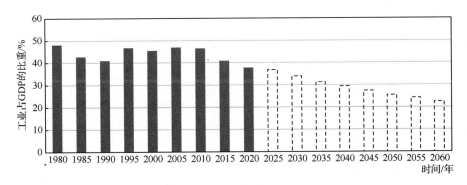

图 3-9 工业占 GDP 的比重变化

数据来源：赛迪智库

（三）制造业

英美情景下，我国制造业发展具有如下几个特征：①制造业占 GDP 的比重呈现与英国、美国当年大致相当的下降趋势。美国制造业占 GDP 的比重从 1953 年的 28.1%峰值下降到 2020 年的 10.9%，67 年共下降了差不多17 个百分点。英国从 1960 年时制造业占 GDP 比重达到 30%的峰值到 2020年时制造业占 GDP 的比重只有 8.7%，60 年下降了约 21 个百分点。我国以

2005 年制造业占比 32.1%的高点计算，到 2060 年 55 年共下降约 17 个百分点，基本相当于英国、美国的去工业化进程。②英美情景下，高消耗、高排放、低附加值产业能转尽转，最大限度地追求资源环境约束下的资本利润回报。以钢铁行业为例，我国 2060 年粗钢产能大约在 3.2 亿吨（按当前美国粗钢产量 8000 万吨计算，我国人口是美国的 4 倍，粗钢产能在 3.2 亿吨左右），这意味着我国仅钢铁行业就要去掉当前 65%～70%的产能。

按此模式发展，2025 年、2035 年、2050 年、2060 年制造业占 GDP 的比重分别下降为 26%、22%、17.5%、15%。制造业增加值总量从 2020 年的 26.6 万亿人民币增加到 2025 年的 34.5 万亿元、2035 年的 45.9 万亿元、2050 年的 60.1 万亿元和 2060 年的 66.1 万亿元（按 2020 年价格计算）。制造业增速从"十四五"的年均增长 5.3%，逐渐下降到 2060 年的 0.6%左右。制造业占 GDP 的比重变化如图 3-10 所示。

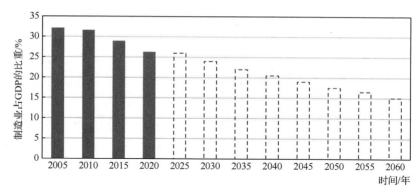

图 3-10　制造业占 GDP 的比重变化

数据来源：赛迪智库

（四）服务业

以金融业为主的服务业是英美情景产业结构调整的重点产业。通过大幅提高服务业占比，不仅可以降低资源能源消耗，减少环境排放，还能大幅提高产业附加值，推动第一产业和第二产业实现转型升级，提高劳动生产率和资源利用效率。2025 年、2035 年、2050 年、2060 年，我国第三产业（服务业）占 GDP 的比重分别上升为 56.3%、63.3%、70.8%、75.0%。第三产业增加值总量从 2020 年的 55.3 万亿元增加到 2025 年的 74.8 万亿元、2035 年的 131.9 万亿元、2050 年的 243.3 万亿元和 2060 年的 330.4 万亿元（按 2020 年价格计算）。服务业增速从"十四五"的年均增长 6.2%，逐渐下降到 2060 年的 3.2%。服务业占 GDP 的比重变化如图 3-11 所示。

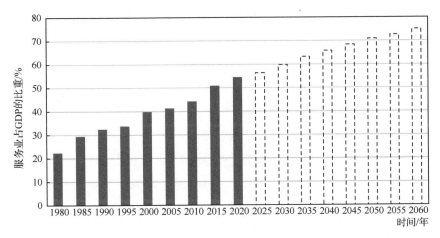

图 3-11 服务业占 GDP 的比重变化

数据来源：赛迪智库

（五）工业能源消费

伴随制造业和第二产业在国民经济中的比重下降和第三产业比重的上升，我国工业能源消费大幅下降。

（1）在基准政策下，即 2020—2060 年单位工业增加值能源消费强度年均下降 2.4% 时，如果按照英美模式对产业结构进行调整，我国工业能源消费总量将从 2020 年的 33.26 亿吨标准煤，不断增长到 2025 年的 37.3 亿吨标准煤，并进一步提高到 2030 年的 38.2 亿吨标准煤。在 2030—2035 年之间可能达到工业能源消费总量的峰值，峰值水平约为 38.5 亿吨，之后工业能源消费总量开始下降，到 2050 年时下降到 35.0 亿吨标准煤左右，2060 年进一步下降到 31.3 亿吨标准煤。

（2）在强化政策下，即在基准政策基础上进一步强化节能措施。2020—2060 年单位工业增加值能源消费强度年均下降 2.8%时，按照英美模式对产业结构进行调整，我国工业能源消费总量将从 2020 年的 33.26 亿吨标准煤，提高到 2025 年的 36.6 亿吨标准煤，并进一步提高到 2035 年的 36.3 亿吨标准煤。在 2030 年左右可能出现工业能源消费总量的峰值，峰值水平约为 37 亿吨，之后开始下降，到 2050 年时下降到 31.6 亿吨标准煤，2060 年进一步下降到 27.3 亿吨标准煤。

（3）在努力政策下，即在强化政策基础上进一步为提高节能努力。2020—2060 年单位工业增加值能源消费强度年均下降 3.2%时，如果按照英美模式对产业结构进行调整，我国工业能源消费总量将从 2020 年的 33.26 亿吨标准煤，提高到 2025 年的 35.2 亿吨标准煤，并进一步提高到 2035 年的 33.3 亿吨标准煤，在 2025—2030 年之间可能出现工业能源消费总量的峰值，峰值水平约为 36 亿吨，之后开始快速下降，到 2050 年时下降到 27 亿吨标准煤，2060 年进一步下降到 22.3 亿吨标准煤。

三种政策强度下英美情景的工业能源消费总量变化如图 3-12 所示。

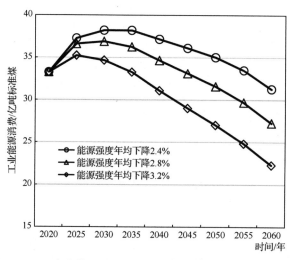

图 3-12　三种政策强度下英美情景的工业能源消费总量变化

数据来源：赛迪智库

二、我国选择日德工业化道路的产业结构和能源消费

如图 3-13 所示，如果按日本、德国工业模式发展，我国农业占 GDP 的比重将从 2020 年的 7.7% 下降到 2035 年的 5% 和 2060 年的 2.5%，工业占 GDP 的比重从 2020 年的 37.8% 下降到 2035 年的 35.8% 和 2060 年的 28.6%，服务业占 GDP 的比重将从 2020 年的 54.5% 上升到 2035 年的 58.8% 和 2060 年的 68.9%。

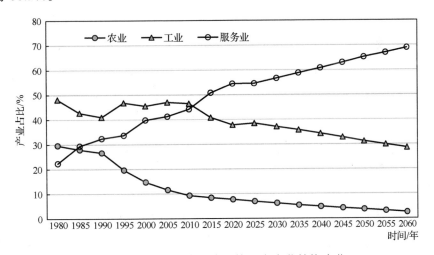

图 3-13　日德模式下我国的三次产业结构变化

数据来源：赛迪智库

（一）农业

农业占国内生产总值的比例将下降到 2035 年的 5% 和 2060 年的 2.5%。农业增加值总量从 2020 年的 7.8 万亿元增加到 2025 年的 9.2 万亿元、2035 年的 11.3 万亿元、2050 年的 12.6 万亿元和 2060 年的 11.0 万亿元（按 2020 年价格计算）。农业增速从"十四五"的年均增长 3.0%，下降到 2050 年的 0.5% 左右，之后开始出现正负增长波动，农业占 GDP 的比重趋于稳定，如图 3-14 所示。

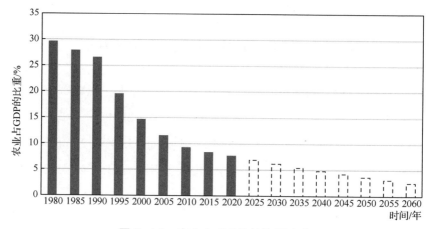

图 3-14 农业占 GDP 的比重变化

数据来源：赛迪智库

（二）工业

相比英美模式，日德模式第二产业占经济总量的比重更大。在日德模式下，2025 年、2035 年、2050 年、2060 年，我国第二产业占 GDP 的比重分别为 38.5%、35.8%、31.2%、28.6%，如图 3-15 所示。其中工业增加值总量从 2020 年的 31.3 万亿元增加到 2025 年的 41.9 万亿元、2035 年的 61.0 万亿元、2050 年的 88.6 万亿元和 2060 年的 103 万亿元（按 2020 年价格计算）。工业增速从"十四五"的年均增长 6.0%，下降到 2055—2060 年的年均增长 1.5%。

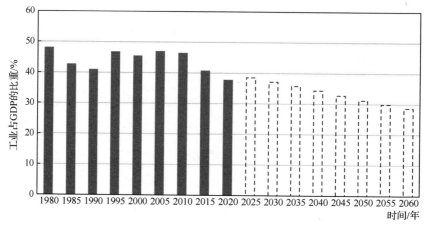

图 3-15 第二产业占 GDP 的比重变化

数据来源：赛迪智库

（三）制造业

日德模式下，工业化后期我国制造业发展具有如下特征：（1）制造业占GDP的比重呈现与日本、德国当前大致相当的比例，即2060年我国制造业占GDP的比重维持在20%。（2）日德模式下，传统产业保持一定比例，以维持制造业总体规模在一定水平，其中钢铁行业作为制造业的上游原材料是整个制造业的基础。除了满足本国需求，还要维持制造业大国地位，因此钢铁产能在英美模式3.2亿吨基础上再加上2.8亿吨，达到6亿吨水平，这个水平能同时满足我国工业化和城镇化需求。这意味着在日德模式下我国钢铁行业到2060年要去掉当前45%的产能，其他高耗能行业参考钢铁行业按投入产出关系进行合理下降。

按此模式发展，2025年、2035年、2050年、2060年制造业占GDP的比重分别下降为27%、25%、22%、20%，其中2025年制造业占比上升的主要原因是受"十四五"的稳定制造业占比政策的影响，如图3-16所示。制造业增加值总量从2020年的26.6万亿元增加到2025年的35.9万亿元、2035年的52.1万亿元、2050年的75.6万亿元和2060年的88.2万亿元（按2020年价格计算）。制造业增速从"十四五"的年均增长6.1%，下降到2060年的年均增长1.6%左右。

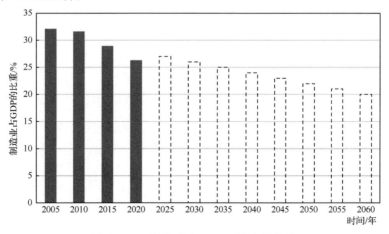

图3-16　制造业占GDP的比重变化

数据来源：赛迪智库

（四）服务业

相比英美模式，日德模式服务业占经济总量的比重较低。在日德模式下，2025年、2035年、2050年、2060年，我国第三产业占GDP的比重分别上升为54.6%、58.8%、65.2%、68.9%，如图3-17所示。第三产业增加值总量从2020年的55.3万亿元增加到2025年的72.4万亿元、2035年的122.6万亿元、2050年的223.8万亿元和2060年的303.7万亿元（按2020年价格计算）。服务业增速从"十四五"的年均增长5.5%，下降到2060年的年均增长3.1%。

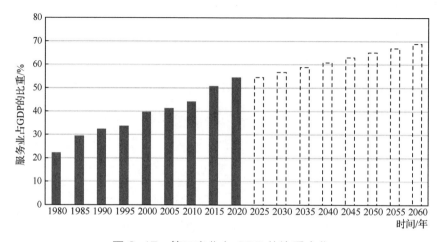

图3-17 第三产业占GDP的比重变化

数据来源：赛迪智库

（五）工业能源消费

伴随着制造业和第二产业在国民经济中的比重下降和第三产业比重上升，日德模式下我国工业能源消费下降幅度低于英美模式。考虑三种节能政策影响，工业能源消费总量变化如下。

（1）在基准政策下，即2020—2060年单位工业增加值能源消费强度年均下降2.4%时，在日德模式下，我国工业能源消费总量将从2020年的33.26亿吨标准煤，缓慢增长到2025年的39亿吨标准煤，之后继续增长到2035年的44.6亿吨标准煤和2050年的47.2亿吨标准煤，在2050年左右可能出现工业能源消费总量的峰值，峰值水平约为 47.2 亿吨标准煤，之后工业能源消费总量开始快速下降，到 2060 年下降到 46.4 亿吨标准煤。

（2）在强化政策下，即 2020—2060 年单位工业增加值能源消费强度年均下降 2.8%时，我国工业能源消费总量将从 2020 年的 33.26 亿吨标准煤，增长到 2025 年的 38.3 亿吨标准煤，之后继续增长到 2035 年的 42.3 亿吨标准煤，在 2040 年左右可能出现工业能源消费总量的峰值，峰值水平约为 43 亿吨，之后工业能源消费总量开始下降，到 2050 年时降到 42.6 亿吨标准煤，到 2060 年将进一步降到 40.5 亿吨标准煤。

（3）在努力政策下，即 2020—2060 年单位工业增加值能源消费强度年均下降 3.2%时，我国工业能源消费总量将从 2020 年的 33.26 亿吨标准煤，增长到 2025 年的 37.4 亿吨标准煤，并进一步增长到 2035 年的 39.4 亿吨标准煤，在 2035 年左右可能出现工业能源消费总量的峰值，峰值水平约为 39.4 亿吨，之后工业能源消费总量开始下降，到 2050 年时下降到 37 亿吨标准煤，到 2060 年将进一步下降到 33.6 亿吨标准煤。

三种政策强度下日德模式的工业能源消费总量变化如图 3-18 所示。

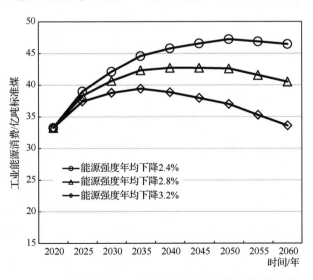

图 3-18 三种政策强度下日德模式的工业能源消费总量变化

数据来源：赛迪智库

三、我国选择中国工业化道路的产业结构和能源消费

如图 3-19 所示，在中国模式下，我国农业占 GDP 的比重将从 2020 年的 7.7% 下降到 2035 年的 5% 和 2060 年的 2.5%。工业占 GDP 的比重将从 2020 年的 37.8% 上升到 2035 年的 39.1% 以及 2060 年的 35.1%。服务业占 GDP 的比重将从 2020 年的 54.5% 上升到 2035 年的 55.5% 和 2060 年的 62.4%。

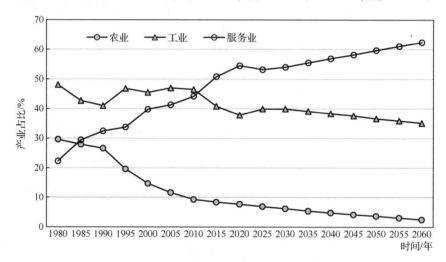

图 3-19　中国模式下我国的三次产业结构变化

数据来源：赛迪智库

（一）农业

乡村振兴和农业现代化将改变我国的"三农"面貌，农村人口占比下降到 2035 年的 25% 和 2050 年的 20%，农业就业占比将下降到 2035 年的 10% 和 2060 年的 3.0%，农业占国内生产总值的比例将继续下降到 2035 年的 5.4% 和 2060 年的 2.5%，如图 3-20 所示。第一产业增加值总量从 2020 年的 7.8 万亿元增加到 2025 年的 9.4 万亿元、2035 年的 12.2 万亿元、2050 年的 15.2 万亿元和 2060 年的 14.6 万亿元（按 2020 年价格计算）。农业增速从"十四五"的年均增长 3.0%，下降到 2055 年的 0.1% 左右，之后开始出现正负增长波动，农业占 GDP 的比重趋于稳定。

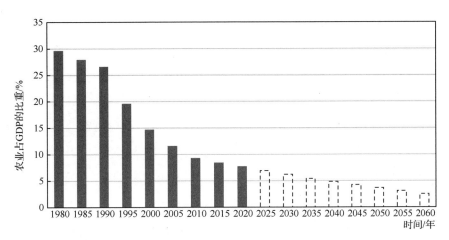

图 3-20　农业占 GDP 的比重变化

数据来源：赛迪智库

（二）工业

相比英美模式、日德模式，新模式下第二产业占经济总量的比重更大。2025 年、2035 年、2050 年、2060 年，我国第二产业占 GDP 的比重分别为39.9%、39.1%、36.6%、35.1%，如图 3-21 所示。其中工业增加值总量从 2020 年的 31.3 万亿元增加到 2025 年的 44.3 万亿元、2035 年的 72.1 万亿元、2050 年的 123.9 万亿元和 2060 年的 167.7 万亿元（按 2020 年价格计算）。工业增速从"十四五"的年均增长 7.2%，逐渐下降到 2055—2060 年的 3.0%。

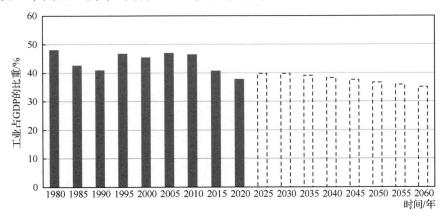

图 3-21　新模式下第二产业占 GDP 的比重变化

数据来源：赛迪智库

（三）制造业

中国模式下，工业化后期我国制造业发展具有如下特征：（1）制造业占GDP的比重比英美模式和日德模式都要高，即2060年我国制造业占GDP的比重维持在25%左右，我国制造业在全球具有显著的规模优势。（2）传统产业在我国仍然保持一定比例，以钢铁行业为例，中国模式下，钢铁产业产能保持在7亿吨左右，有力支撑了我国制造业规模占全球的比重达到45%～50%。传统制造业和先进制造业形成完整的产业体系，我国制造业在全球具有显著的集聚优势。（3）我国制造业数字化、网络化、智能化水平大幅提升，我国制造业在全球具有显著的智能化优势。（4）我国拥有全球规模最大、最具竞争力的绿色低碳产业，为全球提供绿色低碳解决方案，我国制造业在全球具有显著的绿色化优势。（5）我国建成全球规模最大、体系最完整、最具活力的科技创新体系，为全球产业创新提供动力，我国制造业在全球具有显著的创新优势。

按此模式发展，2025年、2035年、2050年、2060年制造业占GDP的比重分别下降为28%、27.5%、26%、25%，如图3-22所示。其中2025年制造业占比上升的原因主要是受"十四五"的稳定制造业占比政策的影响。制造业增加值总量从2020年的26.6万亿元增加到2025年的35.9万亿元、2035年的52.1万亿元、2050年的75.6万亿元和2060年的88.2万亿元（按2020年价格计算）。制造业增速从"十四五"的年均增长6.1%，下降到2060年的1.6%左右。

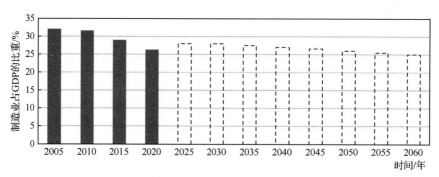

图 3-22　中国模式下我国制造业占 GDP 的比重变化

数据来源：赛迪智库

（四）服务业

相比英美模式、日德模式，中国模式下服务业占经济总量的比重较低。2025、2035、2050、2060 年，我国服务业占 GDP 的比重分别上升为 53.2%、55.5%、59.7%、62.4%，如图 3-23 所示。服务业增加值总量从 2020 年的 55.3 万亿元增加到 2025 年的 72.4 万亿元、2035 年的 125.8 万亿元、2050 年的 247.5 万亿元和 2060 年的 365.万亿元（按 2020 年价格计算）。服务业增速从"十四五"的年均增长 5.5%，下降到 2060 年的 3.9%。

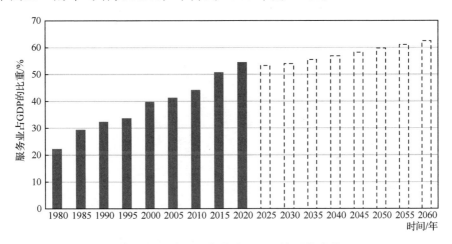

图 3-23　我国服务业占 GDP 比重的变化

数据来源：赛迪智库

（五）工业能源消费

伴随制造业和第二产业在国民经济中的比重下降和第三产业比重上升，考虑三种节能政策影响，工业能源消费总量变化如下：

（1）在基准政策下，即 2020—2060 年单位工业增加值能源消费强度年均下降 2.4% 时，我国工业能源消费总量将从 2020 年的 33.26 亿吨标准煤，缓慢增长到 2025 年的 40.7 亿吨标准煤，之后继续增长到 2035 年的 50.5 亿吨标准煤和 2050 年的 60.1 亿吨标准煤，2055 年进一步增长到 63 亿吨标准煤，2060 年继续上升到 65.6 亿吨标准煤。

（2）在强化政策下，即 2020—2060 年单位工业增加值能源消费强度年均下降 2.8%时，我国工业能源消费总量将从 2020 年的 33.26 亿吨标准煤，增长到 2025 年的 40 亿吨标准煤，之后继续增长到 2035 年的 47.9 亿吨标准煤和 2050 年的 54.2 亿吨标准煤，2055 年将进一步增长到 55.8 亿吨标准煤，2060 年将继续上升到 57.2 亿吨标准煤。

（3）在努力政策下，即 2020—2060 年单位工业增加值能源消费强度年均下降 3.2%时，我国工业能源消费总量将从 2020 年的 33.26 亿吨标准煤，增长到 2025 年的 39.1 亿吨标准煤，并进一步增长到 2035 年的 44.7 亿吨标准煤和 2050 年的 47.1 亿吨标准煤，在 2055 年左右可能出现工业能源消费总量的峰值，峰值水平约为 47.5 亿吨标准煤，之后保持稳定，到 2060 年稳定在 47.7 亿吨标准煤。

中国模式的工业能源消费总量变化如图 3-24 所示。

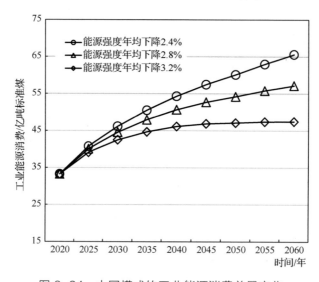

图 3-24　中国模式的工业能源消费总量变化

数据来源：赛迪智库

四、GDP、工业增加值与人均 GDP

对于 GDP，到 2030 年、2035 年、2050 年、2060 年，英美模式下 GDP 将分别达到 168.4 万亿元、208.5 万亿元、343.5 万亿元和 440.8 万亿元，相比 2020 年的 101.6 万亿元，分别增长 66%、105%、238% 和 334%；日德模式下 GDP 分别达到 173.0 万亿元、217.5 万亿元、377.3 万亿元和 507.7 万亿元，相比 2020 年分别增长 70%、114%、271% 和 400%；中国模式下分别达到 177.7 万亿元、226.8 万亿元、414.3 万亿元和 584.5 万亿元，相比 2020 年增长 75%、123%、308% 和 475%。

对于工业增加值，到 2030 年、2035 年、2050 年、2060 年，英美模式下分别达到 47.7 万亿元、54.5 万亿元、72.2 万亿元和 80.0 万亿元，相比 2020 年的 31.3 万亿元，分别增长 52%、74%、131% 和 156%；日德模式下分别达到 52.6 万亿元、63.7 万亿元、97.3 万亿元和 118.8 万亿元，相比 2020 年分别增长 68%、103%、211% 和 280%；中国模式下分别达到 57.7 万亿元、72.1 万亿元、123.9 万亿元和 167.7 万亿元，相比 2020 年分别增长 84%、131%、296% 和 436%。

对于人均 GDP，到 2030 年、2035 年、2050 年、2060 年，英美模式下分别达到 1.684 万美元、2.093 万美元、3.570 万美元和 4.734 万美元，相比 2020 年的 1.045 万美元，分别增长 61%、100%、242% 和 353%；日德模式下人均 GDP 分别达到 1.730 万美元、2.183 万美元、3.922 万美元和 5.453 万美元，相比 2020 年分别增长 66%、109%、275% 和 422%；中国模式下分别达到 1.777 万美元、2.277 万美元、4.306 万美元和 6.277 万美元，相比 2020 年分别增长 70%、118%、312% 和 501%。

要实现上述经济增长，工业增加值要保持适当速度。到 2025 年、2030 年、2035 年、2040 年、2045 年、2050 年、2055 年、2060 年，英美模式下工业增加值五年年均增速分别为：5.3%、3.3%、2.7%、2.0%、1.9%、1.7%、1.3% 和 0.7%，日德模式下分别为 6.3%、4.4%、3.9%、3.1%、2.8%、2.7%、2.1% 和 1.9%，中国模式下分别为 7.2%、5.4%、4.6%、4.1%、3.6%、3.3%、3.2%、3.0%。

五、工业能源消费：增长到 50 亿吨标准煤以上

与工业增长相对应，工业能源消费到 2025 年、2030 年、2035 年、2050 年、2060 年，英美模式下分别为 35.2 亿吨标准煤、34.7 亿吨标准煤、33.3 亿吨标准煤、27 亿吨标准煤和 22.3 亿吨标准煤（注：统计口径包括工业领域内的工业终端燃料燃烧、工业终端电力消费以及发电制热炼焦炼油制气及能源回收等能源转换过程的能源消费），相比 2020 年的 33.3 亿吨标准煤，分别增长 5.7%、4.2%、0%、-18.9%和-33%；日德模式下分别为 37.4 亿吨标准煤、38.8 亿吨标准煤、39.4 亿吨标准煤、37.0 亿吨标准煤和 33.6 亿吨标准煤，相比 2020 年分别增长 12.3%、16.5%、18.3%、11.1%和 0.9%；中国模式下分别为 39.3 亿吨标准煤、42.5 亿吨标准煤、44.7 亿吨标准煤、47.1 亿吨标准煤和 47.4 亿吨标准煤，相比 2020 年分别增长 18.0%、27.6%、33.3%、41.4%和 42.3%。不同能效政策的工业能源消费如图 3-25 所示。

英美模式下，工业能源消费在 2025 年左右达到峰值，峰值水平为 35 亿吨标准煤，相比 2020 年增长 2 亿吨标准煤；日德模式下，工业能源消费在 2035 年左右达到峰值，峰值水平在 40 亿吨标准煤左右，相比 2020 年增长 7 亿吨标准煤；中国模式下，工业能源消费在 2055 年有可能达到峰值，峰值水平在 47 亿吨标准煤左右，相比 2020 年需要增长 14 亿吨标准煤。

从能源消费增长看，假定 2060 年工业能源消费占全社会能源消费的 50%，那么 2060 年全社会能源消费约为 94 亿吨，人均能源消费约 7 吨标准煤，相当于 2020 年 3.53 吨的 2 倍，但这一水平仍然低于当前美国、加拿大、韩国等部分国家的人均能源消费水平。不同情景下的人均能源消费变化和人均工业能源消费变化如图 3-26 所示。

从能源供给看，2000—2020 年间，我国一次能源生产量年均新增 13436 万吨标准煤，年均新增净进口量 5348 万吨标准煤，合计年均新增能源供给

量 18785 万吨标准煤。如果 2020—2060 年，能够保障平均每年新增一次能源生产量 6000 万吨标准煤和新增净进口量 4000 万吨标准煤，即每年新增能源供给量达到 1 亿吨，到 2060 年我国能源供给量可以达到 94 亿吨标准煤，从而保障能源安全。

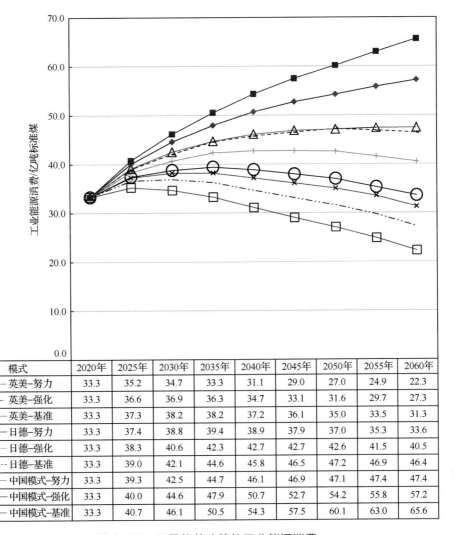

模式	2020年	2025年	2030年	2035年	2040年	2045年	2050年	2055年	2060年
英美-努力	33.3	35.2	34.7	33.3	31.1	29.0	27.0	24.9	22.3
英美-强化	33.3	36.6	36.9	36.3	34.7	33.1	31.6	29.7	27.3
英美-基准	33.3	37.3	38.2	38.2	37.2	36.1	35.0	33.5	31.3
日德-努力	33.3	37.4	38.8	39.4	38.9	37.9	37.0	35.3	33.6
日德-强化	33.3	38.3	40.6	42.3	42.7	42.7	42.6	41.5	40.5
日德-基准	33.3	39.0	42.1	44.6	45.8	46.5	47.2	46.9	46.4
中国模式-努力	33.3	39.3	42.5	44.7	46.1	46.9	47.1	47.4	47.4
中国模式-强化	33.3	40.0	44.6	47.9	50.7	52.7	54.2	55.8	57.2
中国模式-基准	33.3	40.7	46.1	50.5	54.3	57.5	60.1	63.0	65.6

图 3-25　不同能效政策的工业能源消费

数据来源：赛迪智库

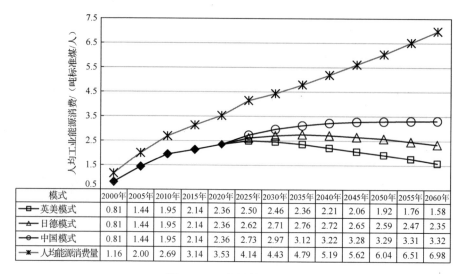

模式	2000年	2005年	2010年	2015年	2020年	2025年	2030年	2035年	2040年	2045年	2050年	2055年	2060年
英美模式	0.81	1.44	1.95	2.14	2.36	2.50	2.46	2.36	2.21	2.06	1.92	1.76	1.58
日德模式	0.81	1.44	1.95	2.14	2.36	2.62	2.71	2.76	2.72	2.65	2.59	2.47	2.35
中国模式	0.81	1.44	1.95	2.14	2.36	2.73	2.97	3.12	3.22	3.28	3.29	3.31	3.32
人均能源消费量	1.16	2.00	2.69	3.14	3.53	4.14	4.43	4.79	5.19	5.62	6.04	6.51	6.98

图 3-26　人均能源消费

数据来源：赛迪智库

从国际比较看，在中国模式下，2020—2060 年，美国人均能源消费从 2020 年的 267 吉焦下降到 2060 年的 185 吉焦左右，中国人均能源消费量从 2020 年的 102 吉焦增长到 2060 年的 204 吉焦左右，从而中美两国有可能在 2055—2060 年间人均能源消费达到相同水平。在英美模式下，由于从"十四五"开始，中国产业结构向以服务业为主的英美模式调整，工业能源消费将在 2030 年左右达到峰值，人均工业能源消费从 2025 年开始趋于下降，导致人均能源消费量有可能一直低于美国。

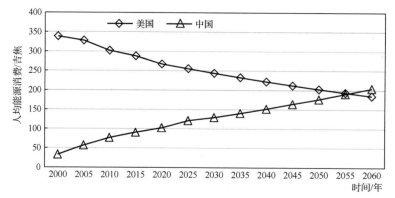

图 3-27　未来 40 年中美能源消费水平变化

数据来源：赛迪智库

第四章
制造业结构转型升级与锻造
绿色竞争新优势

　　选择中国工业化道路,关键在于坚持打造以实体经济为主的现代化产业体系,保持制造业占比长期稳定,这不仅关系未来长期的社会民生与国家安全保障,还将贯穿碳达峰碳中和目标实现的全过程。那么,这条道路将如何保障碳达峰碳中和目标如期实现呢?推动制造业结构转型升级,锻造绿色竞争新优势就显得十分重要。按能源消费和碳排放差异,制造业可以分为新兴产业、高耗能行业和传统制造业三大类,围绕三大类行业推动制造业结构转型升级,是中国工业化道路解决全球绿色发展问题,锻造绿色竞争优势的重要途径。对此,要坚持创新驱动和先立后破,改变绿色转型传统工作思路,调整绿色生产力发展优先顺序,全面打造新兴产业绿色增长引擎,尽早尽快布局未来绿色产业,加快实现高耗能行业颠覆性创新,逐步壮大传统制造业绿色产品供给。

第一节　全面打造新兴产业绿色增长引擎

　　新兴产业以重大前沿技术突破和重大发展需求为基础,代表未来科技和产业发展的新方向,体现全球数字化转型、绿色化转型新潮流,对经济社会发展全局具有重大引领带动作用,潜力巨大。长期以来,我国绿色转型工作侧重模仿西方国家,大量精力和资源投入到控制和压减高耗能行业和传统产业上,对新兴产业的投入和重视远远不够,将资源环境约束转化为新机遇和新优势的能力弱,甚至部分工作对经济社会正常发展造成干扰和影响。"双碳"目标提出后,新能源汽车、光伏、锂电池"新三样"的快速崛起表明资源环境与经济社会发展并非对立,通过科技创新、市场创新和产业创新,制造业不仅可以实现绿色发展,而且还能促进新经济增长。

一、新兴产业发展正进入快速扩张阶段

　　新兴产业绿色低碳特征显著,新能源汽车、光伏、锂电池等领域的快速发展,正逐步成为推动经济增长的新引擎。

（一）新兴产业绿色低碳发展特征十分显著

一是新兴制造业能源消费强度和碳排放强度小。相比钢铁、建材等高耗能行业，新兴制造业能源消费与碳排放属于低能源消费和低碳排放的产业；相比食品、服装等传统制造业，新兴制造业属于高附加值产业。二是新兴制造业能源消费总量正在快速增长。随着新兴制造业规模扩大，新兴制造业能源消费总量正在快速增长。例如数字经济快速增长使得数据中心、5G 基站、边缘计算设备、数字终端设备等能耗快速增长。三是新兴制造业非化石能源消纳能力强。首先大多数新兴制造业生产过程以电力消耗为主，这有利于新兴制造业在生产环节大规模消纳光伏、风电等新能源。其次，光伏、风电、绿氢、新能源汽车等大多数新兴产品是支撑生产方式和生活方式绿色转型的物质基础。

（二）新兴产业是实现绿色经济增长的新引擎

新兴产业指国家战略性新兴产业规划及中央和地方配套支持政策确定的 7 个领域，包括新能源、新能源汽车、新材料、绿色环保、新一代信息技术、高端装备制造和生物产业。这些产业普遍具有知识技术密度高、物质资源消耗少、成长潜力大、综合效益好的特征，对经济社会发展有重大引领带动作用。例如光伏产业正在撬动绿色能源革命，新能源汽车正在全面变革交通运输体系，人工智能在全面提升生产效率的同时，大幅削减能源、资源消耗。

2008 年国际金融危机后，国际形势发生重大变化。发达国家出于对经济危机的反思，围绕新能源、新材料、新能源汽车、节能环保、人工智能等产业纷纷提出"再工业化"战略，加剧了新兴产业的国际竞争。2009 年，温家宝总理连续召开三次专家座谈会，研究加快培育发展战略性新兴产业问题，并在 2010 年的政府工作报告中指出"发展战略性新兴产业，抢占经济科技制高点，决定国家的未来，必须抓住机遇，明确重点，有所作为"。国家发展改革委、科技部、工业和信息化部、财政部等 20 个有关部门或单位，成立了"战略性新兴产业发展思路研究部际协调小组"，在对全国重点地区进行实地调研、广泛听取相关行业、企业、专家以及社会意见的基础上，提出了加快培育发展战略性新兴产业的指导思想、目标、重点任务和重大政策措施。2010 年 10 月 10 日，国务院下发《国务院关于加快培育和发展战略性新兴产业的决定》（国发〔2010〕32 号），明确提出加快培育和发展战略性新兴产业是全面建设小康社会、实现可持续发展的必然选择，是推进产业结构升级、加快经济发展方式转变的重大举措，是构建国际竞争新优势、掌握发展主动权的迫切需要，要把加快培育和发展战略性新兴产业放在推进产业结构升级和经济发展方式转变的突出位置。

党的十八大以来，党中央高度重视战略性新兴产业发展，战略性新兴产业进入新发展阶段，发展要求在三方面发生深刻变化：一是由培育发展变为壮大规模。二是由全链建设变为瓶颈突破。三是由追赶跨越变为前瞻布局。2022 年，党的二十大报告进一步明确指出，"推动战略性新兴产业融合集群发展，构建新一代信息技术、人工智能、生物技术、新能源、新材料、高端装备、绿色环保等一批新的增长引擎。"

（三）新兴产业绿色增长支撑作用日益凸显

一系列新兴产业都在快速增长，成为产业结构转型升级最为活跃的领域。例如，新能源产业继续保持全球领先，新能源汽车国际竞争力大幅提升，逐步由政策驱动阶段进入市场与政策共同驱动阶段，自主发展动能明显提升，节能环保产业保持较快增长，有望逐渐成为我国经济发展的重要新增长点，新一代信息技术支柱作用进一步强化，集成电路芯片对外依赖度在逐步降低，数字技术融合发展推动数字经济实现爆发式增长，生物产业新动能作用持续增强，国产大飞机、卫星导航、轨道交通、航母等高端装备制造竞争力稳步提升，新材料创新和应用范围持续扩大。新一代移动通信、核电、光伏、高铁、互联网应用、基因测序等领域初步具备世界领先的研发水平和应用能力。新型飞行器及航天器、量子技术、合成生物和再生医学技术、新一代核电装备和小型核动力系统、氢能等未来产业正在加速布局。

二、发展新兴制造业是绿色转型升级的关键

（一）新兴产业全方位支撑能源转型

实现"双碳"目标离不开能源转型，新兴产业全方位支撑我国能源转型。从能源供给看，如果要大力开发利用风光等新能源和可再生能源，发展核能、地热能等非化石能源，从而在电力系统中逐渐形成以新能源为主体的电源结构，那么就需要为光伏、风电、水电、核能、生物质能等新能源产业提供相关设备。从能源需求看，持续地推进终端用能的电气化，实现以电为中心的多能互补的用能结构，大幅提高电能在终端能源消费中的比重和综合能源利用效率，离不开新能源汽车、绿色船舶、绿色飞机等高端装备的发展。从能源网络看，加强电力电子、储能、氢能等关键技术的创新，促进高比例可再生能源电力的消纳，确保电力系统安全稳定运行，离不开新一代信息技术产业的发展。从能源安全看，积极推动煤电的灵活性改造，为高比例可再生能源电力系统运行提供灵活调节的能力，加速研发碳捕集利用等新技术，推动煤电低碳、零碳转型，离不开节能环保产业的发展。

（二）新兴产业全方位支撑智能转型

实现"双碳"目标离不开现代化产业体系的数字化、网络化、智能化转型。从农业看，当前农业发展滞后于工业和服务业，乡村宽带通信、5G基站建设、农业物联网、高标准农田、乡村道路、电力、冷链物流等重要基础设施转型升级都离不开新兴产业发展。从工业看，全面推动制造企业研发设计、生产加工、经营管理、销售服务等业务数字化转型升级也同样离不开新兴产业的发展。从服务业看，数据要素贯穿社会经济发展的全流程，与劳动

力、资本、土地要素融合、重组、迭代和优化，带来全新价值创造方式，驱动服务业全面迈入新阶段。数字金融、平台经济、远程医疗等新业态、新模式、新产业的涌现日益依赖新一代信息技术等新兴产业的发展。

（三）发展新兴产业可以实现充分发展

产业发展不充分是我国产业结构转型升级的约束性劣势，扩大新兴制造业规模，提高新兴制造业占比，有助于解决先进制造业由于规模小、占比低导致的发展不充分，提高产业发展层次和发展质量水平。此外，通过新一代信息技术、新能源、节能环保产业同传统制造业的融合发展，将有助于推动传统制造业转型升级，实现产业融合发展和充分发展。

（四）发展新兴产业可以实现平衡发展

我国产业结构转型升级面临先进制造业与传统制造业不平衡、高耗能行业与非高耗能行业不平衡、化石能源与非化石能源不平衡、现代服务业和传统服务业不平衡四大产业不平衡问题，加快新兴制造业发展，提高新兴制造业占比可以直接改善先进制造业与传统制造业的不平衡，推进能源转型和高耗能行业化转型升级，可以改善高耗能行业与非高耗能行业不平衡、化石能源与非化石能源不平衡的问题，并通过新兴制造业与服务业的融合发展，提高服务业现代化水平。

三、把发展新兴产业作为转型升级优先目标

（一）发展新兴产业放在优先发展位置

"十五"以来，我国相继开展节能减排、淘汰落后产能、转型升级、绿色发展、绿色制造、"双碳"等一系列绿色发展工作。在取得巨大节能减排成绩的同时，在新时代新征程上也开始面临一些问题：一是从工作思路看，大量政策措施以模仿西方国家为主，政策"一刀切"和"齐步走"特征显著，

对我国发展不平衡不充分的特殊国情认识深度不够,将资源环境问题转化为发展新机遇和新优势的能力不足,以致部分工作对经济社会正常发展造成干扰和影响。二是从产业发展看,产业发展侧重发电、钢铁、建材、化工等高耗能行业的上规模和降成本,对高附加值产品研发设计、全球销售渠道、科技研发创新等产业和产业环节的重视不足。三是从政策措施看,大量政策侧重于"关停并转""淘汰落后""去产能""准入管理",就减排说减排,缺乏发展与减排、发展与安全、整体与局部、长期与短期的统筹管理。四是从资源投入看,侧重对末端治理的资源投入,缺乏对前端创新和全产业链供应链的颠覆性创新,对绿色创新的资源投入不足。

造成上述问题的原因有多方面:一是自改革开放以来长时期内,社会基本矛盾决定了我国对经济增长的需求大于对发展质量的需求,产业发展以重工业为主,发展模式以上规模为先;二是受发展阶段限制,发展与减排的冲突不显著,资源环境约束长期以来比较宽松,资源环境标准低、约束松、环境成本低;三是我国的国际环境相对稳定,发展与安全的矛盾不显著,关键技术来源主要依赖外部引进,对自主创新的需求弱,导致工业化、城镇化增长的速度超过技术迭代升级的速度,进而快速积累了大量落后的产能,在这种情况下简单去产能管理能以较低成本实现较大减排收益。

进入新发展阶段,国内条件和国际环境发生重大变化,经济增速开始下降,低端落后产能基本出清,环境要求大幅提高,不仅节能减排的难度大幅增加,而且传统产业结构对发展、安全的整体性影响也越来越大,使相关工作关联影响越来越复杂,政策一旦不适应现实,马上就会对经济社会正常运转造成巨大影响。实现绿色发展不仅受资源环境约束,还有增长、安全、区域平衡、国际贸易等诸多约束条件,要求我们不能"就减碳讲减碳",必须以系统思维解决问题。

其中最突出的是对新兴产业、高耗能行业、传统制造业和服务业所代表的不同生产力相互关系的认识。传统观点认为新兴产业和服务业消耗排放少,增加值大,可以独立于高耗能行业和传统制造业单独发展,因此大力发展新兴产业和服务业试图替代高耗能产业和传统制造业。但新兴产业和服务业不是空中楼阁，其发展离不开量大面广的高耗能产业和传统制造业的支撑，两者互为上下游的依赖关系，新能源、新材料、新一代信息技术、节能环保等新兴产业为高耗能产业和传统制造业实现颠覆式创新和绿色转型提供了新的要素基础。因此，推进"双碳"目标下产业结构转型升级，必须改变以控制和压减高耗能产业和传统制造业为先为主的传统思路，把新兴产业发展放在更优先顺序，通过要素率先绿色转型升级带动高耗能产业和传统制造业绿色转型升级，最终实现产业结构整体转型升级。

（二）全面加强新兴产业要素支撑能力

一是提高产业自主创新基础能力，通过打破软硬件环境限制，提升自主创新能力，形成以自主创新为引领的新兴产业发展格局。二是集中优势资源在重点领域加快突破一批关键核心技术，助力提升新兴产业在产业链供应链关键环节、关键领域、关键产品的安全保障能力。三是加快构建全球人才招引体系，提高与产业创新相适应的人才培育、教育、培训能力，改变当前高端人才面临结构性短缺的局面。四是进一步提升国际化发展能力，积极应对国际市场准入技术壁垒、提高知识产权保护、创造、应用能力，加强对海外法律、税制、财务等制度环境的理解和应对，以积极防范化解地缘政治风险。

四、尽早尽快布局未来绿色产业

绿色生产力的发展是技术不断更新、产业不断迭代的过程。新兴产业是在 2035 年前支撑绿色增长的主要产业，要保障长期实现绿色增长，必须尽快对未来绿色产业进行提前布局。这些产业包括未来储能、未来氢能、新 CCUS、超导技术、可控核聚变、太空电站、太空矿业、人工智能、未来材料、未来生态等诸多未来产业，这些产业是推动产业结构向更绿、更高、更具颠覆性目标发展的重要推手。

第二节 加快实现高耗能行业颠覆式创新

高耗能行业是能源消耗和碳排放的主要领域,大规模降低高耗能行业的碳排放是实现"双碳"目标的重点任务。实现这一目标的关键在于加大资源投入力度,开展颠覆性和应用性科技创新,对以煤炭、石油、天然气为源头,对以碳元素大规模利用为主线,对以二氧化碳大规模排放为特征的传统能源-资源-材料开发利用体系进行绿色变革,从产品体系、工艺路线和设备设施等底层实施系统性重构,加快建立以可再生能源和绿电为源头,以"绿电-碳-氢-氧"这一模式的绿色、平衡、一体化利用为主线,对以零碳排放和循环经济为特征的现代化能源-资源-材料开发利用体系进行绿色改造,实现高耗能行业大规模降碳和绿色低碳转型。

一、高耗能行业是绿色低碳创新的重点领域

(一)高耗能行业是能源消耗和碳排放的重点领域

高耗能行业是国民经济和社会发展的重要基础产业,是建设现代化强国的重要支撑,也是实现绿色低碳发展的重要领域,主要包括钢铁、建材、石化化工、有色金属、发电等行业,具有能源资源消耗多和碳排放量大的特征,是工业能源消费的重点领域。长期以来,我国高耗能行业工业增加值占工业增加值的比重约为33%,但其能源消费占工业能源消费的比重却高达75%。2022年全国钢铁业碳排放量占全国碳排放总量的18%左右,是制造业31个门类中碳排放量最大的行业。2022年全球水泥碳排放量约为27亿吨,占全球能源相关碳排放量的 7.5%。水泥行业二氧化碳排放主要源于熟料生产过程,其中碳酸盐分解所排放的二氧化碳,约占碳排放总量的60%;燃料燃烧产生的二氧化碳,约占碳排放总量的35%;电力消耗间接产生的二氧化碳,约占碳排放总量的5%。

从全球看,高耗能行业主要分布在中国、印度等发展中国家,例如 2022 年中国粗钢产量为 10.18 亿吨,占全球的比重为 54.0%,印度粗钢产量为 1.25 亿吨,占全球的比重为 6.6%,中印两国粗钢产量就占了全球的 60% 以上;中国水泥产量为 21.3 亿吨,占全球的比重为 51.2%,印度水泥产量为 3.8 亿吨,占全球的比重为 9.1%,中印两国水泥产量也占了全球的 60% 以上。此外,2022 年,中国火电发电装机为 13.3 亿千瓦,占全球的 51.9%,电解铝产量为 4021 万吨,占全球产量的 59%。

(二)高耗能行业是现代化产业体系的基石

高耗能行业作为整个国民经济与社会发展的基础工业,为经济社会发展提供电力、原材料和基础产品,是众多产业的上游产业,也是推动工业化和城镇化进程,支撑全球第一制造大国地位,确保我国构建以实体经济为主的现代化产业体系的重要基石。高耗能行业一旦运行不稳定、不安全,整个产业体系都会发生波动。例如 20 世纪 70 年代,受全球能源危机影响,美英等发达国家普遍开始投资服务业,不断提高服务业占比,许多高耗能行业被大规模转移到发展中国家,导致与高耗能行业紧密关联的下游产业也随后开始沿着产业链中下游进行长期的、大规模的、不可逆转的转移,成为西方发达国家长期去工业化的主要原因。在这一过程中,日本、德国等国家则选择了不同道路,通过"合理化"计划,技术改造等措施,对钢铁等高耗能行业转型升级,为日本、德国至今保留相对完整工业体系和较强制造能力打下了重要基础。

高耗能行业在现代化产业体系中的基础性作用,及其能源消耗和碳排放大的特征,决定了高耗能行业占比既影响"双碳"目标实现,又影响产业体系完整度。以船舶制造业为例,2023 年上半年,我国造船完工量为 2113 万载重吨,新接订单量为 3767 万载重吨,手持订单量为 12377 万载重吨,造船业三大指标均居世界第一。这同我国完整的产业体系紧密相关,如上游发达的钢铁产业为我国造船能力提供了原材料支撑。以韩国为例,韩国起初发展的是钢铁行业，但后来政府认识到既然国家有钢铁又有海洋，也应把船舶作为支柱产业，最终以国家力量把韩国打造成为世界造船大国。这是船舶和钢铁完美结合的典型实例。船舶制造与钢铁产业互为上下游，都是周期性较强的产业，一定程度上是命运共同体。船舶又是国际货运的主要载体，承担了全球货物贸易总量的 85%，已经成为经济全球化和各国外贸发展的生命线。我国进口铁矿石、焦炭等原材料及钢铁成品等大都是通过大型船舶海运来完成的。因此钢铁产业是船舶工业供应链、产业链建设的重要内容。

从全球看，大量发展中国家仍然处于工业化、城镇化进程中，全球对电力、钢铁、水泥等高耗能产品需求和市场潜力巨大，积极推动高耗能行业的发展具有现实意义。另一方面，我国要构建以实体经济为主的完整的现代化产业体系必须高度重视高耗能行业问题，寻找如何在保持高耗能行业合理比重的前提下实现大规模降碳。

（三）推进高耗能行业渐进式创新与颠覆式创新[①]

西方工业化道路通过产业转移和国际贸易把高耗能行业转移给了发展中国家，从发达国家看，产业结构实现了转型升级，高耗能行业排放问题被解决了，但从全球看，高耗能行业规模不仅没减少，反而随着发展中国家工业化、城镇化进程的推进而不断扩大。西方发达国家的局部减排是以全球排放为代价的，具有不可持续性，无法从根本上解决碳排放增加和气候变化问题。

[①] 渐进式创新（sustaining technology）与颠覆式创新（disruptive technology）是哈佛商学院管理学教授克莱顿·克里斯坦森（Clayton M. Christensen）在 1997 年出版的《创新者的窘境》（The Innovator's Dilemma: When New Technologies Cause Great Firms to Fail）中提出的两种创新模式：渐进式创新指在原有技术体系基础上，通过对产品或技术局部改良、逐步迭代和改进性发展，使其更完善，性能或能力逐步提升，渐进式创新常常是问题驱动型的、通过步步迭代实现，是不断的、渐进的、连续的小创新，具有投入少、风险低、见效快特征，例如芯片技术从 28nm 到 14nm 再到 7nm 等。颠覆式创新是指打破传统，改变原有技术发展的轨迹，采用不同于传统的新原理或新方案，通过全新的技术体系实现非线性的、跳跃式的创新，使技术的整个体系和结构功能都发生了根本性改变，与渐进性创新不同，颠覆式创新主要依赖前沿技术获得，强调打破传统、技术跨越、对传统技术的颠覆或破坏，投入多，时间长，风险大，例如相对液晶显示屏技术，LED 显示屏技术就是颠覆性创新，它的出现彻底结束了液晶显示技术的生存，具有破坏性。

要真正解决问题，必须开拓人与自然和谐共生的新工业道路，推动高耗能行业实施颠覆式创新，从根本上改变自工业革命以来的技术路线，构建人类全新、绿色的基础工业体系。就此而言，"双碳"目标对高耗能行业技术创新提出新要求的同时，也创造了新契机，"双碳"目标开创的巨大市场需求必将召唤颠覆性技术的出现，我国应抓住契机，加强基础研究和技术研发，勇于探索和推进基础工业的绿色革命。

另一方面，颠覆式创新与渐进式创新始终相伴而生，相辅相成，任何领域都不能一直出现颠覆式创新，也不能一直是渐进式创新，通常是大量渐进式创新积累到一定程度后，突然涌现颠覆式创新，新技术体系开拓出来后，渐进式创新又开始在这个技术体系下反复迭代，直到技术创新再次饱和以及下一代颠覆性技术重新出现。

从当前高耗能行业领域的技术创新态势看，煤化工、石油化工、火力发电、高炉炼铁、窑炉技术、电解技术等源于 200 年前的传统技术创新潜力日渐枯竭；光伏、风电、锂电池、氢能等新技术不断涌现，碳达峰碳中和作为一场广泛而深刻的经济社会系统性变革，有可能在一两代人时间内催化出基础工业的颠覆性技术创新。

二、颠覆式创新：推动能源原数据绿色革命

高耗能行业的颠覆式创新最可能出现在要素领域，包括能源、原料和数据的革命，将人类社会推向绿色低碳的全新世界。

（一）能源革命：大规模提高非化石能源使用占比

颠覆性技术总是基于现有技术出现而不会凭空产生。源于 200 年前的煤炭等化石能源日益不适应人口和经济的持续发展，导致光伏、风电、生物质、核能、地热能、海洋能、储能、氢能、智能电网、超导、聚变、太空电站等新能源技术层出不穷，汇聚力量不断推进能源生产与消费革命。这些新能源

技术越来越呈现出颠覆性和革命性特征：一是新能源技术普遍减少了资源消耗和碳排放，有助于解决资源环境问题。二是新能源技术改变了传统能源高度依赖不可再生资源的性质，使其更依赖于制造能力，并具有了迭代特征，具有了持续提高性能和降低成本的能力。三是新能源技术具有更强大的融合力，通过"光伏+""风电+""氢能+""电池+"等，可以同农业、制造业、服务业融合发展，推动生产、生活方式的根本性变革。

（二）原料革命：深刻变革传统工业原材料结构

工业革命早期，人类可利用资源有限，随着经济社会发展，人类利用资源的可选择性大幅增加：一是通过技术进步和更科学的管理不断提升各种资源和原材料的利用效率。二是随着产品开发设计和制造能力提高，不同资源的相互替代性越来越强，大量有毒有害材料、高消耗材料、不可再生材料正被绿色材料、可再生材料、环境友好型材料替代。三是资源开发能力增长，随着人工智能技术的发展，人类创造和利用新资源、新原料、新材料的能力快速增强，为原材料颠覆式创新创造了条件，我们应该提早布局，加大人才和资金投入，通过基础研究、应用研究推动原材料颠覆性技术创新。

（三）数据革命：全面推进数据要素的智能化作用

数据已成为继土地、劳动力、资本、技术之外的第五大生产要素，是数字经济的核心生产要素和数字经济时代的"石油"。不同于能源、矿产要素，数据具有虚拟、无限、非消耗、即时、非排他、规模经济、强外部性等新特征，这些新特征使数据要素可以用一种基于数字技术的、全新的模式创造出巨大价值，从而带来生产方式、商业模式、管理模式、思维模式的变革。

三、分阶段分区域推进高耗能行业实现绿色革命

碳达峰与碳中和是两个不同的阶段，对高耗能行业的要求不同。碳达峰阶段的主要任务是实现二氧化碳排放在 2030 年前达到峰值水平，碳中和阶

段的主要任务是逐步减少高耗能行业的碳排放总量。从发展趋势看,实现碳达峰后,我国高耗能行业能源消费和碳排放仍占据重要地位,要保障 2060 年前实现碳中和目标,必须继续推动高耗能行业大规模降低碳排放总量。

(一)碳达峰阶段:优化高耗能行业产能规模

随着我国基本实现工业化,人们对钢铁、水泥、电解铝、油品、化肥等高耗能产品的需求已经跨过"排浪式"大规模消费阶段,消费需求增长速度开始降低,一部分高耗能产品消费已经达到峰值,另一部分产品开始接近峰值,消费结构变化导致传统规模扩张发展模式已不适应我国高耗能行业发展,实施产能产品管理,通过技术迭代推动能源转型、数字化转型、再生资源循环利用、节能等是碳达峰阶段高耗能行业发展的核心任务。

(二)碳中和阶段:从产能管理跨向绿色革命

高耗能行业在碳中和阶段实现大规模降碳有三条技术路线:一是通过提高可再生能源使用比例推动能源转型;二是通过优化原材料结构实现工艺革新;三是通过智能化技术赋能减污降碳,实现数据要素对能源和物质要素的替代。当前看,任何技术都无法单独实现大规模降碳,需要通过能源、原料和数据革命,形成全新的、绿色的基础工业技术体系,这是碳中和阶段对高耗能行业发展的较高要求,也是产业结构转型升级不可回避的问题。

(三)分区域推进:"绿水青山"向"金山银山"转化

资源、港口区位、市场、历史等差异决定了高耗能行业分布不均衡,碳达峰、碳中和目标对高耗能行业的发展要求将改变区域经济比较优势,导致传统化石能源富集地区的比较优势减弱,新能源富集地区的比较优势增强,应分区域统筹降碳和区域发展的关系,通过产业转移改善发展不平衡,降低因产业布局而导致的不必要的能源消耗和碳排放增加。

第三节 逐步壮大传统制造业绿色产品供给

传统制造业包括食品、医药、纺织服装、家居日用等领域，是国民经济和社会发展的基础性、民生性和支柱性产业，承担着保障居民消费、提高生活质量、吸纳社会就业、促进经济增长的重要任务。传统制造业相比高耗能行业，其能源消费和碳排放小，是绿色产品的主要供给部门，同千家万户的绿色消费紧密联系，是绿色生活方式形成的重要基础。

当前，受发展阶段制约，我国传统制造业正处于劳动力优势逐渐流失、科技创新动力尚未全面成熟的关键时期，以绿色发展为抓手，大力推进传统制造业转型升级，实施产品质量升级和绿色品牌提升战略，建立现代化绿色产品体系，可以为推广绿色消费和培育绿色低碳生活方式夯实物质基础，是传统制造业进入第二增长曲线的重要突围之路。

一、传统制造业的贡献与作用

（一）过去：传统制造业是发展之基和富民之源

改革开放以来，传统制造业始终发挥着"冲锋"和"基石"的作用，是拉动经济高速增长的主要动力。改革开放初期，以农副产品为原料的初加工产业拉动了经济增长，以乡镇企业[①]为代表，农村工业率先得到发展，围绕

[①] 乡镇企业是中国特有的现象，为经济发展做出了重要贡献。以浙江为例，乡镇企业吸收了农村劳动力的近40%，农民收入50%来自乡镇企业，占地方财政收入的60%，村级经济来源的75%，占全省工业增加值的88%。多数研究者认为，乡镇企业之所以能够在国民经济中占有重要位置，与我国经济所有制的特殊性密不可分。最初，新诞生的小企业主要在农村地区，主要以联产承包责任制后的农村集体经济组织或农民投资为主，其中有一部分企业甚至是由农村合作社时期的社队企业转化而来。乡镇企业是中国经济最先行的一批十分宝贵的种子，也是中国最早企业家精神的出现，随着改革开放的深入发展和现代企业制度的逐步完善，乡镇企业先后经历集体、个体、私营、合作经营、股份合作和股份制等集体及非集体的所有制改革，经历了中国波澜壮阔的改革大潮，最终发展壮大为当前众多驰骋国际市场的跨国公司。

食品、纺织、服装、皮革等行业形成第一个发展高峰，为我国经济腾飞提供了初始积累资金，为现代企业的建立播下了种子，为构建社会主义市场机制做出了探索。

中国加入 WTO 后，广阔的国际市场为我国创造了发展机遇，广东、浙江、福建等沿海地区依靠传统制造业率先成为出口导向型外贸大省，劳动资源丰富的优势得到充分发挥，人口向城镇集中带动房地产和基础设施大规模建设，拉动电力、钢铁、水泥等产业快速增长，为经济腾飞打下了重要基础。

2008 年国际金融危机后，全球环境发生变化，在美国"脱钩断链""小院高墙"等一系列政策打压下，我国传统制造业直面风雨，砥砺前行，依然支撑经济保持稳定增长。

回顾改革开放的历史，传统制造业以庞大的规模，完整的体系和占制造业 80%以上的比重塑造了我国产业结构的整体形态，积淀了我国工业化进程的厚实底子，可以说从一穷二白发展成为全球第一制造大国离不开传统制造业的勃发。1978—2020 年的经济社会发展在很大程度上得益于我国传统制造业的成长，一言以蔽之，传统制造业是我国经济社会发展的发展之基和富民之源。

（二）现在：传统制造业是竞争优势的主要来源

我国经济之所以能够位居世界第二的位置，依赖于改革开放以来围绕传统制造业形成的四大竞争优势：一是制造业规模优势。2022 年，我国制造业增加值占全球比重近 30%，制造业规模连续 13 年居世界首位。庞大的制造业规模同丰富的劳动力资源、超大规模的单一市场、广阔的空间地域等要素一起构成我国传统制造业的规模优势。二是完整体系优势。在世界 500 种主要工业品中，我国有超过四成产品的产量位居世界第一位；按照国民经济统计分类，我国制造业有 31 个大类、179 个中类、609 个小类，是全球产业门类最齐全、产业体系最完整的制造业，完整的产业体系大幅提升了我国制造业的零部件配套能力和产品竞争力。三是基础设施完善。交通、能源、水利和新型基础设施不断完善，有力地支撑了我国的产业发展。到 2021 年年底，我国综合交通网总里程突破 600 万千米，220 千伏及以上输电线路达到 79.4 万千米，光缆线路总长度达到 5481 万千米，水库总库容达到 9035 亿立方米，高速铁路对百万人口以上城市覆盖率超过 95%，高速公路对 20 万以上人口城市覆盖率超过 98%，民用运输机场覆盖 92%左右的地级市，4G、5G 用户普及率达到 87%左右。四是全面对外开放优势。对外开放加速推进了我国产业与全球产业链供应链的融合发展，有利于充分发挥"两种资源、两个市场"优势。

（三）未来：实现第二个百年奋斗目标离不开传统制造业

未来，传统制造业仍是我国经济社会发展的基础，是国富民强的源泉，是国家实现第二个百年奋斗目标的支撑。传统制造业提供衣食住行等刚需产品，传统产品市场庞大而稳定，无论发达国家还是发展中国家，对传统产品的日常需求不可替代、不能缺少。一方面，我国人均收入水平相比发达国家仍然差距较大，在未来相当长时间内，满足人民日益增长的美好生活需要，离不开传统制造业的充分发展。另一方面，当前国际政治经济形势复杂，全球产业链供应链格局正在调整，美国通过发动贸易战和推行"在岸外包""近岸外包""友岸外包"政策，引导传统制造业向印度、越南、墨西哥等国家转移，以达到保障自身供应链安全的同时，削弱我国传统制造业优势。对此我国应严肃对待，高度重视传统制造业在产业结构转型升级中的基础性地位和重要作用。

二、传统制造业的问题与原因

一是创新能力相比发达国家弱，目前我国传统制造业产品以中低端为主，服饰、食品、医药、日用品等行业利润丰厚的高端市场仍然被外国制造商垄断。二是单位产品利润低，由于缺乏核心技术，产品的附加值不高，同质化现象严重，大多数制造企业靠价格战赢得订单，不利于传统制造业持续升级。三是总体劳动生产率低，这同我国的要素禀赋有关，丰富的劳动力资源和较低的劳动力成本，导致我国传统制造业生产倾向于以劳动密集型为主。四是行业企业平均规模小，虽然工业增加值位居世界第一，但我国制造业主要依靠大量企业取胜，从单个企业看，大部分制造企业规模小，与世界一流制造企业的差距仍然非常显著。五是绿色化水平低，以传统制造业生产工艺中常用电机为例，目前发达国家高效电机的效率已经达到91%以上，与之相比，我国高效节能电机的普及率尚存在较大差距。根据《电机能效提升计划（2021—2023年）》的目标，到2023年，我国高效节能电机年产量达到1.7亿千瓦，在役高效节能电机占比达到20%以上，实现年节电量490亿千瓦时，相当于年节约标准煤1500万吨，减排二氧化碳2800万吨。

三、主要传统制造业能源消费和碳排放

（一）食品健康

食品健康包括食品、医药、医疗器械等维护生命健康相关产品的加工制造。从能源消费和碳排放看，食品加工制造的能源消费和碳排放量较大，食品从原料生产、加工、仓储、物流、销售到消费，全生命周期产生的温室气体占全国20%左右。其中农业食品生产过程、畜禽养殖和水产养殖造成的温室气体排放占50%左右，粮食作物种植造成的碳排放占30%左右，而食品加工到消费者环节占20%左右。食品的全生命周期排放中有三分之一来自食物损耗和食物浪费，粮食收获之后的不当存储造成的损失为8%左右，肉品水产同样是8%左右，而水果是20%左右。根据农业农村部食物与营养发展研究所的研究，每年我国蔬菜、水果、水产品、粮食、肉类、奶类、蛋类七大类食物按重量加权平均损耗和浪费率合计22.7%，约4.6亿吨，其中生产流通环节食物损耗3亿吨。据统计，粮食损耗每降低1个百分点，相当于多养活1700万人。无论从食品加工的整个周期看，还是从减损角度分析，我国食品生产过程中的资源利用率偏低、产业结构不合理等问题未能显著改

善，总体来看食品工业降碳潜力巨大。

（二）纺织服装

2020 年，我国纺织纤维加工总量达 5800 万吨，占世界纤维加工总量的 50% 以上，化纤产量占世界总产量比重的 70% 以上，2021 年纺织品服装出口额是 3156.9 亿美元，占世界的三分之一以上。从能源消费和碳排放看，2019 年我国纺织产业能源消费总量 1.07 亿吨标准煤，占全国能源消费总量的 2.2%、工业能源消费总量的 3.2%、制造业能源消费总量的 4.0%。

根据印度工商联合会 FICCI 对全球纺织和服装行业生命周期评价分析，从纺织服装全生命周期看，纺织服装行业碳排放最大的是印染和精加工环节，高达总碳排放量的 36%，这是由于湿加工阶段需要加热大量的水；使用环节的碳排放量仅次于印染和精加工环节，占总排放量的 24%，这是由于洗涤和烘干衣物所用的电量较大，但同时也取决于当地的气候温度、消费者的收入水平和消费者行为，这些因素将影响洗涤温度、洗涤频率，以及衣服是用机器烘干还是在晾衣绳上烘干，进而影响洗涤过程的耗电量和碳排放。纤维、纱线和布料生产环节的碳排放量分别占总排放量的 12%、12% 和 10%，这一环节的碳排放主要来自合成纤维的生产和加工，合成纤维由化石燃料（主要是原油）生产而成，其占全球服装所用纤维总量的 70%（其中 64% 为涤纶，6% 为人造丝）。最后，裁剪成衣和分销售卖环节的碳排放分别占 5% 和 1%，服装是一种相对较轻的产品，通过散货船运输的能耗相对较小。

四、"双碳"目标下传统制造业转型升级方向

一是巩固综合竞争优势。随着人口红利消退，工资水平、土地价格持续上涨，我国制造业传统低价优势正被削弱，已经出现向低成本国家转移的现象。但传统制造业优势不仅取决于要素价格，良好的基础设施、细致的产业分工、完善的产业配套、高素质的劳动力也非常重要。我国传统制造业应在

尽可能保持价格优势的同时，形成更综合的、体现中高技术的优势。

二是提高技术创新水平，随着研发投入持续增长，我国传统制造业创新能力不断攀升，正在由过去的跟跑向并跑和领跑转变。传统制造业发展要充分利用新科技革命和产业变革机遇，进一步提高科技创新水平。

三是扩大城乡绿色消费。随着城乡居民收入水平不断提高，基础设施日益完善，在新型城镇化和乡村振兴战略的实施下，我国城乡居民消费水平不断升级，这为扩大绿色消费不断地创造了条件。

四是提高绿色产品供给能力，推行绿色消费离不开传统制造业对绿色产品的供给保障，传统制造业应从三方面提高绿色产品供给能力，首先，把数字化与绿色消费供给相结合，推动绿色增品种。其次，以加强消费品质量全过程管理为抓手提升资源利用效率，助力绿色提品质。最后，借助电商平台等数字化转型打造新型绿色精品，开展绿色创品牌。

五是提高国际竞争力。当前我国国际贸易形势受到中美贸易竞争影响，正在发生重大变化。我国应根据中美竞争和地缘政治经济形势变化，及时调整"引进来"和"走出去"的策略，通过在全球产业的灵活布局，积极打造全球价值链，充分发挥"两种资源、两个市场"的优势，逐步构建"双碳"目标下全球贸易投资新格局。

CHAPTER

5

第五章

空间区域：转化绿色资源优势
为发展优势

我国地域广袤、空间辽阔，不同地区资源禀赋各异，发展水平也不尽一致。"双碳"目标改变了传统能源资源禀赋结构和区域发展优劣格局，为推动区域协调发展和实现"人尽其才、物尽其用"创造了新契机。推动绿色能源资源优势转化为绿色发展优势，因地制宜、优势互补地探索各地实现"绿水青山"向"金山银山"转化途径，成为"双碳"目标下在空间区域维度产业结构转型升级的重要内容。要在鼓励和支持各地区结合自身条件、"各美其美"的基础上，统筹协调、取长补短，从而充分发挥各地比较优势、实现"美美与共"。

第一节　新能源改变区域能源禀赋结构与比较优势

"双碳"目标下，常规能源消费受限，新能源成为地区产业发展的优势资源。国家鼓励地方大力发展新能源产业，特别是在国家能耗双控向碳排放双控转换的大背景下，把稳工作节奏，统筹好发展和减排关系，实事求是、量力而行，科学调整优化政策举措。可再生能源开发不计入碳排放双控，有助于推动中西部等绿色能源强省高质量发展。

一、我国区域能源资源分布不平衡

区域能源资源分布不平衡是我国的基本国情，"北煤南运""西气东输""南水北调""东数西算"等众多大型工程的实施充分说明了我国区域能源资源分布不平衡，能源资源禀赋是影响区域产业结构的重要因素[1]。

（一）我国传统化石能源资源的分布不平衡

1. 西北地区的煤炭资源相对丰裕

我国煤炭产能总体空间分布不均衡，空间集聚格局变化明显。李跃[2]等人全方位多层次分析了煤炭产能空间集聚对区域产业转型升级的影响，通过

---

① 何雄浪.自然资源禀赋与区域发展："资源福音"还是"资源诅咒"？[J].西南民族大学学报（人文社科版），2016(2):120-125.

② 李跃，王艺臻，孙瑞琦，等.煤炭产能空间集聚有利于区域产业转型升级吗?——基于中国30个省份的实证研究[J].资源开发与市场，2022(7): 784-791.

研究分析得知：我国煤炭产能总体空间分布不均衡，空间集聚格局变化明显。煤炭产能空间分布逐渐西移，集中分布于我国西北部地区。煤炭产能空间集聚在我国产业转型升级过程中发挥了显著的推动作用，煤炭产能空间集聚对我国产业结构合理化、高级化和低碳化均具有促进作用。

煤炭产能空间集聚对产业结构转型升级也存在显著的区域异质性，不同地区的显著性程度不同。一方面，煤炭产能空间集聚对中集聚区产业结构合理化具有抑制作用，对高集聚区和低集聚区具有促进作用；另一方面，煤炭产能空间集聚对高集聚区产业转型升级影响效应最大，对低集聚区影响效应最小。技术创新水平对煤炭产能空间集聚的产业转型效应具有显著调节作用，且存在区域异质性。

西北地区的煤炭资源储量比较丰裕。根据各省统计局数据可知：2016 年，全国煤炭储量约 2492.3 亿吨，如图 5-1 所示，山西省、内蒙古自治区、陕西省、新疆维吾尔自治区、贵州省的煤炭储量较多，占全国煤炭储量的 74.72%。其中，山西省的煤炭储量占全国的 36.76%，内蒙古自治区占比为 20.47%，陕西省占比为 6.54%，新疆维吾尔自治区占比为 6.51%，贵州省占比为 4.45%。

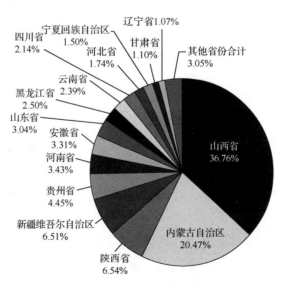

图 5-1　2016 年我国煤炭储量分布

数据来源：国家统计局，赛迪智库整理

2. 石油资源主要以进口为主

目前我国的原油探明储量世界排名是第 14 位,跟排名靠前的委内瑞拉、沙特阿拉伯、加拿大等国无法相提并论,但从全球范围来看,我国的石油储备量还是相对较多的。除传统的石油之外,我国的页岩油储量是比较丰富的。而且已探明的石油储量并非我国最终的石油储备量,因为随着我国勘探工作的不断推进以及勘探技术的不断发展,我国每年探明的石油储量都在不断增长。从图 5-2 可以看出:2016 年,我国石油储量约为 35 亿吨。主要分布在北方地区,以甘肃省、陕西省、黑龙江省、河北省和新疆维吾尔自治区为主,占比约 57%。

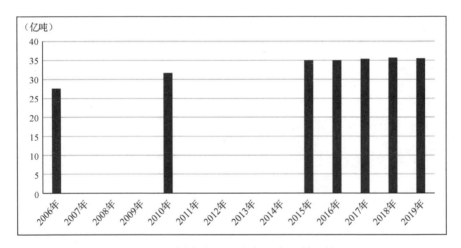

图 5-2　近年来我国石油查明资源储量情况

数据来源:国家统计局,赛迪智库整理

我国是世界上原油进口量最多的国家。从 2017 年开始,我国就超过美国成为最大的原油进口国。从美国能源信息管理局网站发布的数据可以看出:2019 年,我国 55%的原油进口来自石油输出国组织(OPEC)内的国家,这是自 2005 年以来最小的份额。2019 年,从沙特阿拉伯的原油进口量达到 170 万桶/天,占比为 16%;从俄罗斯原油进口量为 160 万桶/天,占比为 15%;从巴西的原油进口量为 80 万桶/天。OPEC 成员国和其他伙伴国家从 2017 年起在自愿降低原油产量,而我国从 OPEC 成员国的进口份额仍不断增加。此外,在 2019 年，伊朗和委内瑞拉受美国制裁的影响，出口石油的能力下降。2021
年，我国原油进口量为 5.13 亿吨，原油进口的对外依存度为 72%（见图 5-3）。

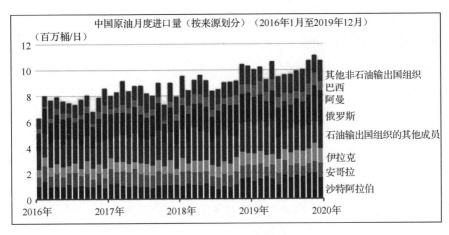

图 5-3　中国原油进口统计

数据来源：中华人民共和国海关总署，彭博资讯公司，美国能源信息管理局网站

3. 西部地区天然气资源相对充裕

我国天然气储量全球占比非常少。全球天然气储量主要集中在中东、欧
洲及欧亚大陆地区。根据《世界能源统计年鉴 2022》的相关数据，全球天
然气已探明储量为 188.10 万亿立方米，我国天然气累计探明储量为 8.40 万
亿立方米，约占全球储量的 4.50%，排名全球第六。随着国内上游油气增储
上产改革措施的推进，国内天然气产量持续提升；根据国家统计局及国家能
源局发布的数据，2021 年我国天然气产量为 2075.80 亿立方米，同比增长
7.80%，其中四川、新疆和陕西为主要天然气生产地。

我国天然气分布特点为中西部多、东部少。天然气主要分布在四川省、
陕西省、新疆维吾尔自治区、内蒙古自治区和重庆市，占比约 82%，页岩气
主要分布在陕西省和重庆市，占比约 98%。

（二）我国风光水等新能源资源分布不均衡

我国西部地区新能源资源富集。新疆维吾尔自治区、内蒙古自治区、青

海省、甘肃省、宁夏回族自治区、陕西省等地区，地域面积广阔，沙漠、戈壁、荒漠分布多，太阳能和风能资源丰富，技术可开发量在全国占比达 60%以上。西部地区的水资源丰富，水能蕴藏量的全国占比约 82%；天然气的可开采储量全国占比约 66%；太阳能理论储量全国占比约 75%，风能理论储量全国占比约 50%[①]。我国在"十四五"规划纲要中规划布局了 9 个大型清洁能源基地，其中 7 个基地在西部。

全国的风光电资源开发量潜力巨大。目前，风光资源的可开发量仍然还是一个没有完全解决的问题。根据不同统计结果，目前全国风能资源数量存在从几亿千瓦到 14 亿千瓦、25 亿千瓦、30 亿千瓦等不同数据。对风电可开发量，既有"开发量不存在天花板"的最乐观估计，也面临实际选址中"好的资源项目已经不多了"的困惑[②]。

1. 西南地区水力资源充裕

我国水力资源丰富，总蕴藏量达 6.8 亿千瓦。其中能够开发的为 3.8 亿千瓦，居世界首位。但是我国河流分布不均，水力分布地域不平衡，其中72%集中在西南地区，重点河流有金沙江、雅鲁藏布江、岷江、怒江、红河、澜沧江等，这些河流特点是坡度大，水流湍急，水位落差较大，因此水能丰富。例如，由于河流落差大，水量多，仅在我国境内的怒江水力资源就超过了黄河。另外，黄河、宜宾以下部分的长江、珠江、闽江以及东北水系的河流也蕴藏了丰富的水力资源。

目前，已开发的多数大型水利枢纽工程集中在我国东部地区，而水能资源相对集中的西部地区，受经济发展滞后的制约，明显落后于东部地区。虽然如云贵川、陕甘宁、青海、新疆、西藏等地区的水能资源全国占比约为60%，但是水电的开发率还不到 30%，而东部地区的水电开发率却高达 70%。当前全国水能资源平均开发率仅占 9.12%，全球排名第 83 位，水力发电开

---

① 胡振宇，李春梅. 统筹城市碳减排、能源安全与产业链安全[J]. 开放导报，2021, (5): 7-13.

② 于午铭，李钢. 新疆风光电资源工程可开发量研究的新方法、新思路、新成果[J]. 风能，2022(7): 54-62.

发程度远落后于印度、巴西、越南、泰国等国[①]。未来 20 年，我国水力规划都将以西南地区为主，开发建设大型水利工程，来提高该地区的水资源开发率，平衡国内电力结构。

2. 东南沿海地区风力资源充裕

我国风能分布比较丰富的地区，一是东南沿海地区及相关岛屿，为我国最大风能资源区；二是内蒙古自治区和甘肃省北部地区，为我国第二大风能资源区；三是黑龙江省和吉林省东部以及辽东半岛沿海地区，风能也较大；四是青藏高原、三北地区的北部和沿海，为风能较大区；五是云贵川，陕甘西南部，河南、湖南西部，福建和两广地区的山区，以及塔里木盆地地区，是我国最小风能区[②]。

从中国气象局发布的《2020 年中国风能太阳能资源年景公报》可以看出，70 米高度层的平均风速大于 6.0 米/秒的地区主要分布在东北地区西部和东北部、华北平原北部、内蒙古中东部、宁夏中南部的部分地区、陕西北部、甘肃西部、新疆东部和北部的部分地区、青藏高原大部、云贵高原中东部、广西、广东沿海以及福建沿海等地，其中，内蒙古中东部、新疆东部和北部的部分地区、甘肃西部、青藏高原大部等地年平均风速达到 7.0 米/秒，部分地区甚至达到 8.0 米/秒以上。山东北部和东部、华南大部、江浙沿海等地年平均风速也达到 5.0 米/秒，其他地区年平均风速不到 5.0 米/秒。

2020 年，我国的风力发电新增装机量为 7167 万千瓦。从图 5-4 可以看出，我国风电装机量排名前十的地区分别是内蒙古、新疆、河北、山西、山东、江苏、河南、宁夏、甘肃和辽宁。其中，内蒙古自治区风电新增装机量为 3786 万千瓦，占全国的一半以上。全国风力发电量达 4146 万千瓦时。内蒙古自治区、新疆维吾尔自治区、河北省、云南省、甘肃省、山西省、江苏省、山东省、宁夏回族自治区和辽宁省等风力发电量排名前十省、自治区、

① 黄俊龙. 水力发电现状和制约因素的思考[J]. 科技风，2021(23): 189-191.
② 神奇的科学奥秘编委会编著. 能源科学的奥秘[M]. 北京：中国社会出版社，2006.

直辖市的发电量占总风力发电量的 69.5%。

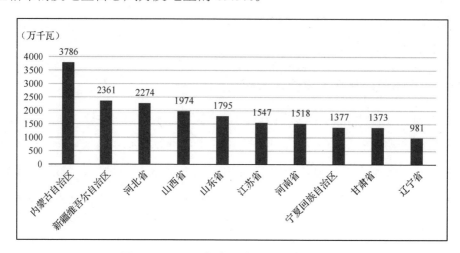

图 5-4　2020 年全国十大风电装机省份

数据来源：国家能源局、中电联，赛迪智库整理

如图 5-5 所示，从 2021 年各省、自治区、直辖市风力发电量的数据来看，东南沿海地区的风力尚未开发，甘肃省的风力发电利用率尚待提高。

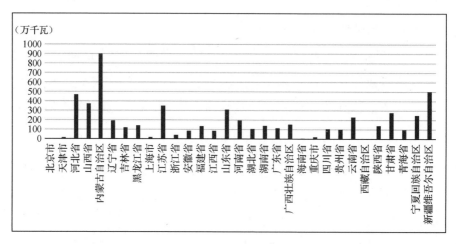

图 5-5　2021 年各省、自治区、直辖市风力发电情况

数据来源：国家统计局，赛迪智库整理

3. 西北地区太阳能资源相对更充裕

从中国气象局发布的《2020 年中国风能太阳能资源年景公报》来看，太阳能资源最丰富的地区是甘肃省西南部、内蒙古自治区西部、青海省西部、西藏自治区中西部以及四川省西部等地，年水平面总辐照量超过 1750 千瓦时/平方米；新疆维吾尔自治区大部、内蒙古自治区大部、青海省中东部、甘肃省中部、宁夏回族自治区和陕西省北部、山西省中北部、西藏自治区东部、云南省、海南省西部等地年水平面总辐照量为 1400 千瓦时/平方米～1750 千瓦时/平方米，太阳能资源很丰富；西北地区东南部、内蒙古自治区东北部、黑龙江省和吉林省大部分地区、山西省南部、河北省中南部、北京市、天津市、黄淮、江淮、江汉、江南及华南大部分地区年水平面总辐照量为 1050 千瓦时/平方米～1400 千瓦时/平方米，太阳能资源丰富；四川省东部、重庆市、贵州省中北部、湖南省中西部及湖北省西南部地区年水平面总辐照量不足 1050 千瓦时/平方米，为太阳能资源一般区。

2020 年，我国光伏市场累计装机量为 253 吉瓦，新增装机量为 48.2 吉瓦；光伏发电量为 2605 千瓦时，同比增长 16.2%，占我国总发电量比重的 3.5%。如图 5-6 所示，从 2021 年我国太阳能发电量的情况来看，青海省、新疆维吾尔自治区、宁夏回族自治区、内蒙古自治区、甘肃省等地区的太阳能利用率较高，而太阳能资源相对比较丰富的西藏自治区和四川省等地区的太阳能利用率不足，可利用的空间仍然较大。

4. 核能布局多以沿海为主

核能是一种能量巨大且密集的能源。核电站建设的特点是地区适应性强，特别是在煤、石油、天然气等传统能源缺少和水能资源不足的地区是一种替代能源的选择。此外，核电站的建设具有投资大，建设周期长的特点，而且对技术人员和密封设备的要求非常高，并且要做好核废料的安全处理。核电站建成投产后，运转费用低，收益大。我国核电站布局考虑的因素主要有：场所安全需求（地质结构稳定等），水资源丰富（用于冷却）。

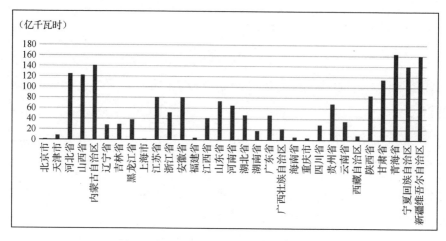

图 5-6　2021 年我国太阳能发电情况

数据来源：国家统计局，赛迪智库整理

目前，我国核电装机主要分布在沿海地带。如图 5-7 所示，截至 2020 年，广东省、浙江省和福建省的核电装机量排名前三。如图 5-8 所示，从 2021 年我国核电的发电量情况来看，广东省的核电发电量领先其他核电省份。

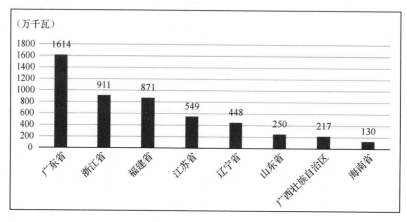

图 5-7　2020 年我国八大核电装机省份

数据来源：国家能源局、中电联，赛迪智库整理

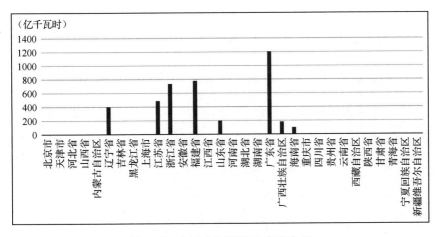

图 5-8　2021 年我国核电发电量

数据来源：国家统计局，赛迪智库整理

（三）能源生产与消费存在长期不平衡现象

如表 5-1 所示，根据统计局相关数据可知，2021 年，华东地区发电量约占全国总电量的 29%，用电量则达到 35%；中南地区发电量约占全国总电量的 20%，用电量则达到 23%。这两个地区分别存在 6 个百分点和 3 个百分点的用电缺口。此外，西北地区发电量约占全国总电量的 15%，用电量仅 11%；西南地区发电量约占全国总电量的 14%，用电量仅 10%。这两个地区的发电结余量均运送至缺电地区。

表 5-1　不同地区发电量和用电量情况对比

地区	华北地区	东北地区	华东地区	中南地区	西南地区	西北地区
发电量/亿千瓦时	14831.81	4483.86	25002.23	16852.7	11773.16	12398.72
用电量/亿千瓦时	13074	4508	29163	18782	8598	9004
发电量全国占比	17%	5%	29%	20%	14%	15%
用电量全国占比	16%	5%	35%	23%	10%	11%

数据来源：国家统计局，赛迪智库整理

目前火电仍然是我国主要的发电来源，水电居第二位，缺电地区主要还是依靠火电、水电的"西电东送"。

（四）能源资源不均衡影响产业结构布局

1. 传统工业布局依赖交通和资源禀赋

中华人民共和国成立 70 多年来，国家对产业布局进行了大量实践。从"沿海内地"到"三线建设"、从"两个大局"到"四大板块"、从"经济特区"到"全面开发开放"、从"各级政府的发展规划"到"战略性区域规划"，以及现在提出的"推动制造业有序转移"等，特别是"十一五"规划以来的产业布局，在国民经济中的重要性越来越突出[①]。

我国传统工业布局的特点，一是主要分布在沿海区域。受近代帝国主义入侵影响，民族资本聚集，东部沿海地区，是近代工业最早兴起的地方；东北地区则是以矿山、军火为主体的重工业。我国东部沿海，工业中心密集，集中了主要的工业基地；中部地区，工业中心较多；西部地区，工业中心较少，分布稀疏。我国四大工业基地主要分布在东部沿海地区，其中重工业基地以辽中南工业基地最为著名；全国最大的综合性工业基地是沪宁杭工业基地；北方最大的综合性工业基地是京津唐工业基地；以轻工业为主的综合性工业基地是珠江三角洲工业基地[②]。

二是沿交通线路分布。我国主要的工业基地大多分布在京广线、京沪线、哈大线等铁路沿线；黄河流域地区是我国能源开发的重要工业地带；在长江沿线也形成了以重庆、武汉、上海、南京等城市为中心的沿江经济发达地带；沿海地区形成了长三角、辽中南、京津唐、珠三角等工业最发达的经济核心区。

三是向资源聚集地靠拢。钢铁布局向煤炭和铁矿产地趋近，如鞍山。大型海运船的出现，以及铁路和水路运输线路网的发达，大大降低了煤炭和钢

[①] 国内系统研究产业布局的著作集中在 20 世纪 80 年代，之后不断减少。代表性著作：刘再兴等《生产布局学原理》，中国人民大学出版社，1984。陈栋生《中国产业布局研究》，经济科学出版社，1988。孙久文《21 世纪中国生产力总体布局研究》，中国人民大学出版，2014。

[②] 刘荣增著. 城市与区域发展机理[M]. 北京：人民出版社，2017.

铁的运输成本。钢铁工业布局开始向海港迁移，如上海、河北。老工业区钢铁工业中心（如辽宁的鞍钢）则因为靠近能源和原料产地，具备原燃料运输方便的优势而发展起来的。新的钢铁中心（如上海的宝钢）分布在沿海地区，得益于便捷经济的海上运输，可以低成本从海外输入优质铁矿石和燃料，产出高质量钢铁。

2. 先进制造业正在突破传统的资源和交通设施的路径依赖

先进制造业集群是产业分工深化和集聚发展的高级形式，拥有一批有国际竞争力的先进制造业集群，是制造强国的重要标志。

2019 年开始，工信部实施先进制造业集群发展专项行动，通过集群竞赛的方式，围绕新一代信息技术、高端装备、新材料等重点领域，在全国范围内遴选出 45 个具有较强竞争力和影响力的先进制造业集群。从 45 个先进制造业集群分布可以看出：沿海的地域优势仍占主导作用，江、浙、沪、广、深的先进制造业集群数量仍占大多数。

2009 年开始，工业和信息化部组织了 10 批"国家新型工业化产业示范基地"创建工作。截至目前，共创建示范基地 445 家。在区域分布上，示范基地整体呈现东部领先、中西部并驾齐驱、东北部追赶的态势。445 家示范基地中，东部地区共 193 家，占比 43.4%，其中，江苏、山东两省并列榜首，基地数量均为 30 家，传统工业大省示范基地建设成效显著。西部地区共 122 家示范基地，占比 27.4%，其中川渝示范基地数量合计 42 家，占西部基地总数三成以上，而四川省示范基地数量达到 26 家，与浙江省示范基地并列第三，是西部唯一示范基地数量跻身前十的省份，遥遥领先于其他西部地区。中部地区共 91 家示范基地，占比 20.4%，相较其他区域各省示范基地数量差距最小，建设进程相对均衡，湖南、湖北暂居前位；东北地区共 39 家示范基地，占比 8.8%，辽宁示范基地数量达 20 家。整体来看，东部优势依旧明显，但是也不要忽视中西部的崛起，特别是四川省基地建设实力不容小觑。

二、"双碳"目标下区域能源资源禀赋和比较优势变化

（一）可再生能源为区域能源资源禀赋注入新活力

我国能源资源禀赋一直以来用"富煤贫油少气"进行描述，但这忽略了我国丰富的可再生能源资源。"双碳"目标的提出改变了这一状况。

第一，煤炭没有想象的那样富裕。截至 2020 年年底，我国煤炭科学产能可供开发资源量约为 3258 亿吨，其中在产煤矿可供开发资源量约为 1710 亿吨。因此，在仅考虑煤矿现有可供开发资源量和现有的技术和回采率水平的情况下，按照每年 40 亿吨左右产量计算，我国煤炭产能大概还能支撑 40 年。可以看出，所谓"富煤"只是现阶段针对国内油气资源的一个相对概念。从全球范围看，我国人均煤炭资源占有量不多，仅是世界平均水平的一半，并不是一个煤炭富余的国家[①]。

第二，可再生能源发展潜力巨大。目前，我国的水电、风电、光伏发电、生物质发电装机规模均占全球第一，其中风电、光伏发电装机容量均已超 3 亿千瓦。但是，目前的资源开发量仅占技术可开发资源量的十分之一，未来潜力巨大。2021 年，全球风电和光伏发电的发电量首次超过总发电量的 10%，达到了 10.2%；我国风电和光伏发电的发电量占全社会用电量的比重已达 11.7%。可再生能源资源是我国能源结构的重要组成部分，也是我国可以自己掌控的，不会受到国际地缘政治影响，这对于提高我国能源体系的独立性和安全性具有重要作用。

第三，油气仍是影响能源安全的主要因素。目前我国石油的年产能为 2 亿吨左右，天然气的年产能为 2000 亿立方米左右。尽管我国的石油公司在努力加大勘探力度、提升增储上产能力，但数量级并没有变化。来自自然资源部的数据显示，截至 2021 年年底，我国石油、天然气剩余探明技术可采

---

① 谢和平院士的《碳中和目标下煤炭科学产能资源量及支撑能力分析》报告

储量分别为 36.89 亿吨、63392.67 亿立方米，这意味着二者的储采比分别仅为 18 年、30 年左右。未来随着探测技术进步和开采技术水平提高，相关数据也可能会发生变化。

未来，非化石能源将成为主力能源，必须不断发展可再生能源与核能，才能支撑经济社会的可持续发展。目前，我国工业出现由东向西的迁移趋势，特别是高排放的传统化工、能源、钢铁、有色产业。并且中西部地区和东北地区出于经济发展的考量，有意愿承接此类产业转移，且纷纷成立了承接东部产业转移的服务机构和工业园区。但是转移过程中也不可能忽视能源资源富集的西部地区也是生态环境脆弱的地区，如果产业结构长期偏向基础工业和高碳产业，就存在较大的能耗"双控"压力。

（二）能源禀赋变化导致产业比较优势重新调整

能源是"双碳"目标下影响产业分布的核心要素。能源一直都被视为是长期经济增长必需的生产要素，是决定产业选址的重要影响因素。在工业企业中，能源是劳动和资本之外最重要的生产要素。而且，地区间能源禀赋上的差异要远大于其在资本和劳动要素上的差异。相关研究显示[1]：不同类型的能源禀赋对产业分布的影响差异较大，其中煤炭、风电和天然气的影响相对较高，这主要是由能源的运输便利性所决定的。

新能源产业技术进步为地区能源禀赋变化带来新机会。随着科技进步，新能源技术水平不断提升，特别是太阳能和风能领域，新技术不断涌现，产业规模不断壮大，产品市场也不断扩大。除太阳能和风能以外，新能源的其他领域也在不断发展壮大，例如水能、生物质能等。未来，太阳辐照强度大、风资源丰富以及其他新能源资源丰富的地区的能源禀赋将产生极大的变化，化石能源匮乏导致地区经济发展落后的情形将面临改观。

---

① 邓健,张玉新. 结构性调整视域下高能耗产业的跨地区转移——基于新能源禀赋与高能耗产业集聚的分析[J]. 内蒙古社会科学（汉文版）, 2016(05): 111-117.

能源禀赋变化成为地区产业调整的重要考虑因素。"双碳"目标下，中国能源消耗及发达地区节能减排的环保压力的逐年增加，使是否具备持续的能源供给成为工厂建设时优先考虑的因素。因此，不同区域的能源禀赋将成为影响我国制造业区域分布的重要因素。急需打破"富煤缺油少气"的能源资源禀赋认知，重视可再生能源作为我国能源禀赋的重要组成部分。我国的太阳能、水能、风能、地热能、生物质能等可再生能源资源丰富，重视新能源开发和利用，加强新能源布局和规划的区域，将在未来产业布局中占据比较优势。

三、"双碳"目标下调整优化产业布局意义重大

"双碳"背景下，对东部地区而言，传统产业发展受限，通过传统产业外迁可以释放土地等要素空间，为引进培育高技术制造业提供支撑，通过"腾笼换鸟"实现转型升级。对中西部和东北地区来说，积极承接产业转移，能够充分发挥低成本劳动力和充沛能源资源等优势，助推经济增长。东中西部地区协同互动，有望形成发展的乘数效应。

"双碳"目标改变区域能源禀赋结构和比较优势，及时推动"双碳"目标下产业布局优化调整意义重大。一是可以拓展制造业发展新空间。长期以来，我国区域发展不平衡不协调的矛盾凸显，地形、人口和重工业布局等产业发展的战略纵深优势尚未充分发挥。对产业进行重新布局和优化调整，不仅能带动基础薄弱地区的后发发展，也可以拓展经济发达地区本地的优势产业继续壮大。二是增强产业链供应链韧性。当前全球产业链供应链重构不断加速，我国自身的产业体系完整度和产业链的安全稳定都面临着较大挑战，推动产业空间结构优化，就是要激发各地产业优势，保障产业链安全稳定。三是更好促进区域协调发展。近年来，我国区域间仍存在产业同质、资源利用低效等问题，东中西部地区人均 GDP 差距较大，公共服务发展不均衡。充分开发新能源，提升地区新能源禀赋，合理安排高载能产业布局，有利于引导各地区发挥比较优势，促进协调发展。

第二节 分区域推动绿色资源优势转化为发展优势

根据能源、资源、产业差异，可将我国现有产业布局分为东部地区、中部地区、重工业区、新能源区、特色地区五个主要区域，不同区域产业结构转型升级的重点和方向不同。

一、东部地区：引领全国新质生产力发展

东部地区是指我国沿海经济相对发达的地区。该区域具备得天独厚的区位优势，为交通和贸易带来便利，培育了先进的制造业生产能力，在不同的政策和资源环境背景下，形成了多样化的产业分布，在产业绿色转型过程中具备引领作用。

（一）发挥东部沿海地区制造业绿色转型的引领作用

1. 东部沿海地区聚集了全国经济最发达省市

东部沿海地区主要是指京津冀、长三角、珠三角等具有区位优势的区域，包括北京、上海、江苏、浙江、天津、广东、山东、福建等省市。这些省市的共同特点是地理位置靠海、传统制造业占比较小（河北省除外）。未来发展先进制造业，不需要承接高耗能产业。京津冀地区是中国北方经济规模最大、最具活力的地区，是我国最重要的城市群之一[①]。长三角地区是我国经济的中心。珠三角地区是我国改革开放先行区，也是我国重要的对外开放窗口。粤港澳大湾区是继美国纽约湾区、美国旧金山湾区、日本东京湾区后的世界第四大湾区，也是"一带一路"海上丝绸之路的起点。

---

① 王朝,李伟峰,韩立建. 京津冀城市群能源协同发展背景下能源生产结构变化探究[J]. 生态学报,
　2019, 39(4): 1203-1211.

2. 得天独厚的区位优势是制造业发展的温床

便利的海上交通是该区域制造业发展最重要的基础设施。与陆路及航空相比,水路运输是成本最低的运输方式,并且水路运输的载运量是其他运输方式无法相比的。沿海地区拥有丰富的港口和交通资源,优越的海上交通便利条件,便于工业原料的运入和成品的输出,便于商品的进出口贸易和国内物流运输。

劳动力优势促进劳动密集型产业迅速发展。由于历史和地理原因,东部沿海地区的人口众多,具有较高的技术水平和教育水平,可以为企业提供更多的人才支持。截至 2022 年年底,根据各地统计年鉴中的常住人口数据,全国人口十强省市中有一半省份是沿海省市,其中广东省和山东省居第一和第二位。广东省以其强大的制造业和贸易业著称,其 GDP 总量位居全国第一,截至 2020 年已达到 11.2 万亿元。除此之外,江苏省、浙江省等沿海省份的 GDP 总量也均超过了 7 万亿元。

城市功能定位为产业发展指明方向。北京市和上海市是我国的政治中心和金融中心,制造业发展不是重点。而天津市、江苏省、浙江省、山东省、广东省都是我国先进制造业优势地区,上海市和浙江省拥有全国最大的综合性工业基地,广东省拥有以轻工业为主的综合性工业基地。

对外经济政策为产业布局指明了方向。制造业集中地区快速发展的重要原因是对外开放策略和地区外向型经济方式[①]。例如,依托传统产业崛起的长三角地区的制造业产业链条更完整,对外依赖程度较低。长三角地区自身有传统制造业的基础,承接国外产业转移,进行产业布局和体系构建。而珠三角地区则是以"空降"方式接受国外产业转移,与当地产业基础衔接不紧密[②]。因而,长三角制造业"多样性"突出,而珠三角制造业具备更高的专业化程度,但是具有较强的"单一性"(如过多集中于玩具、服装、轻工等

① 陈耀,曾铮,冯超. 我国东南沿海地区制造业差异与升级策略[J]. 开发研究,2009(5): 9-13.
② 魏巍. 新常态下偏向型技术进步对经济增长动力的非线性研究——基于长三角和珠三角的实证对比[J]. 北京交通大学学报(社会科学版),2019(3).

劳动密集型产业）[1]。

3. 制造业绿色转型是区位优势地区产业结构优化的重点

东部沿海地区工业基础设施齐全，交通便利，科技雄厚，汇聚了大量的先进制造业资源，新材料、信息技术、生物医药、装备制造等产业具备优势，制造产业链条较完整，并且部分地区装备制造、生物医药等产业的发展水平已全国领先；微型计算机、民用船舶、铁路机车等产业具备较强的国际竞争力[2]。但是，沿海地区资源环境问题越来越突出，能源转型的需求迫切，长三角地区能源消费结构中化石能源消费量（尤其是煤炭消费量）占比较大，并且能源需求体量庞大，依赖外部输入，能源保供面临巨大压力。珠三角地区能源消耗量大，化石能源主要依赖省内外调入和进口，原油主要来自南海油田、进口和外省调入，电力供应整体对外依存度高[3]。因此，京津冀地区的重点是推进能源、经济、环境三者的协同发展。长三角地区的重点是集成优化区域联动的能源系统。珠三角地区的重点是依托"一带一路"和粤港澳大湾区建设，构建清洁能源产储运基地[4]。

"双碳"背景下抓紧制造业绿色低碳转型是必要方向。一是加强产业结构调整，建立高端制造业产业链。随着"双碳"目标的提出，沿海地区加强制造业转型升级步伐加快，迫切需要建立高端制造业产业链。其中包括设备制造、工程咨询、设计服务、产业基础设施等一系列环节的升级与优化工作。目标是将沿海地区产业链集成度提高到世界领先水平，为沿海地区高质量发展打造新的壁垒。

二是推进创新驱动发展，建设自主知识产权体系。高端制造业的核心是自主知识产权，沿海地区需要大力支持企业进行自主研发，在核心领域形成

① 赵玲玲，高超平. 广东工业发展环境分析及对策建议[J]. 商场现代化，2010(14): 84-88.

② 李金华. 制造强国进程中我国制造业优势生产能力的空间布局[J]. 学术研究，2022(5): 73-81.

③ 吴伟杰，赵静波，钟式玉，等. 粤港澳大湾区之珠三角九市能源供需现状及发展趋势[J]. 节能，2020, 39(3): 156-158.

④ 高丹，孔庚，麻林巍，等. 我国区域能源现状及中长期发展战略重点研究[J]. 中国工程科学，2021, 23(1): 7-14.

自主知识产权标准。同时，沿海地区还应大力发展科技成果转化机构，为企业提供技术支持，建设完整的自然科学和技术体系。

三是构建资源节约型经济，推进低碳环保型发展。资源节约型经济和低碳环保型经济必将是未来的发展趋势，沿海地区应大力推进绿色发展，推行可持续发展原则，将生产和生活的各个方面与环境相协调。同时推进城市化进程，加强对工业环保和能源消耗的治理，不断提高沿海地区的环境品质。

四是推进人才培养和产业人才体系建设。对于沿海地区来说，人才是最宝贵的资源之一。因此，沿海地区需要大力支持高校科研院所对于产业的服务，建设产学研一体化的人才体系，不断提高沿海地区的人才质量。同时，加强对人才的吸引和引进，引入高端科技人才，打造更具活力的产业生态圈。

到 2035 年，将沿海地区的产业链集成向世界领先水平靠拢，促进沿海地区高质量发展。到 2050 年，沿海地区产业链集成度基本达到世界领先水平，促进沿海地区高质量发展。到 2060 年，沿海地区产业链集成度提高到世界领先水平，为沿海地区高质量发展打造新的壁垒。

（二）东部地区分省市优化产业布局的方向

1. 北京市重点发展高精尖产业

北京是中国的首都，要打造全国政治、文化、国际交往和科技创新中心。同时，北京汇集着丰富的科技、金融、文化、人才和国际要素资源，具备发展实力，有助于构建高精尖经济结构、推动京津冀产业协同发展。

制造业向高精尖升级是经济结构自然演进的过程。北京经济走向高精尖，是市场机制作用下经济结构自然演进的过程，是推动和实现北京经济更高质量发展的内在要求，也是首都城市更新发展的现实需要。北京本身是一个缺水、缺地、缺资源、环境容量有限的城市，传统产业过多导致资源和环境的矛盾越来越突出。在北京发展低附加值、低技术含量、高资源能源消耗的产业已经不可持续。因此，北京迫切需要加快产业结构的升级，为经济发展质量和效益提升夯实基础。

北京具备发展高精尖产业的比较优势。北京是全国科技创新中心，知识、技术、资本和人力等创新资源丰富，为高精尖产业发展提供了得天独厚的条件。北京市高端装备制造业具有广阔的海内外市场；北京丰富的教育和交通、信息资源等优势吸引国内外知名企业入驻；京津冀协同发展为北京市发展高端制造业提供了机遇，三地优势互补，协同发展[1][2]。

重点发展现代服务业和战略性新兴产业。一是加快落实非首都功能疏解。政府在规划、投资、产业布局等方面要不断建立和完善相应的引导机制，引导一般性制造业、区域性物流基地和区域性批发市场、部分教育、医疗机构和部分行政性、事业性服务机构有序迁出，实现资源有效配置。二是优化调整产业空间布局。政府要做好公共服务和政府投资，同时要给企业以更大的自主权，简政放权。积极发挥市场机制的决定性作用，加快现代服务业和战略性新兴产业等高精尖产业市场化集聚发展的进程。高端创新资源通过市场配置到相应的高精尖产业领域，企业在市场机制作用下实现空间集聚和布局。

2. 天津市发展高端装备先进制造业

天津的功能定位是"一基地三区"，即"全国先进制造研发基地、北方国际航运核心区、金融创新运营示范区、改革开放先行区"[3][4]。

天津是一个既有历史底蕴又有现代化气息的城市。这座城市有着将近6000年的悠久历史，有着许多精美的文化遗产和历史古迹。同时，也因为它位于中国北方的黄金地理位置，天津拥有丰富的自然资源和人力资源，这为天津经济、文化和科技发展奠定了坚实基础。

---

① 张晓平，孙磊. 北京市制造业空间格局演化及影响因子分析[J]. 地理学报，2012, 67(10): 1308-1316.
② 余吉安，唐皓滢，刘敬仁. 北京市发展高端装备制造业的竞争优势[J]. 管理观察，2020(24): 38-41.
③ 石森昌，王明浩. 城市国际化评价体系及天津国际化发展与对策研究[J]. 城市，2015(12): 34-37.
④ 中共中央、国务院. 京津冀协同发展规划纲要[R], 国家发展和改革委员会.

产业基础雄厚。自改革开放以来，天津经济飞速发展，拥有国际化的天津港，为中国与全球国际贸易往来提供了便捷和高效的物流支持。也是中国重要的金融、保险和物流中心之一，有着完善的金融体系和高效的货物配送网络。天津工业体系是以装备制造、汽车、石油化工、航空航天等优势产业为支撑的。

可再生能源资源丰富。天津地处中纬度欧亚大陆东岸，有盛行的季风，风力资源充沛。同时，天津的年日照时数为 2500～2900 小时，光照较为充足，属光伏能源丰富地带。气象数据分析显示，天津地区年均太阳能总辐照量约 5256 兆焦/平方米，具备较好的光伏发电开发条件。截至 2020 年年底，天津市的可再生能源电力装机量达到 282 万千瓦，比 2015 年同期增长 227.8 万千瓦。其中风能、太阳能、生物质、水力发电量分别为 84.5 万千瓦、163.6 万千瓦、33.4 万千瓦、0.5 万千瓦，换算成标准煤量为 625 万吨，占天津市能源消费总量的 7.7%[1]。

重点布局先进制造业。天津已经形成了航空航天、石油化工、装备制造、电子信息、生物医药、新能源新材料、轻工业、国防、现代物流、海洋经济等先进制造业布局。未来产业布局重点是高端装备、新一代信息技术、航空航天、节能与新能源汽车、新材料、生物医药等十大先进制造产业。

3. 上海市致力于打造超越"纽约"或"东京"的国际大都市

上海具备国际大都市建设的便利条件。中央赋予上海"加快建设具有世界影响力的社会主义现代化国际大都市"的重要定位和重大使命。与纽约相比，上海在地理位置上临海，交通便利；纽约的经济地位在美国无可替代，上海的经济地位在中国也一样。经济、文化是国际大都市的代名词。

产业结构均衡合理。从产业结构来看，上海的第二产业比重超过 20%，工业仍然是经济发展的重要驱动力。服务业相对发达，拥有比较合理的产业结构。在相当长一段时间内，工业制造业是长期发展的基础；纽约第三产业

---

[1] 天津可再生能源"十四五"规划。

占比已经超过 90%，而工业几乎不足 9%。相比之下，当美元霸权体系受到冲击时，纽约的经济将会受到巨大的影响。

重点发展现代服务业和先进制造业。上海几乎没有任何能源资源，所有能源消耗都来自外部输入。上海面临着新能源禀赋匮乏的现状，地势平坦而缺少水电及抽水蓄能，光伏发电受限于市域面积。上海虽然能源资源不足，但智能制造水平较高，具备"弯道超车"的优势。可以利用资源优势发展氢能等可再生能源。促进新技术、新模式、新业态、新产业"四新"经济发展。在民用航空发动机与燃气轮机、脑科学与人工智能等领域实施一批重大科技项目，在新能源汽车、机器人与智能制造等领域布局一批重大创新工程。推动大飞机、北斗卫星导航、集成电路等战略性新兴产业的发展。

4. 江苏省重点发展以智能制造为主的先进制造业

江苏省是长三角区域重要发展带。江苏省具备优越的地理位置，地处长江经济带的龙头位置和长三角的核心位置，紧邻上海，南面是全国经济强省浙江省，北面是北方经济大省山东省。应推动沿海地区加快与上海、苏南地区一体化步伐，不断促进跨江融合，积极吸引要素资源跨江北上，建设长三角世界级先进制造业基地，打造世界级城市群，强力支撑长三角一体化发展。

现代特色产业体系已经形成。江苏省的特色产业体系以石化和精细化工、船舶和海洋工程装备、医药、新能源、新材料等为主，江苏省是长三角地区先进制造业布局的重要板块。2020 年高新技术产业产值占规模以上工业比重达 40.9%；海上风电装机并网规模为 573 万千瓦，全国占比达 63.7%。江苏省的优势产业主要有：电子信息产业、医药产业、纺织产业、建材产业、石化产业、机械产业、冶金产业、轻工产业。

能源资源充足。江苏省有较为丰富的石油和天然气储备，但煤炭资源相对缺乏；截至 2020 年年底，全省可再生能源累计装机达 3478 万千瓦。其中，风电并网装机 1547 万千瓦，居全国第六；海上风电并网装机 573 万千瓦，居全国第一；光伏发电并网装机 1684 万千瓦，居全国第三；分布式光伏并网装机 788 万千瓦，居全国第三；生物质发电并网装机 242 万千瓦，居全国第三；常规水电装机 4.5 万千瓦。全省抽水蓄能装机 260 万千瓦。

重点发展以智能制造为主的先进制造业。大力发展以智能制造为主要方向的先进制造业，推动战略性新兴产业规模化发展，加快培育大数据、工业机器人等新增长点，建设一批战略性新兴产业集群，支持石墨烯产业发展。

5. 浙江省大力发展数字经济

中央赋予浙江省为全国扎实推动共同富裕先行探路的光荣使命。浙江省的经济发展具有以下特点：

具备明显的区位优势。一是浙江省是连接长江经济带与珠江三角洲经济带的桥梁；浙江省地处长江经济带和珠江三角洲经济带的交汇处，是中国东部沿海地区的重要枢纽。二是距离上海近，便于进出口贸易；浙江地处长江口，紧邻上海，距离上海只有几十公里的距离，这使得浙江省在进出口贸易方面具有得天独厚的优势。

能源资源紧缺。浙江省的能源生产只有少量的石油，其他近 80% 的能源都依靠省外调度；放眼未来，立足能源资源禀赋，加快天然气使用可以作为过渡选择，重点还是核电和可再生能源布局。

大力发展信息化产业。结合产业发展基础，重点发展以互联网为核心的信息经济，产业结构以现代农业为基础、信息经济为龙头、先进制造业和现代服务业为主体的产业结构。制造业布局以数字产业为主体。

6. 广东省重点推动产业节能降碳和提质增效

广东是我国经济总量第一大省。经济一直增长较快，但对资源和能源的依赖性较高。

能源消耗量大。广东能源消费占全国的比例为 6.7%，碳排放占比为 5%，支撑 10.7% 的经济总量。其中，广东工业领域终端能源消费约占全社会的 55%。广东对煤、油、气等传统源的对外依存度较高，2020 年能源供应对外依存度高达 74%。

外送电力占比高。广东省电力主要来自"西电东送"，其他来自煤和天然气发电，以及核电，风、光等新能源比例较少。在广东省电力供给结构中，2022 年来自云南的输送电量占广东省外受电量的 68.92%，占广东发受电量总和的 16.03%。广东的电力来源主要是火电和水电。水电主要来自广西、贵州、云南等西部省份。其次是通过铁路和海运运输煤炭，在多地建设有火力发电厂，通过火力发电解决当地的供电问题。

加快摆脱高耗能、高排放推动增长的传统路径依赖。充分考虑产业规划布局和分工，推动不同地区根据自身资源禀赋和区位优势培育壮大特色产业，形成错位发展，推动石化化工、钢铁、水泥、陶瓷、造纸等重点行业节能降碳，各地区重点布局高附加值、低消耗、低碳排放的重大产业项目。

7. 福建省全面建设先进制造业强省

国家支持福建实施生态省战略和创建全国生态文明先行示范区，先行先试，发挥引领示范作用。

工业基础优势明显。一是区位优势明显，福建地理位置临海，海上运输交通便利，地处台湾海峡西岸，在东亚与南亚、西亚、非洲的最短航线上。二是资源优势明显，具有丰富的海洋资源和海上风能资源，地热资源和矿产资源丰富。三是水电开发已日趋饱和，福建省水电开发较早，目前已趋于饱和，双碳背景下，需要依托非水类清洁能源来保障能源需求的持续供应。因此，要不断发挥区位优势，加快布局核、风、光、气等清洁能源的发展，不断优化调整能源结构。

核电和海上风电资源独具特色。福建有条件率先建成以新能源为主体的新型电力系统，率先建成以新能源为主体的清洁、低碳、安全、高效的现代能源体系。核、风、光、水等清洁能源发电装机总量有望超过 1.2 亿千瓦，加上存量的火电，电力总装机容量有条件达到 1.5 亿千瓦，形成东南沿海清洁能源基地。

全面建设先进制造业强省。做大做强电子信息和数字产业、先进装备制造、石油化工、现代纺织服装、现代物流、旅游六大主导产业，提档升级特色现代农业与食品加工、冶金、建材、文化四大优势产业，培育壮大新材料、新能源、节能环保、生物与新医药、海洋高新五大新兴产业。

8. 山东省重点推动产业绿色低碳高质量发展

产业门类齐全。山东省是全国工业门类最齐全、基础最雄厚、结构最完善、配套最为完备的省份之一。企业实力强，规模以上制造业企业超 3 万户，上榜《财富》世界 500 强的企业 5 家，上榜中国制造业 500 强的企业 76 家。产业规模大，进出口规模突破 3 万亿元。海洋经济总量全国第二，沿海港口吞吐量全球第一。

能源种类齐全。煤炭是山东主要的能源供应品种。山东一次能源（原煤、原油、天然气、非化石能源）生产结构已由"十二五" 2012 年的 73.3∶24.4∶0.4∶1.9 调整为 2022 年的 44.4∶23.2∶0.6∶31.8，非化石能源生产占比大幅上升，煤炭占比仍近一半，产量上已由巅峰时期的稳产破亿吨减少到 2022 年原煤产量 6026.26 万吨。山东省海上风力资源丰富，具备打造深远海海上风电基地的有利条件。

重点推动产业绿色低碳高质量发展。提升产业结构层次，推进山东制造业高端化。提升钢铁、炼化、焦炭、水泥等高耗能行业高端化，推动钢铁产能集聚。巩固纺织服装、食品、造纸、化工、建材、钢铁、有色等优势产业领先地位，提升传统优势产业现代化水平，加快向产业链价值链中高端延伸。聚焦新一代信息技术、人工智能、生物技术、新能源、新材料、高端装备、绿色环保等领域，着力构筑支撑制造强省的新产业发展支柱。前瞻布局未来产业，聚焦生命科学、量子信息、基因技术、未来网络、深海空天开发、氢能与储能等领域，加快推动创新突破和融合应用，形成制造业发展新增长点，让未来产业成为山东制造业高端化提升和新旧动能转换升级的开路先锋。

二、中部地区：加快推进制造业错位发展

中部地区地处胡焕庸线的繁荣区内，具备经济地理优势。近年来，中部地区充分利用人口和资源优势，经济保持稳定增长，具备了牢固的制造业基础。加快先进制造业布局，对于提升中部地区的发展水平具有重要意义。

（一）中部地区崛起要优先发展先进制造业

1. 中部地区处在胡焕庸线的繁荣区内

胡焕庸线是由地理学家胡焕庸在 1935 年提出的著名的中国人口地理重要分界线。胡焕庸线的东南方占国土面积的 36%，居住着 96% 的人口；胡焕庸线的西北方占国土面积的 64%，居住着 4% 的人口[①]。在农业经济时代，胡焕庸线东南方的地形主要为平原、水网、丘陵，地貌以喀斯特和丹霞地貌为主，适合农耕，所以承载了众多的人口[②]。进入工业化时代，按理说可能会有所改变，但实际上过去八十多年了，这个人口与经济的大数特征依然保留，表现出超稳定性。中部各省都在这条线的东南方，也就是繁荣区。同时，中部地区地理位置优越，承东启西、连南接北，是国内大循环的空间枢纽。

2. 稳定的经济增长为中部地区制造业崛起提供了基础

中部地区经济增长稳步发展。2021 年中部 6 省 GDP 总量达到 25 万亿元，占全国经济总量的 24.6%；与 2005 年的 18.8% 相比，提高了 5.8 个百分点（表 5-2）。中部 6 省，除了山西省外，其他 5 省在全国省市的位次都保持稳定甚至有 3～5 个位次的提升，体现出这些年中部地区在进步的经济事实。

[①] 周伟林. 大国模式城市化的若干热点问题探讨[J]. 上海城市管理，2013(6): 14-19.

[②] 郭葳，苏伟忠，陈维肖，等. 基于自然生态单元的中国城乡建设用地空间格局特征分析[J]. 长江流域资源与环境，2017, 26(7): 1011-1021.

表 5-2 2021 年中部 6 省主要经济指标

指标	全国	河南	湖北	湖南	安徽	江西	山西
GDP（亿元）/位次 （2005 年位次）	1143670	58887/ 5（5）	50013/ 7（12）	46063 9（13）	42959 11（15）	29620 15（18）	22590 20（16）
第二产业增加值 位次		5	8	9	10	13	15
进出口（亿元） /位次	391009	8208/ 10	5374/ 17	5988/ 14	6920/ 13	4980/ 18	2230/ 21
外贸依存度	0.34	0.14	0.11	0.13	0.16	0.17	0.10

数据来源：各年度统计年鉴，赛迪智库整理

表 5-3 中部 6 省人均 GDP 和财政收入

2022 年	常住人口/万	GDP/亿元	人均 GDP/万元	财政收入/亿元	人均财政收入/元
河南	9883	58887	5.94	4347	4398
湖北	5830	50012	8.64	3282	5554
湖南	6622	46063	6.94	3250	4907
安徽	6113	42959	7.03	3498	5722
江西	4517	29619	6.55	2812	6225
山西	3480	22590	6.49	2834	8143

数据来源：各省统计年鉴，赛迪智库整理

　　中部地区具备劳动力比较优势。中部地区基本上是劳动力大省，受教育人口多，有利于劳动密集型产业的发展。人口格局之所以很重要，是因为一直强调中部地区巨大的市场是其优势，但市场优势是可以改变的，它随着人口流动而变化。上一轮人口争夺战中，深圳、广州、成都、西安、郑州、杭州、重庆、长沙 10 年人口增量都超过 300 万人。2021 年全国人口数量仅增长 48 万。随着人口自由流动的成本降低，人口格局的变化必然带来或者本身就是经济格局的改变。中部地区在人口格局变化中总体上不是人口大规模收缩的区域。

表 5-4 2021 年部分省市常住人口增量（单位：万人）

省份	人口增量	省会城市	人口增量
湖北	54.7	武汉	120

省份	人口增量	省会城市	人口增量
安徽	8.2	合肥	9.5
四川	1.3	成都	24.5
陕西	-1	西安	20.3
河南	-58.2	郑州	12.5

数据来源：各省统计年鉴，赛迪智库整理

中部地区产业结构变化符合"克拉克定理"。中部地区的五个省份的产业结构变化符合"克拉克定理"中产业结构的变化规律，第三产业主导的地位逐渐凸显，产业结构中的比重也不断加大。湖北、湖南的产业结构配比合理，需要在继续保持结构稳定的前提下进行优化协调，而安徽、河南、江西的产业结构还需要进一步改善，加快升级调整①。

中部地区产业资源多样化。河南和江西以矿业资源占到了主导地位；湖北省国企和央企较多，同时，汽车制造业和化工产业较多；湖南的轨道交通和工程机械较为集中；安徽完成了以汽车、家电等产业的布局。从这些看来，每个省的产业布局不一样，也就导致其发展的方向和速度不一样。江西省的工业主要以传统煤矿、食品加工、建材、生物医药、纺织服装等为主，这些产业都是最为传统的产业，没有太大的增长点。而安徽则不一样，安徽以新材料产业、新能源和节能环保产业、新能源汽车和智能网联汽车产业作为重点布局，同时还在电器、汽车制造方面有了更有力的招商和引资，这些都是当下经济增长的核心因素。

3. 发展先进制造业是中部地区崛起的必然选择

目前，中部地区产业结构现代化程度提升很大，但还需要继续调整。加快崛起的过程中，必须继续把调整产业结构放在重要地位，增强市场竞争力，实现可持续发展。中部地区制造业重点以能源原材料基地、装备制造及高技术产业基地为抓手，不断拓展产业门类，形成以先进制造业为支撑的现代产

---

① 王之晨. 区域经济差异与协调发展研究——以中国中部地区为例[J]. 漯河职业技术学院学报，2020, 19(5): 76-79

业体系。主要包括以下几点：

一是化解产业的同质竞争和重复建设。中部各省应加强长远意识和全局思维，破除行政和市场的枷锁，推动资源和产业向优势地区集中，形成区域内资源要素的最佳配置和地区间产业的合理分工，在中部地区实现产业协调和利益最大化。

二是统筹新兴产业发展。抓紧谋划、提前布局战略性新兴产业、和未来产业。破除行政板块利益约束和争抢心理，相互促进协商形成操作性和约束力强的顶层设计，加强产业与空间匹配，建立积极的资源要素协同机制，促进协同发展。

三是推进传统产业创新发展。深入推进地区间产业转移与产业承接，用空间调整带动地区产业品质提升，推动传统产业高端化、智能化、绿色化，发展现代产业体系。不断巩固壮大实体经济基础，全面提升产业基础能力[1]。着力解决钢铁、有色金属、建材、石油化工和家电等传统优势制造行业的产能过剩矛盾，不断优化产品结构，推动传统制造业不断向价值链高端拓展。

（二）不同省市的产业布局选择

1. 河南省制造业换道领跑正当时

河南定位是：在中部崛起中奋勇争先，谱写新时代中原更加绚丽的篇章。

制造业产业优势明显，产业链齐全。河南省经济实力雄厚、制造业发达、科技水平高、产业链供应链相对完备，在国内产业链重构中处于有利位置[2]。具备电子信息、装备制造、汽车及零部件、食品、新材料等五大主导产业，但是河南还处于工业化进程中后期，制造业大而不强、大而不优。在技术升级和产品创新上不具有优势，河南工业总体上仍处于价值链低端，产品附加值偏低。

---

① 王璐. 中部地区新定位新使命新机遇[J]. 新湘评论，2021(17): 13-15.

② 王芳. 河南实施换道领跑战略的思考与对策[J]. 河南财政税务高等专科学校学报，2022, 36(4): 53-56.

传统制造业相对饱和。作为传统工业大省，河南由于其传统支柱产业相对饱和，承接产业转移的人力、土地、环境等方面的低成本优势渐失；科技创新能力不高、高素质人才稀缺，导致承接产业转移的内生动能不足，与四川、湖北、福建、湖南等"追兵"差距日趋缩小，而与广东、江苏、山东、浙江等"标兵"的差距将越来越大。河南只有加快构建更好的先进制造业体系，才能在国内价值链重构的过程中占据有利地位，赢得发展主动权。

可再生能源资源较为丰富。其中，在水田和旱地高利用率模式下，全省140米高度的风能资源技术可开发量达3.0亿千瓦；从太阳辐射强度出发，全省几乎所有地区都具有开发光伏的潜力，总光伏装机潜力超过3.0亿千瓦；作为农业大省和畜牧大省，在生物质能的开发和利用方面具备天然优势，可资源化潜力折合标准煤约达到8300万吨标准煤当量。

河南省换道领跑正当时。"十四五"及未来一段时期，河南制造业进入转型升级的关键时期。实施换道领跑，推进电子信息、装备制造、汽车及零部件、食品、新材料等五大主导产业转型发展。发挥主导产业的优势地位，不断提高主导产业的质量和效益。

2. 湖南省打造国家重要先进制造业高地

在国家中部崛起战略中：湖南将在构建新发展格局中展现新作为，在推动中部崛起和长江经济带发展中展现新担当，努力书写湖南发展新篇章。

湖南省是我国矿产资源最丰富的省份之一。截至2020年年底，在已探明储量的矿产中，湖南的石煤、铋、锑等8种矿产保有资源储量居全国第一位。已发现各类矿产120种，探明储量的83种。探明矿产地1196处，发现各类矿床、矿点6000余处，居全国前五位的达34种[①]。

传统能源禀赋不足。湖南能源禀赋不足，能源对外依存度超过50%。其中，省内火电用煤超过80%靠外省输入，能源发展不平衡不充分问题较为明

---

① 陈玉娥. 基于人文角度的湖南小型乡镇矿产开采存在的问题思考[J]. 现代营销（学苑版），2011，(6): 152-153.

显。湖南西部及北部是电源集中地，而长、株、潭地区是负荷中心，能源与负荷发展不协调，全年夏季和冬季存在两个高峰负荷，春季和秋季存在两个低谷负荷，电力供求矛盾突出，存在高峰电力不足、低谷电力过剩等问题，现有调峰能力不足[1]。

重点发展基础产业。产业布局集中在基础零部件、基础电子元器件、基础软件、基础材料、基础工艺、产业技术基础等领域。布局轨道交通设备制造、工程机械、汽车制造、电子信息制造、新材料等产业等。推动钢铁、有色、石化等传统产业绿色化，促进新能源、新材料、电子信息、生物医药、通用航空等新兴产业规模化、集约化。加快培育新能源汽车、高性能数字芯片、智能电网、3D 打印、工业机器人等新增长点。

3. 湖北省是中部崛起的黏合剂

湖北定位是建设成为中部地区重要的战略支点，争取在转变经济发展方式上走在全国的前列。湖北位于中部地区中心，连通湘赣豫皖等四省，将发挥中部地区"黏合剂"的作用。未来，将加强湘、鄂、赣三省之间的分工与协作，加速城市群一体化发展，同时加强与安徽、中原城市群之间的联动与合作，最终实现带动中部崛起的战略重任。武汉作为国家中心城市，将在其中起到龙头城市的辐射带动作用。

交通优势为产业发展新格局奠定基础。湖北省具有特殊的地理优势，是"九省通衢""千湖之省"，历来为中国水陆交通枢纽。综合交通基础设施加速建设，不断释放交通运输发展红利[2]。湖北拥有发达的高速公路和铁路线路网，武汉"米"字形的高铁网可以抵达全国 24 个省会城市，并且中欧（武汉）班列可以直达"一带一路"沿线的 28 个国家，共有天河机场、刘集机场、三峡机场、沙市机场等 7 个机场。依托发达的交通枢纽优势，缩短了产业间距离，给制造业发展奠定了扎实的基础。

① 金辉. 全力促进湖南新能源高效接入与消纳——访长沙理工大学电气与信息工程学院教授、博士生导师夏向阳[J]. 大众用电, 2020, (6): 43-44.

② 潘聪. 创新驱动下湖北省制造业高质量发展研究[J]. 合作经济与科技, 2021(9): 21-23.

"缺煤少油乏气"是湖北能源资源的短板。湖北省的煤、石油和天然气等一次能源资源匮乏，是属于"缺煤、少油、乏气"的内陆省[①]。来自统计局的数据显示：2020年，湖北原煤产量40.3万吨，占全国总量的0.01%，排名24；湖北原油产量53.5万吨，占全国总量的0.27%，排名14；湖北天然气产量1亿立方米，占全国总量的0.05%，排名倒数。

重点布局制造业新兴产业。结合湖北省传统制造业中优势产业的特色，对产业的基础能力、创新水平、发展质量和增长潜力等方面进行分析得知[②]，湖北省制造业未来的发展重点是：以新材料、节能技术为主的绿色环保产业，以互联网、大数据、云计算等为代表的新一代信息技术产业，以基因工程技术为主的生物医药产业。

4. 江西省急需打破传统制造业局限，发展高端制造业

江西省工业发展具有以下特点：

工业基础薄弱。江西虽然近几年经济发展速度很快，但工业基础比较薄弱，在中部六省中发展水平偏低，2020年实现GDP约2.56万亿元，全国排名第15位。江西省的主导产业是资源性产业，包括有色金属采选和冶炼、煤炭开采和洗选以及建材产业等，处在产业链底层，产品附加值较低，产品的利润空间较小。

能源资源禀赋较弱。江西省一次能源较为缺乏，呈现出"缺煤、无油、乏气"的窘迫现状。对比发达省份，江西省在清洁能源发展方面落后较为明显，清洁能源占省内能源消耗比重较低，清洁能源的发展仍存在巨大的潜力。其中风能资源方面属国家最弱的四类地区，光伏资源方面属国家较弱的三类地区，主要还是以外购为主。

---

① 周斌，胡济洲，郑云飞，等. 基于湖北省资源禀赋的分布式风光和水电协同策略[J]. 可再生能源，2023, 41(3): 394-400.

② 丁洋，黄夏伟，梁晓峰. 区域先导产业选择的质量方法与实证研究——以湖北省制造业为例[J]. 宏观质量研究，2022(1): 56-69.

交通地理位置优越。江西省位于长江中游以南地区，与湖北、湖南、安徽等中部省份交界，南部地区与粤、闽、浙等东部经济发达省份相邻，具有重要的通道功能，是长江中游城市群对接粤、港、澳大湾区和粤、闽、浙、赣城市群的桥梁与纽带。

打破传统制造业局限发展高端制造业。江西省制造业总体上存在产业发展不均、创新能力不强的问题，应坚持市场化导向推动机制改革，培养领军企业和优势特色企业，推动产业集群化发展[①]。重点瞄准制造业分工中的科技前沿产业、战略性新兴产业，培养行业领头羊，推动支柱产业、独角兽企业、龙头企业参与国际竞争和分工，形成产业集群大发展的局面。

5. 安徽省打造科技创新策源地

地理优势明显。安徽作为唯一被纳入长三角城市群的中部省份，将发挥出区位优势，积极融入长三角城市群一体化发展中；同时做好东中部之间的纽带，应该加快与中部、东部之间的交流与合作，促进长江中下游地区一体化发展。合肥作为中部地区区域中心城市，在发挥出中心城市辐射引领作用的同时，还应该加强与长江中游城市群之间的分工与协作，促进长江中下游两大城市群之间的协调发展。

制造业发展具备资源和能源优势。安徽省的工业是该省的支柱产业之一，主要以制造业为主。其中重点产业包括钢铁、汽车、电子信息、机械设备、新材料等。安徽省是我国矿产资源大省，矿产种类丰富，探明的矿产储量大。大规模的矿产勘查经验和丰富的地质成果，为采掘业、原料工业等制造业发展奠定了基础。安徽省的能源禀赋相对富足，长三角地区的常规能源禀赋匮乏，其中只有安徽省的资源禀赋较为丰厚，每年都会向省外调出部分能源。

打造科技创新策源地。安徽省积极打造"三地一区"：打造具有重要影

---

① 侯海龙.江西制造业竞争力的动态投影寻踪评价——基于中部六省的对比分析[D].南昌大学，2021.

响力的科技创新策源地、新兴产业聚集地、改革开放新高地和经济社会发展全面绿色转型区。将进一步解放思想、真抓实干、开拓创新，在中部崛起中闯出新路、创造美好前景。重点是培育壮大科技服务、工业设计、检验检测等新兴服务业。

三、重工业区：重新锻造产业竞争优势

重工业区是我国传统制造业发展的重要基地，受资源枯竭和产业结构偏重的影响，发展活力不足，急需促进产业转型升级。重工业区经济繁荣时期积累了深厚的产业基础，重新锻造产业优势成为重工业区重获新生的必经之路。

（一）重工业区域重新锻造产业优势势在必行

1. 重工业区是指依托资源优势先发展起来的工业区域

国外那些经历繁荣而后走向衰落的老工业基地，就像被废弃锈蚀的机器设备一样，被形象地称为"铁锈地带"。德国鲁尔工业区、美国钢铁基地匹兹堡以及美国汽车城底特律等都是典型的"铁锈地带"，经过城市转型有成有败。我国的重工业地区包括河北、山西、黑龙江、吉林、辽宁等地。这些地区特征：一是以能源资源为主要产业发展起来的城市，如山西依靠煤炭矿业发展起来的城市，以及克拉玛依、大庆等依赖石油生产而发展起来的城市。二是以重工业基地为主的地区，集中于东北地区，还有河北省。三是在三线建设时期发展起来的工业城市[①]。

2. 重工业区重新锻造产业优势的根基稳固

重工业区工业链条完整。重工业区依托资源优势兴起，工业结构以资源开发和加工为主导，经过多年的积累和沉淀，工业底子深厚，有齐备的产业

---

① 李刚. 发达国家"铁锈地带"的转型治理实践与我国复兴路径[J]. 上海城市管理, 2017, 26(1): 33-39.

链条。依托丰富的煤炭、钢铁、石油、天然气等自然资源和便利的交通，东北地区形成了以重工业和化工为主的产业体系。

传统产业结构转型不及时。一是由于地理位置受限，重工业地区的开放性不够，产业结构调整不及时，过于单一的产业结构导致了产业优势发生了边际递减直至衰退；二是一些重化能源基地省份产业定位单一，资源开采结束后，环境治理不及时导致持续恶化[①]；三是传统发展模式阻碍创新以及技术更新，单一的所有制结构调整缓慢，没有打破原有的国企控制的格局，对外资、民营企业的发展没有创造良好的市场环境[②]。

全球经济模式的变化导致重工业区的衰退。东北地区产业的衰退，与沿海地区全球化经济转变有直接关系。在改革开放初期和 20 世纪 90 年代初计划经济体制下，东部沿海地区主要生产和输出轻工业产品，东北地区和内地主要生产和输出机器设备和原材料。随着我国不断加大改革开放力度，加入 WTO 之后，贸易结构发生了改变。沿海地区与东北地区的经济联系减弱，机器设备和原材料采购订单转向了发达国家。河北省和山西省衰退的主要原因还是在于支柱产业单一，河北省是钢铁产业，山西省是煤炭产业，都面临了传统产业产能过剩和新兴产业升级不及时的困境。

3. 重新锻造产业优势是重工业区的必然选择

重工业区老旧的产业体系不再适应新形势的要求，要加快布局和推动高端装备、航空等传统产业改造升级，拓展承接产业转移新空间。一是突出东北三省及山西、河北各自的产业特色、错位竞争；二是纵深推进东北地区产业一体化发展，推动产业链实现共建；三是打造战略性新兴产业集群。东北地区发展轨道交通、船舶、汽车、航空产业。河北省巩固钢铁产业优势，提升高端装备产业质量。山西省布局煤炭高端产业。

依托产业基础，构建现代化产业新体系。重工业地区实现布局结构优化

---

① 发达国家"铁锈地带"复兴经验及启示[J]. 福建质量技术监督，2018(10): 58.
② 刘志彪，徐宁. 东北经济"铁锈化"问题的根源与破解之道[J]. 中国国情国力，2019(12): 10-12.

和产业升级，优化低端传统产业，发展战略性新兴产业。到 2035 年，振兴发展取得新突破，经济保持中高速增长，质量效益明显提升，制造业基本完成向高端制造业转型和升级。到 2050 年，经济保持稳步增长，质量效益明显提升，制造业完成向高端制造业转型和升级。到 2060 年，形成新的稳定产业格局。

（二）不同省市的产业布局选择

1. 黑龙江省重点发展数字经济

黑龙江是农业大省，是我国粮食主产区，也是我国重要的装备制造工业基地。作为国家重要的老工业基地，黑龙江面临着传统产业转型升级的重大考验。黑龙江省的制造业主要集中在食品加工、机械制造、化工、纺织服装、电子信息等行业，其中食品加工业是该省制造业的支柱产业，占比超过 20%。

能源矿产种类丰富。黑龙江全省已发现各类矿产 132 种。其中，煤炭、石油、天然气等能源矿产 5 种，黑色金属矿产 3 种，有色金属矿产 11 种。还有石油、晶质石墨、颜料黄黏土、长石等，矿产资源丰富。可再生能源资源开发潜力大。有较为丰富的太阳能、水能、风能、地热能、生物质能等资源。为未来可再生能源的开发提供了良好的条件。

黑龙江省蕴藏着海量的数据资源，为数字化赋能产业转型升级奠定了重要基础。黑龙江具有雄厚的数字科技优势，凝集了重要科技支撑力量；拥有特色创新发展平台和丰富的数字应用场景；丰富的农业、工业资源以及生态旅游资源，为发展数字经济提供了广阔的应用场景。截至 2020 年年底，已经建设完成 1.89 万个 5G 基站、4.29 万架数据中心标准机架。数据资源体系基本建立，形成工业、科技、教育、税务、社保、民政、文旅、卫生、地理信息等领域的数据资源库，初步形成电子信息制造的产业格局。

重点发展形成制造业数字化模式。随着制造业数字化、网络化、智能化的更加深入，引进培育一批跨行业、跨领域的工业互联网平台，开展企业智能制造示范，推广制造业数字化转型模式，以大庆油田、中航哈飞、中国一重等重点国企为主体打造全国制造业数字化转型标杆，围绕建设具有龙江特色的数字经济强省，引进核心产业布局。

2. 吉林省推动制造业转型升级

吉林省基本形成以汽车、石化、装备制造、农产品加工等为主的工业体系，也是全国重要的汽车产业基地、先进装备制造产业基地和石油化工产业基地。

资源能源优势明显。吉林省拥有丰富的自然资源，包括煤炭、石油、天然气、金属矿产、森林资源和水利资源等，这为吉林省的经济发展提供了坚实的物质基础。吉林省土地平阔，风能、太阳能资源优越，吉林省稳步推进风、电、光伏等新能源的开发利用，带动了新能源装备制造业的迅速发展，促进资源开发和装备制造融合发展。

推动传统产业优化升级。围绕吉林省"一主、六双"的产业空间布局，主动融入"一带一路"建设要求和全方位对接东北振兴规划需求[①]，围绕再造汽车、石化、农产品加工这三大支柱产业新优势，积极开发新能源，发展先进装备制造产业，促进产业转型升级。

3. 辽宁省加快推进先进装备制造业

能源资源和工业基础产业实力优势突出。辽宁省产业资源完备、工业基础雄厚；自然资源丰富、石油矿产充裕。辽宁能源种类齐全、资源禀赋优异、枢纽作用突出，是东北地区的负荷中心，全社会用电量达到全地区的一半。同时拥有清洁能源装备制造业、氢能储能技术、化石能源清洁高效利用等优势。同时，作为老工业基地，辽宁省单位 GDP 能耗处于较高水平，2021 年全省单位 GDP 电耗是全国平均水平的 1.28 倍，用能效率有较大的提升空间。

---

① 刘威. 中美贸易摩擦背景下吉林省制造业转型升级的路径与对策[J]. 长春工程学院学报（社会科学版），2020, 21(3): 43-46.

资源性枯竭难题迫使产业转型升级加快步伐。辽宁省资源过度开发导致环境污染问题突出，资源枯竭而后续替代产业发展动力不足，部分城市陷入发展困境，老工业基地振兴急需寻求可持续发展道路。辽宁省从传统产业改造升级、资源深度开发、培育壮大新兴产业三个角度持续做好结构调整，推动产业链完善和完整，不断增强产业的可持续性和核心竞争力，如今已经取得明显成效。

加大先进装备制造业布局。"双碳"目标下，辽宁省能源资源优势不突出，继续围绕装备、石化、冶金三大核心主导产业，加快推进先进装备制造业、石化和精细化工、冶金新材料三个产业布局，加快发展机器人、航空航天、生物医药、节能环保、新型海工装备等战略性新兴产业。

4. 山西省优化调整煤炭开发布局是未来的主要任务

山西是我国的能源大省，曾经为我国的经济社会发展做出了重要贡献；但是，目前随着我国能源结构改革，山西产业转型升级压力巨大，经济增速放缓。2020 年，山西 GDP 为 1.76 万亿元，在中部六省中排名倒数第一，在全国各省、自治区、直辖市中排第 21 名。

我国煤炭供应保障的重要基地。山西的煤炭资源品种全、质量优，占全国煤炭储量的 31.26%，是国家重要的煤炭供应保障基地。仅在 2020 年，山西的煤炭产量就达 10.6 亿吨，占据了全国煤碳产量的 1/4 以上，是山西的重要经济来源，同时也为全国的经济建设提供了大量的资源。其他矿物资源也十分丰富。山西的铝土矿资源的储备占全国的 30%，位居全国第一，而煤层气储备量更是占据了全国总量的 90%。

煤炭资源优势逐步弱化。山西省经济快速发展得益于丰富的资源，也因过度依赖资源而落后。山西省煤种全、质量优，但随着煤种间替代技术不断发展，煤炭品种的传统"壁垒"逐渐被突破，山西省煤种资源优势逐渐淡化；并且随着上组煤临近枯竭，下组煤中的硫份、灰份增加让煤质优势也逐步弱化；全省埋深 1000 米以浅煤炭资源查明率已达 95%，尚未利用的资源多在中深部，开采条件趋于复杂，开采成本逐渐增大，与内蒙古、陕西、新疆等地区相比，煤炭产品竞争力下降；随着内蒙古、新疆煤炭外运新通道和特高压输电通道逐步建成，山西靠近全国消费中心的区位优势也在逐步弱化。

优化调整煤炭开发布局是未来的主要任务。增强煤炭产业核心竞争力，实现传统煤炭产业的转型升级和高质量发展是山西如今的紧急要务。统筹资源禀赋、环境容量、市场区位、输送通道等因素，布局建设山西煤炭绿色转型供应保障基地，重点发展现代煤化工等先进优质产能，有序布局大型现代化煤矿，为增强全国煤炭跨区域供应保障能力提供有力支撑。

5. 河北打造万亿级钢铁产业基地

矿产和能源资源丰富。河北省矿产资源种类繁多，目前已探明的类型有129种，该省有丰富的煤、铁、石油、海盐等资源。在河北省钢铁产业发展的过程中，最大优势就是具有丰富而优质的矿产资源，二是能源相对充足。从河北省能源结构情况来看，根据《河北省统计年鉴》公布的数据，2020年，河北省主要能源为煤炭，煤炭能源的占比达到53.56%；一次电力及其他能源占比较高，达到33.86%；石油能源占比为11.48%；天然气能源占比为1.10%。

可再生能源领域发展势头良好。截至2021年年底，河北省可再生能源并网装机容量达5859万千瓦时，光伏发电和风力发电装机容量达5467.6万千瓦，居全国第一位，并且光伏发电和风力发电装机容量均排在全国第二位。河北省大力布局屋顶分布式光伏，有37个县被列入国家整县屋顶分布式光伏开发试点，全国排名第五。河北省政府重视可再生能源布局，全局谋划，提出了"发、输、储、用"4个环节的具体举措，保证到2025年河北省的可再生能源装机容量能够实现"倍增"，总规模达到11400万千瓦以上[①]。

钢铁布局向临海临港地区转移。河北省钢铁产业规模大、产业基础好、地理位置佳，具有钢铁产业集聚的优势。未来河北省的工作重点是促进钢铁

---

① 马秀琴，林虹，郭忠莲，等. 河北省钢铁行业绿色低碳技术发展的路径[J]. 低碳世界，2022, 12(10): 73-75.

产业聚集，加强临海临港地区的建设规划，到 2035 年，争取临海靠港和资源富集地产能占全省 70%以上。

四、新能源区：因地制宜承接高耗能产业

新能源富集区是指具有丰富的风光水等清洁能源资源的区域。如何实现新能源生产和消纳匹配的问题，成为新能源富集区能源利用效率提升的难题。新能源富集区加大制造业发展布局，是平衡能源生产和消费的重要手段。

（一）新能源富集区是"双碳"目标下的阳光地带

1. 新能源富集区是清洁能源资源宝地

"双碳"目标背景下，清洁能源发展是重头戏。地处我国西北方的能源大基地，拥有得天独厚的土地资源、风光资源，纷纷将重大能源项目作为拉动有效投资的重要抓手，将规模化发展清洁能源作为推动地区经济新旧动能转换的助推器。该区域主要包括新疆、内蒙古、宁夏、陕西、青海、甘肃、四川、重庆、云南、贵州、广西等省、自治区、直辖市。

2. 新能源富集区能源生产与消纳不平衡

新能源富集区拥有大量的清洁能源资源。新疆、内蒙古、青海、甘肃、宁夏、陕西等地区，拥有面积广阔的沙漠、戈壁、荒漠地带，风能、太阳能资源富集，技术可开发量占全国比重的 60%以上。新疆、青海、四川、云南、贵州、广西等西部地区的水能蕴藏量约占全国的 82%，天然气可开采储量约占全国的 66%，太阳能理论储量约占全国的 75%，风能理论储量约占全国的 50%[①]。

其中，西北地区（5 省）可再生能源储量丰富但开发量不足。西北地区各类能源资源极为丰富[②]，煤炭、石油储量分别占全国总探明储量的 33.07%、

---

① 胡振宇，李春梅. 统筹城市碳减排、能源安全与产业链安全[J]. 开放导报，2021(5): 7-13.
② 孙勇凯，罗西，王登甲，等. 西北地区能源生产消费特征与发展路径研究[J]. 中国工程科学，2022，24(6): 38-51.

41.97%，天然气储量位居全国前列，仅陕西和新疆的天然气储量之和就达到全国的 35.64%。太阳能可开发利用量占据全国总量的 35.51%，其中新疆、青海占比分别为 18.92%、9.07%，但两省的太阳能发电装机容量全国占比仅为 4.99%、6.31%；风能资源储量位居全国前列，新疆和青海占比分别为15.78%、6.51%，但是风电装机容量全国占比仅为 8.38%、2.99%。受降水量小的影响，西北地区水资源整体比较匮乏，可开发利用量仅占全国总量的8.38%，各省水电装机容量全国占比均在 4%以下。天山的高山积雪，为新疆地区提供了季节性水能资源；澜沧江河道的天然落差为 1553m，为青海省提供了丰富的水能资源[①]，因此，新疆和青海两省的水能资源相对较为丰富。

　　2020 年全国及西北地区不同类型能源资源储量情况如表 5-5 所示，2020年西北地区各省份可再生能源装机情况如表 5-6 所示。

表 5-5　2020 年全国及西北地区不同类型能源资源储量情况[②]、[③]、[④]

地区	资源储量			可开发利用量		
	煤炭/亿吨	石油/千万吨	天然气/亿立方米	太阳能/（kW·h/m²）	风能/（kW·h/m²）	水能/亿立方米
全国	162.29	36.19	6266.6	1493.4	221.20	3160.52
陕西	29.39	3.68	1109.6	1321.47	135.51	41.96
甘肃	1.53	3.96	58.8	1636.62	197.95	40.80
新疆	19.01	6.26	1123.8	1626.30	201.33	80.10
青海	0.23	0.83	105.5	1798.11	191.49	101.19
宁夏	3.50	0.47	28.1	1617.78	199.94	1.10

注：太阳能可利用开发量为 2021 年数据。

数据来源：自然资源部、气象局风能太阳能中心、赛迪智库整理。

---

① 中华人民共和国水利部. 2021 年中国水资源公报[R]. 北京：中华人民共和国水利部，2022.

② 左其亭，李佳伟，马军霞，等. 新疆水资源时空变化特征及适应性利用战略研究[J]. 水资源保护，2021,37(2): 21-27.

③ 中华人民共和国自然资源部. 2020 年全国矿产资源储量统计表[R]. 北京：中华人民共和国自然资源部，2021.

④ 中国气象局风能太阳能中心. 2021 年中国风能太阳能资源年景公报[R]. 北京：中国气象局风能太阳能中心，2022.

表 5-6 2020 年西北地区各省份可再生能源装机情况

地区	太阳能可开发利用量占比	风能可开发利用量占比	水能可开发利用量占比
陕西	1.90%	1.31%	1.33%
甘肃	4.87%	3.97%	1.29%
新疆	18.92%	15.78%	2.53%
青海	9.07%	6.51%	3.20%
宁夏	0.75%	0.63%	0.03%

消纳能力不足以成为制约可再生能源产业发展的重要因素。随着风、光等可再生能源的快速发展，低碳化已经成为全球能源体系的转型方向。我国风光主要分布在"三北"地区，远离经济负荷中心，本地不具备消纳大规模风光的能力，只能通过远距离打捆外送的方式来解决风光消纳的问题。如：2015 年以来，西北地区可再生能源发电量已经超过石油、天然气消费量，仅次于煤炭消费量。与 2011 年相比，2020 年可再生能源发电的消费量增长约为 5.214×10^7 吨标准煤，年均增长率达到 11.20%。西北地区五省均为可再生能源外送地区，为我国其他地区源源不断地输送清洁能源。

3. 新能源富集区应大力发展清洁能源载能产业

西北和西南地区自然生态环境比较脆弱、环境承载能力低，限制工业化发展的因素较多，在承接产业转移的过程中，要注意利用比较优势的同时，重塑自身的竞争优势。一是加大绿色、低碳高端装备制造产业布局。二是立足能源资源禀赋，布局资源精深加工产业，打造具有国际影响力的产业集群。三是发展数字经济，发挥可再生能源资源优势，将资源优势向产业优势转变，抓住"东数西算"国家重大战略机遇，适度布局基础建设。

到 2035 年，新能源富集区基本实现清洁能源保障有力、经济充满活力，与全国同步基本实现社会主义现代化。到 2050 年，构建富有竞争力的现代化产业体系。

（二）不同省市的产业布局选择

1. 陕西省打造西部地区的典范

陕西省产业布局特点如下：

现代化产业体系完整。陕北重点发展化工能源，陕南重点发展绿色产业基地，关中重点建设先进制造业。以装备制造业、高技术产业及能源化工产业三大支柱产业，形成了以新型能源化工、先进装备制造、食品、医药、航空航天、冶炼等为主的产业体系，推动全省经济持续健康发展。

具有丰富的能源矿产资源。陕西省的煤炭、石油、天然气等资源丰富，位居全国前列。对于金属和非金属矿产，大型矿少、中小型矿多，富矿少、中低档矿多，单一矿少、共伴生矿多。陕西省保有资源储量居全国前列的重要矿产有：盐矿、煤、石油、天然气等，不仅资源储量可观，且品级、质量较好，在国内、省内市场具有明显的优势，但可再生能源开发量不足。

大力推动制造业高端化。重点布局电子信息、航空航天、新能源汽车、3D 打印、机器人、高端芯片制造、智能终端生产等产业；推进汽车基地和新能源汽车研发；推动航空发动机专项和集成电路产业发展；建立航空及航空服务业和卫星应用产业聚集区；超前部署石墨烯、量子通信、第五代移动通信、自旋磁存储等项目。

2. 甘肃省打造全国新能源基地、有色冶金新材料基地

甘肃是连接亚欧大陆桥的战略通道，是沟通西南、西北的交通枢纽，是西北乃至全国的重要生态安全屏障，是全国重要的新能源基地、有色冶金新材料基地，也是中华民族重要的文化资源宝库。

工业发展始终是甘肃经济发展的基石。2022 年，甘肃强力实施"强工业"行动，工业占 GDP 比重由 2021 年的 27.8% 提升到 31.9%，特别是制造业占 GDP 比重提高到 20.2%，居全国第一。"强工业"为甘肃经济社会高质量发展注入强大的动能。

矿产资源种类多而储量丰富。煤、石油、天然气、油页岩、地热水等矿产资源均有储量，其中煤炭种类丰富，包括无烟煤、焦煤、一般用煤、褐煤等几大类；黑色金属包含铁、铬、锰、钒等以及灰岩、熔剂白云岩等冶金辅助原料矿产熔剂等 14 种，钒矿、铬铁矿、菱镁矿、铸型用黏土等矿产储量居前五位；有色金属矿产共 28 种已探明储量；此外，非金属化工原料和非金属建材原料矿产种类也很丰富。

清洁能源储量丰富。风光资源禀赋优越，风能、太阳能技术可开发量分别位列国内第 4、第 5 位，丰富的风光资源为全省发展新能源产业提供了有利条件。甘肃新能源年发电量超过 530 亿千瓦时，已初步形成风机制造、光伏组件、储能电池等新能源装备制造业体系。眼下，类似崖头村的场景，是甘肃抢抓国家建设风电光伏基地机遇，发挥风光资源优势的缩影。2022 年新能源发电量 538 亿千瓦时，其中，省内消纳新能源发电量 298 亿千瓦时，同比增长 10.0%；跨省外送新能源发电量 240 亿千瓦时，同比增长 37.4%。首次实现 30 万千瓦火电机组日内启停调峰，电网最大负荷由晚高峰转移至新能源大发期的中午时段，有效促进了新能源消纳。

打造全国清洁能源基地。依托省内丰富的矿产资源优势，加大先进装备制造业的布局，同时稳步推进风、电、光伏基地化开发，打造全国重要的清洁能源基地。积极布局新能源、新材料、先进装备制造业。培育壮大战略性新兴产业，推动大数据、新材料、生物制药及中藏药、先进装备制造、节能环保等产业发展。

3. 新疆维吾尔自治区依托绿色能源适度发展重化工业

矿产资源储量丰富。新疆拥有丰富的自然资源，如煤炭、天然气、石油、铁矿、铝土矿等。首先是油气资源，新疆的石油、天然气资源总量高达 300 亿～500 亿吨，约占全国预测总量的四分之一以上。新疆是我国西气东输、西电东送的主要来源地。此外，新疆也是重要的矿产资源储备基地，全国已发现的 162 个矿种中，新疆有 122 种，并且 9 类矿种储量居全国首位。煤矿资源总量占全国的 40%，铁矿石探明储量全国占比四分之一左右，全国最大的铅锌矿也在新疆。

可再生能源储量和开发量丰富。新疆太阳能光照资源丰富，"三山加两盆"，风多、风大的气候特点明显。新疆沙漠、戈壁地区地势平坦，具备发展光伏应用的先天优势。新疆是我国风力资源最丰富的地区之一。水能资源超过其他西北四省之和，全国范围内仅次于西藏、四川、云南位居第四位。

依托绿色能源优势发展绿色重化工业。新疆的制造业已经初步形成了以纺织、食品、化工、建材、机械制造等为主的产业基础。这些产业在新疆的经济发展中发挥着重要的作用，为新疆制造业的发展提供了良好的基础和条件。新疆锚定石油石化、煤化工、硅基、有色金属等资源密集型产业，以此推进能源产业升级转换。

4. 青海省打造国家清洁能源产业高地

青海省的定位是我国重要的战略性矿产资源基地，矿产资源丰富且种类齐全，是我国最具找矿潜力的地区之一。截至 2020 年年底，全省共发现各类矿产 137 种。查明有资源储量的矿产 111 种。青海的盐湖资源蕴藏量占全国一半以上。当前，青海正以科技创新为抓手，不断提升盐湖钾、钠、镁、锂等产业综合资源的开发利用水平。

拥有丰富的清洁能源。依托丰富的水、光、风、热能资源禀赋，青海目前已建成两个千万千瓦级的新能源基地。截至 2022 年年底，全省电力装机容量达 4468 万千瓦，清洁能源装机容量占比 90%以上，全国领先。

致力于打造国家清洁能源产业高地。结合青海省资源优势，加快盐湖资源综合利用、新能源、新材料、有色冶金等 4 个千亿产业集群的布局。改造提升盐湖化工、有色冶金等传统产业，延伸补强下游精深加工产业链。

5. 宁夏回族自治区大力发展传统工业

传统产业发展基础足。经过 62 年的发展，宁夏回族自治区形成了以煤炭、电力、化工、冶金、有色、装备制造、轻纺等行业为支柱的工业体系，发展基础不断夯实，发展优势日益增强。

能源优势明显。宁夏回族自治区不仅煤炭资源丰富，"风光"资源也同样充沛，既是我国大型煤炭的生产基地、我国最大的现代煤化工产业示范区、"西电东送"的重要送端，同时也是首个国家新能源综合示范区。

清洁能源产业前景广阔。宁夏回族自治区是全国首个新能源综合示范区，风、电、光伏可开发装机容量超过 5000 万千瓦，水能发电可装机容量 200 万千瓦，氢能应用场景丰富，是发展清洁能源配套产业的优势地区。

资源能源丰富助力发展传统制造业。瞄准新材料、智能制造、生物制药、节能环保等中高端产业；抓好 3D 打印、数控机床、高端轴承、碳基材料等项目；光伏发电装备、风机制造等上下游产业协同发展。

6. 内蒙古自治区推动能源和战略资源基地绿色低碳转型

风光资源独具禀赋。根据内蒙古太阳能行业协会的统计，内蒙古地区常年太阳能照射量在 1342～1948 千瓦时/平方米之间，年日照小时数在 2600～3400 之间，是全国高值地区之一，可开发光伏装机容量超过 26 亿千瓦。风能资源非常丰富，全区风能发电装机容量达到 8.98 亿千瓦，风能发电可开发利用装机容量为 1.5 亿千瓦。2017—2021 年，地区风电平均利用小时为 2275 小时，超出同期全国均值约 196 小时；2019—2021 年，光伏平均利用小时为 1603 小时，超出同期全国均值约 321 小时。

具备新能源开发布局的有利条件。内蒙古地理条件非常适合开发新能源，首先空间广阔，拥有广袤的沙漠、戈壁、荒漠，对于建设大型风电、光伏发电项目十分有利，优越的自然资源和良好的开发条件，为全省新能源的快速发展打下了良好的基础。近年来，内蒙古地区的风电、光伏新能源发展呈现快速增长的势头，截至 2021 年年底，内蒙古地区的风电、光伏累计并网装机容量分别达到 3996、1412 万千瓦，在全国风电及光伏装机中占比分别为 12%、5%。

促进可再生能源装备制造业快速发展。内蒙古装备制造产业发展基础厚实，具有广阔的市场空间。目前，内蒙古的风电装机容量超 5000 万千瓦，位居全国首位，但风电装备制造本地的配套率只有 30% 左右，这对于风电装备企业来说是难得的发展机遇。在光伏装备制造方面，只有上游光伏硅材料和少量中游硅片产业，下游光伏电池组件及配套产业基本是空白。而在氢能装备方面，内蒙古尚处于起步阶段。未来主要是加快风电和光电装备制造业的布局。

7. 四川省具备制造业超级大省潜质

产业体系完备。四川省已经形成较为完备的产业体系，门类齐全、基础较好，但工业化进程尚未完成，传统产业大而不强，新兴产业发展相对滞后，产业集群化程度较低，整体处于价值链中低端，产业体系不优的问题仍然较为突出。

矿产资源丰富。拥有世界级的钒钛、锂、稀土等重要矿产资源，钛储量占全国 93%、列全球第一，钒的储量占全国 63%、列全球第三，钒钛原料产量全国占比 65% 以上。查明资源储量的矿种 92 种（亚矿种共 123 种），33 种矿产资源全国排名前三；钒、钛、锂矿等 14 种矿产资源在全国排第一位，铁矿、稀土矿（稀土氧化物）、铂族金属等共 10 种矿产资源在全国排第二位。

可再生能源丰富。四川富气、贫煤、少油、多水，四川省能源资源以水能、煤炭和天然气为主，水能资源约占 75%，煤炭资源约占 23.5%，天然气及石油资源约占 1.5%。四川水电在我国清洁能源领域具有重要的地位。水电装机容量全国第一，连续 4 年外送电量超过 1300 亿千瓦时。四川盆地是国内主要的含油气盆地之一，已发现天然气资源储量 7 万余亿立方米，约占全国天然气资源总量的 19%，主要分布在川南片区、川西北片区、川中片区、川东北片区。

未来发展要瞄准新型工业化发展路径。夯实经济发展的"底座"，让工业"硬起来""强起来"。以制造业集群为例，四川省计划打造国家级乃至世界级先进制造业集群，未来重点布局电子信息、装备制造、食品轻纺、能源化工、先进材料、医药健康等六大万亿级产业；从装备制造业来看，重点布局航空航天、清洁能源装备、汽车及动力电池、轨道交通等世界级高端优势产业集群。

8. 广西壮族自治区打造东部省市能源输送地

工业以传统产业为主。经过几十年的发展，食品、有色、石化、冶金、汽车、机械、电力等产业成为推动广西经济增长的支柱产业，建材、医药、电子信息制造、造纸与木材加工、纺织服装与皮革、修造船及海洋工程装备、生物等产业成为广西工业经济的特色产业，工业产品日益丰富，品种增多，工业发展能力明显提升。

能源资源禀赋不高，属于"缺煤少油乏气"的省区。广西的能源自供能力弱，水电已基本开发完毕，人均用能仍处于全国中下水平，风电成为重要清洁低碳能源选择。广西风资源量丰富，海岸线超 1600 千米，北部湾附近海域 130 米高度平均风速在 6.7～7.8 米/秒之间，离岸距离 15～160 千米之间，风能资源优良。

广西打造能源输送高地。广西区位优势独特，地处北部湾，背靠大西南，毗邻粤港澳，面向东盟，是西部陆海新通道的重要枢纽，是国家"西电东送""南气北输"的重要通道。未来适合大规模开发陆上风电和集中式光伏发电，重点打造北部湾海上风电基地。推动铝产业高质量发展，推动铝产业集群发展；加快布局移动互联网、云计算、大数据、物联网等信息产业；重点发展新一代信息技术、北斗导航、地理信息、智能装备制造、节能环保、新材料、新能源汽车、新能源、生物医药、大健康、人工智能、高效储能、生命科学等新兴产业。

9. 贵州省打造内陆开放型经济新高地

矿产资源丰富。贵州省矿产资源种类繁多，已探明储量的有 76 种，其中有 40 种储量居全国前 10 位，有 21 种位居全国前 3 位。有色金属与贵金属已探明的矿产种类丰富，为全国十大有色金属产区之一。煤炭资源储量大、煤种全、埋藏浅、分布聚、含硫低、组合好。

水能资源丰富。贵州省内河流众多，乌江、北盘江、南盘江、清水江、赤水河上的水位落差大，可开发条件优越，水能蕴藏量和可开发容量占全省的 80%。全境水能发电可利用装机容量为 1874.5 万千瓦，居全国第 6 位。贵州的水电产能富集，长期向华南和华东输电。

适合发展大数据产业和智能制造产业。贵州省的大数据产业基地有超过 250 万台服务器，用电量庞大，在贵安新区可以就近用上便宜而充足的电能。打造大数据核心业态、关联业态和衍生业态；布局一批新型材料产业基地；重点发展航空航天、智能终端、高端数控机床、新能源汽车等装备制造业。

10. 云南省利用绿色能源优势承接制造业产能转移

具备产业发展的资源优势。云南地质条件复杂，成矿条件优越，矿产资源丰富，是有色金属王国。云南矿产资源矿种全，分布广，共生、伴生矿多，利用价值高。全省有 82 种（含亚矿种、矿物）矿产查明资源储量排在全国前 10 位，其中，铅、锌、锡、磷、铜、银等 31 种矿产含量居全国前 3 位。

可再生能源资源量充足。云南水能、煤炭资源储量大，开发条件好；地热能、太阳能、风能、生物能有较好的开发前景。河流众多，水能资源丰富，可开发装机容量 0.9 亿千瓦，居全国第 2 位。煤炭资源丰富，煤种较齐全。地热资源以滇西腾冲地区的分布最为集中。太阳能资源仅次于西藏、青海、内蒙古等省区，全省年日照时数在 1000～2800 小时之间。

具备绿色能源优势助力发展原材料制造业。"双碳"背景下，云南绿电优势具备长期价值。适合承接高水平的绿色铝、绿色硅产业。可通过引入电解铝、铝加工、下游深加工龙头企业，持续深入绿色铝产业链延伸，集群发展积厚成势；引进知名光伏企业，打造光伏产业核心区，在云南基本形成硅光伏全产业链。

五、特色地区：打造区域特色优势产业

海南省和西藏自治区的制造业发展不是重点。海南省是致力于打造对外开放经济特区，主要是发展旅游产业、高新技术产业、现代服务业以及特色农业。西藏自治区由于城镇化水平低，产业结构优化升级空间狭窄，除了风光资源充裕，暂不具备大力发展制造业的其他条件，其发展重点应聚焦在基础设施建设、生产性服务业等适应当地发展需求的建设上。因此，这两个区域的发展重点都不是工业。

（一）海南省全面深化改革开放打造经济特区

打造面向太平洋和印度洋的重要对外开放门户。海南省因改革开放而生，也因改革开放而兴。自 1988 年党中央批准海南建省办经济特区以来，海南省大胆创新、奋勇拼搏，把一个边陲海岛发展成为我国对外开放的重要窗口。在中国特色社会主义进入新时代的大背景下，海南被赋予经济特区改革开放新的使命。

经济增长主要来源于第三产业的迅速增长。海南省国际旅游岛的战略决定了海南不能大规模发展工业，促进海南经济增长的来源还是在第三产业的经济增长。历史数据证明，海南省的产业结构经历了"一二三""三一二""三二一"的格局。因此，未来海南省仍将聚焦旅游业、现代服务业、高新技术产业以及热带特色高效农业。

（二）西藏自治区是我国重要的战略资源储备基地

西藏自治区是我国民族特色明显的地区，平均海拔在 4000 米以上，被

称为"世界屋脊"。由于气候限制，人口较少，工业发展较慢。一直以来以优美的自然风光和矿产资源闻名。另外，由于独特的地理位置，西藏在我国地缘政治环境中的地位是性命攸关的制高点，对于稳定边境安全具有重要意义。

西藏是我国西南边防的一道天然屏障。西藏北临新疆，东北靠青海，东面接四川，东南接云南，南边和西部与缅甸、印度、不丹、锡金、尼泊尔等国接壤，整个西藏被喜马拉雅山、昆仑山脉和唐古拉山脉所环抱，国境线近4000千米，是我国西南边防一道得天独厚的天然屏障，战略位置十分重要。西藏是重要的国家安全屏障、重要的生态安全屏障。

西藏是我国重要的战略资源储备基地。西藏资源十分丰富，是全国五大牧区和三大林区之一；冰川水资源总量占全国冰川总面积的46.7%，水利资源技术可开发量占全国的20%；已发现矿种102种，其中12种居全国前五位，铬、铜矿产储量居全国第一；旅游资源十分丰富，开发潜力巨大，随着基础设施的瓶颈制约基本消除，区域合作与对外开放的不断加强，西藏资源优势将转化为现实的产业优势。

中央对西藏实行特殊政策。西藏地处西部边疆，发展相对滞后，市场经济体制机制还不够完善，对内对外开放水平较低，与全国其他省（区、市）相比，西藏经济社会发展相对落后。中央为加快西藏建设，在投资上予以大力倾斜，加大西藏基础设施、社会事业、产业发展及生态保护等领域的投入，西藏发展具有优越的政策优势。

西藏自治区的目标是发展特色优势产业。加快布局旅游产业，发展唐卡、藏毯、演艺等特色文化产业，发展保健食品、休闲健身、康复疗养等健康产业。

第六章
产业结构转型升级的
七大风险

　　发达国家产业结构转型升级的历史表明：从中等收入阶段跨入高收入阶段后，产业结构转型升级面临的风险会更加复杂，部分风险甚至已经在我国出现迹象。为此，我国应高度重视防范化解产业结构转型升级中面临的风险和陷阱，重点防范七大风险陷阱。

一、经济增长持续减速

（一）近年来我国经济增速出现持续减速趋势

　　1978 年至 2010 年的三十多年，我国经济保持 10%以上的超高速增长，从 2012 年开始，我国经济增长速度开始出现逐渐减速的趋势。根据罗斯托（W.W.Rostow）经济成长阶段论，一个国家的经济发展会经过起飞、成熟和高额群众消费三个阶段。起飞阶段经济高速增长，成熟阶段增长放缓，高额群众消费阶段增长进一步放缓。如果以 10%或以上为超高速，7%以上为高速、5%～7%为中高速、3%～5%为中低速和 3%以下为低速作为标准，自 2011 年以来，我国经济增速快速地从超高速增长，跨过高速增长后快速走完中高速增长，进入中低速增长阶段（2020 年增速为 2.3%，2022 年增速为 3.0%）。产业发展是经济增长的重要基础，产业结构转型升级是影响经济增长的重要因素，同时我国仍处于不发达阶段，人均 GDP 水平远低于发达国家，我国经济增长显然仍具有潜力，但当前我国的产业结构支撑经济增长的动力正在快速减弱，需要加快推进产业结构转型升级，以支撑经济长期保持较快增长，持续提高人均收入水平。

（二）工业化中经济增长速度变化的案例和原因

　　一般来说，工业化前期和后期的经济增速慢于工业化中期，主要因为在工业化前期缺少资本和技术，限制了生产力的提高，后期经济规模基数增大和创新难度增大导致经济增速减缓。工业化进程中，经济增速由快到慢变化主要包括两大方面。

1. 发达国家经济由高速增长向低速增长的转变

例如美国的"马歇尔计划"为德国注入了急需的资金和资源后,德国的汽车、机械、化学工业开始齐头并进,从 1950 年到 1970 年,西德工业生产平均年增长 9.2%,高于英、法、美、意,仅次于日本,经济年均增长率达到 10%以上,创造了世界经济的奇迹,在西方国家中名列第一。对于日本,1946—1951 年度,其经济年均增长 9.9%,1951—1955 年度,经济增长率为 8.7%,1955—1972 年日本经济年均增长 10%左右,其后 1973—1990 年,日本进入经济低速增长阶段,年均增长 5%左右。20 世纪 70 年代之后,随着能源危机的爆发,德国、日本等发达国家的经济开始普遍进入低速增长阶段,而东亚等发展中国家的经济增长速度随着产业结构转型升级开始快速增长。例如,东南亚、中国等国家和地区,先后实现经济腾飞与增长,在这一增长过程中,纺织、服装、电子等劳动密集型产业沿着链条,从一个国家向另一个国家先后转移,转移过程中各国劳动收入水平依次提高,一些研究者将此模式称为东亚经济的"雁行模式"。

2. 发展中国家从增长到减速,陷入"中等收入陷阱"

发展中国家的要素禀赋往往是初级的,其比较优势会随着经济发展衰减消失,导致经济增长减速甚至掉入"中等收入陷阱"。例如东南亚的许多国家在 20 世纪 80 年代到 90 年代实现了高速增长,但是自 1997 年亚洲金融危机以来,经济增长速度开始放缓,人均 GDP 停滞不前,始终没有进入发达国家行列。同样,拉美地区更早出现这种状况,当地许多国家早在 20 世纪 50 年代到 80 年代就开始了快速增长,但 20 世纪 80 年代之后,随着比较优势和后发优势的衰减,经济增长速度显著放缓,人均 GDP 开始长期停滞不前。

产业结构是影响经济增长非常重要的因素,随着产业结构转型升级,不同发展阶段的经济增长速度会发生变化。而影响产业结构变化的主要原因是不同发展阶段的主要矛盾和问题。

（三）我国经济仍有保持长期中高速增长的潜力

发展不充分决定了我国经济增长仍然具有较大潜力，能够在较长时间内保持经济快速增长。具体原因如下：

一是发展不充分。时间是影响充分发展的重要因素。从历史上看，英国工业化从 1760 年持续到 1850 年，用 90 年时间完成第一次工业革命，实现工业化，在第二次、第三次工业化中不再是领导者角色，导致英国后期衰落。法国从 1780 年持续到 1870 年，也是通过 90 年完成工业化。美国从 1810 年到 1920 年，持续 110 年完成工业化，并引导了之后的第二次、第三次工业革命，同时开启了第四次工业革命。德国从 1830 年到 1910 年，持续 80 年完成工业革命，并引领了第二次工业革命。意大利从 1870 年到 1960 年，持续了 90 年，第一次工业革命、第二次工业革命同时进行，北部地区在第二次工业革命完成工业化，南部地区在第三次工业革命前期完成工业化。日本从 1880 年到 1970 年，持续 90 年，第一次工业革命、第二次工业革命同时进行，在第三次工业革命前期完成工业化。韩国从 1962 年到 2021 年，持续 60 年，三次工业革命同时进行，在第三次工业革命后完成工业化。我国从 1953 年发展至今，已经持续 70 年，2020 年基本完成工业化。由此可见，美国工业化时间最长，先后引领了第二次、第三次工业革命，在第四次工业革命中也处于领先位置，因此美国仍是最强大的国家。从完成度看，我国刚刚完成基本工业化，发展阶段相对落后；从影响看，我国的农业、服务业现代化水平仍然较低，有待工业进一步支撑，一些关键技术依赖进口，至今未曾引领一次工业革命。由此可见，我国工业化远未完成，发展还不充分，许多领域需要长时间充分发展。

二是先进制造业规模小占比低。先进制造业是制造业中创新活力强、复杂程度高和引领作用显著的领域，扩大先进制造业规模不仅有助于稳定制造业占比、巩固实体经济根基，还有利于提高发展质量。目前，我国先进制造业占比低于 20%，这是我国制造业大而不强的一个重要原因，也是产业结构偏重、产业附加值低的重要原因。扩大先进制造业规模、提高先进制造业占比，是当前我国产业结构的主要矛盾，也是我国制造业低端化的核心症结所在。在保持我国传统制造业优化升级"稳中求进"的前提下，培育先进制造业产业竞争优势、实现向全球价值链高端跃迁的跨越式发展，不仅关乎我国制造向我国创造、我国速度向我国质量的转变，更关乎我国能否从"制造大国"迈向"制造强国"。

三是传统制造业规模大质量低。从现代化产业体系看，制造业可以分为传统制造业和现代制造业，两者都是经济社会发展的重要物质基础，相互之间可以动态转换，两者相辅相成、互为表里。从"制造大国"向"制造强国"转变，必须统筹兼顾传统制造业与现代制造业的关系，实现两者的良性互动。我国传统制造业占制造业比重的 80%，是现代化产业体系的基底，推进传统制造业提质增效和充分发展，直接关乎现代化产业体系建设全局，这一过程中尤其要警惕脱实向虚，避免制造业比重下降过快、不切实际提升层次，导致传统制造业衰弱或外移。

三是产业相互融合度低。产业融合发展是现代化产业体系的重要特征和趋势，现代化产业体系是一个内部存在的有机联系、功能互补的复杂生态体系。从资源要素看，表现为创新链、产业链、资金链、人才链深度融合；从产业结构看，表现为一、二、三次产业以及上中下游、大中小企业要高质量协同发展；从空间布局看，表现为要充分发挥各地区比较优势，形成优势互补、高质量发展的区域经济布局。从科技革命和产业变革看，前沿科技跨领域交叉融合趋势越来越明显，智能化转型、绿色化转型推动着数字化、智能化、绿色化技术同传统产业深度融合，提升产业体系整体质量和效率。我国产业体系融合化发展程度低，工业对农业现代化、新型城镇化和现代服务业建设的关键作用尚未充分发挥。

二、"一刀切"和激进化政策

"拉闸限电"、工厂外迁、"房贷断供"、经济增速快速下台阶等一系列问题的背后，体现了产业结构调整的三大激进特征：一是模仿英美模式，把绿色转型简单理解为限制高耗能行业发展，推动传统产业向外转移，忽视了我国产业结构同英美发达国家的巨大差异，没有充分考虑发展阶段和要素禀赋对产业结构的制约作用；二是产业结构调整方式比较激进，产业结构是现代经济增长的核心内容，牵一发动全身，绝不是一蹴而就的。三是将传统制造业等同于落后产业，将发展传统制造业等同于粗放式发展，没有充分认识到传统产业也是创新的重要领域、传统产业的升级改造存在经济增长的巨大潜力。要对产业结构调整保持耐心和细心，防止在产业结构调整领域出现新的"休克疗法"，对产业体系造成不可挽回的损害。

（一）"一刀切"政策不利于利用区域要素禀赋形成比较优势

要素禀赋是区域经济发展的基础，在不同发展阶段，区域基于各自要素禀赋构建比较优势，是经济保持竞争力和持续发展的基本逻辑。2011 年以来，我国各地区产业结构调整呈现"去产能""创新驱动""能耗双控"的整体"齐步走"现象，完全无视了要素禀赋和发展阶段对经济发展的内在制约作用。例如，产业结构调整，使河北省 GDP 排名从 2011 年的全国第 6 位逐年下降到 2021 年的第 13 位；使山东省的 GDP 总量从 2011 年（4.5 万亿元）基本与江苏（4.8 万亿元）相当，动态下降到 2021 年山东（8.2 万亿元）和江苏（11.7 万亿元）的 GDP 值差距从 0.3 万亿元扩大到 3.5 万亿元；使广东的第二产业占比从 2011 年的 49.3% 下降到 2020 年的 39.2%，以至于制造企业竟然喊出"逃离珠三角"的口号。现在广东省许多市长重新宣布制造业重返市中心，这不是逆城镇化，而是夯实产业根基。

（二）警惕产业结构调整激进化风险

我国供给侧结构性改革本是通过调整供给侧提高经济发展质量的，但在具体实施过程中局部地区和局部领域出现政策不够细化、措施比较激进的现象。以宝武集团为例，其提出 2023 年实现碳达峰的目标，这意味着从今年开始，宝武集团的钢铁产能不应该再大幅扩张。但针对我国钢铁行业产能集中度不高的问题，宝武集团在未来钢铁行业的兼并重组中该发挥怎样的作用呢？此外，近些年来，"拉闸限电""产能指标重金难求""工厂大批出走东南亚""经济增长持续下台阶"等现象背后，一定程度反映了产业结构调整的激进倾向，我国应高度警惕，防止产业结构政策激进化的风险。产业结构调整牵一发动全身，应保持足够耐心，应防止激进化倾向对产业结构本身造成不可逆转的破坏。

三、过早过快去工业化

（一）工业化后期去工业化风险会增大

去工业化也称产业空心化、产业空洞化，是一种社会及经济变化过程，指一个国家或地区的经济活动中工业（特别是重工业）比例显著下降的过程。去工业化现象包括：就业从制造业转移到服务业、工业品及工业就业呈现中长期减少，对外贸易中工业品比例不断下降，长期出现贸易赤字等。

第二次世界大战之前，发达国家推动经济增长的主要途径是推进工业化深入发展，第二次世界大战之后，尤其 20 世纪六七十年代以来，随着服务业兴起，推动制造业向发展中国家转移，提高国内服务业占比成为发达国家的重要标志。在这一过程中，发达国家通过调结构降低了能源消费和碳排放强度，实现绿色转型，但伴随大规模产业转移和"去工业化"过程，发达国家也出现了产业"空心化"问题。在 20 世纪 80 年代之后，由于众多发达国家与发展中国家签订自由贸易协定，大量劳动密集型产业的就业外流，导致一些地区的劳动密集型产业出现明显的萧条。

1975 年到 2015 年，主要发达国家通过调整产业结构先后实现绿色低碳转型。美国、英国、法国、德国、日本等发达国家人均 GDP 持续增长，从5000～7000 美元增长到 4 万～6 万美元的水平，差不多增长了 10 倍。同时，人均能源消费量和人均碳排放总体保持下降趋势，发达国家依次实现碳达峰，碳排放进入下降通道。如英国在 1970 年碳达峰后，碳排放总量很快进入下降通道，法国和德国在 1973 年、美国在 2007 年、日本在 2012 年也先后实现碳达峰。40 年间，发达国家调整产业结构实现绿色转型的过程大致分为三个阶段。

转型前阶段（1945—1975 年）：从第二次世界大战结束到 20 世纪 70 年代的能源危机爆发，产业结构调整的核心是美国主导的产业转移推动德国和日本的崛起。在欧洲，美国通过马歇尔计划将大量产业转移到西德等欧洲国家，最终实现德国的快速发展；在亚洲，以朝鲜战争为契机，大规模产业转移推动日本快速崛起。这一阶段，美苏争霸背景下的美国地缘政治布局是这一阶段调整结构的核心动力。转型中期（1975—2008 年），自能源危机到 2008 年金融危机这段时间，美国、英国、法国、德国、日本等发达国家，陆续把钢铁、建材、有色金属等重化工业，大规模转移到韩国、新加坡、东盟、中国、印度等新兴国家和地区。转型后期（2008 年至今），金融危机让发达国家意识到制造业的重要意义，纷纷实施"再工业化"战略。

降低制造业占比、提高服务业占比和发展先进制造业是发达国家调结构的三大经验。以美国为例，1977 年到 2020 年，美国制造业占 GDP 的比重从 1977 年的 21.6%下降到 2020 年的 10.9%，而金融保险租赁类服务业、医疗、科技研发等行业占 GDP 的比重分别上升 5.8、3.6、2.7 个百分点，电子信息制造、通信、信息服务等 ICT 类产业占 GDP 的比重更是上升了 10.1 个百分点。此外，德国制造业占 GDP 的比重也从 1991 年的 28.6%下降到 2020 年的 20%，日本从 1994 年的 23.5%下降到 2020 年的 19.7%，英国从 1990 年的 17.3%下降到 2020 年的 9.6%，法国从 1974 年的 20.3%下降到 2020 年的 9.4%。

（二）去工业化对经济、社会和国际竞争造成长期影响

大规模产业转移通过"去工业化"和脱"实"入"虚"削弱了发达国家的竞争力。大规模产业转移确实助推了发达国家绿色低碳转型。但回顾 20

世纪 70 年代到 2008 年金融危机的历史，"房地产热""金融创新""信息经济"等浪潮仍历历在目，这些波浪一次次削弱了发达国家制造业在经济中的比重，推动经济由"实"入"虚"，导致产业"空心化"，对经济、社会和国家竞争造成长期影响。

从经济增长看，制造业是创新的主战场，对持续提升劳动生产率意义重大。发达国家把制造业转移到国外，劳动力大规模进入服务业，导致制造业就业人数比重和产出比重都持续下降，影响了发达国家的技术创新与经济增长。对比 40 年前和近 20 年发达国家的技术创新和经济增长，可以发现较明显的衰退趋势，对应地，中国、印度等新兴国家的经济增长和科技创新都表现出勃勃生机。

从社会结构看，制造业占比下降降低了发达国家的中产阶级占比，导致社会贫富分化。劳动力从制造业大规模转移到服务业后，因服务业内部不同行业的收入差距较大而出现收入上的分流，如餐饮、运输业等行业收入低，进入这些低收入行业的收入增长慢；金融、法律等行业收入高，进入这些高收入行业的收入增长快，如此积累下去，原本占比较大的中产阶级不断流向两端，导致社会结构由过去的"橄榄型"向"哑铃型"转变，为社会矛盾激化和社会不稳定性埋下隐患。

从全球竞争看，制造业从发达国家向新兴经济体和发展中国家大规模转移，导致世界经济力量对比格局发生根本性变革。根据国际货币基金组织统计，1980 年，发达国家占全球经济的四分之三，新兴经济体和发展中国家占四分之一，两者的经济力量对比是 75.2∶24.8，相差 50.4 个百分点；到 2021 年年底，两者的经济力量对比已经是 59.1∶40.9，差距只剩下 18.2 个百分点。中国、印度等新兴经济体和发展中国家的经济增速长期高于发达国家，导致两者经济力量对比格局发生巨大变化。2021 年在新冠疫情的影响下，新兴经济体和发展中国家经济增长 6.5%，发达国家经济增长 5%，两者相差仍有 1.5 个百分点，导致前者增速长期快于后者的一个重要原因，就是发达国家的制造业长期以来向新兴经济体和发展中国家的大规模转移。

（三）我国已经出现过早过快去工业化的风险

从 2011 年以来，我国产业结构总体呈现去工业化的特点，从增加值看，工业增加值占国内生产总值的比重从 2012 年的 38.8%下降至 2020 年的 30.8%。当前，我国制造业增加值占全球的比重约 28%。从就业看，第二产业就业人员占全国就业人员的比重下降最快，从 2012 年的 30.5%下降到 2020 年的 28.7%，改变了过去劳动力从农业流向工业和服务业的趋势，开始从农业和工业流向服务业。

（四）重点防范化解两大去工业化风险

我国优化调整产业结构，实现碳达峰、碳中和目标，吸取发达国家的经验和教训，应重点防范三大风险：

首先，防范制造业占比过早下降的风险。发达国家制造业占比持续下降，导致产业"空心化"，对经济、社会和国家竞争力都产生了不利影响。金融危机后，虽然对发达国家实施了"再工业化"战略，但效果并不理想，说明产业体系易破难立。近年来我国制造业占比下降较快，从 2008 年到 2020 年，工业占 GDP 的比重从 41.3%下降到 30.8%，12 年下降了 9.3 个百分点；2006 年制造业占 GDP 的比重达到峰值点 32.45%，但到 2020 年也下降至 26.2%，已经出现"过早去工业化"的苗头。未来 40 年内实现碳达峰、碳中和目标，我国应始终保持战略定力，始终牢记发达国家的教训，始终坚定制造强国战略，始终把发展实体经济放在首位，始终防止产业"空心化"。

其次，防范产业大规模向外转移的风险。产业转移是经济全球化的必然结果和世界经济发展的普遍规律。历史上，全球已发生过三次产业转移。第一次出现在 19 世纪中叶，英国将纺织、服装等产业向欧洲大陆、美国转移；第二次在第二次世界大战以后，美国、欧洲把一些低端产业向亚洲转移；第三次在改革开放以后，美国、欧洲、日本、韩国把产业向我国等新兴国家转移。近年来，受要素成本上升、资源环境约束加大、中美经贸摩擦升级等多重因素影响，我国代工型、劳动密集型制造业出现加速向东南亚国家转移的现象。随着碳达峰、碳中和目标的贯彻落实，我国有可能成为第四次产业转移的源头。

从产业转移的影响看，产业转移的结果利弊共存。有利方面包括：第一、有利于腾出生产资源发展新兴产业，推动资源要素优化配置。第二，有利于国内企业主动"走出去"，拓展我国制造业的发展空间，提高企业国际化水平。第三，有利于以零部件、生产设备、品牌资源和市场渠道为抓手，构建"以我为主"的供应链生产网络和产业链组织体系，推动我国产业向价值链中高端攀升。不利的方面包括：第一，对出口形成替代效应和挤出效应，不利于国内企业的发展。第二，加大了国内中西部地区承接东部产业转移的难度，不利于区域协调发展。第三，大规模产业转移会影响我国产业体系的完整性和配套能力，引发去工业化的连锁反应。第四，随着制造业的大规模转移，势必带动与之相关的生产性服务业跟着转移，最终导致我国经济体系日益虚拟化。第五，增加就业压力。我国城镇化尚未完成，仍有大量农村劳动力需要转移就业，制造业转移将减少对劳动力的需求，作为替代的新兴产业大多是资本、技术、知识密集型产业，能够提供的就业岗位有限。第六，影响创新潜力，制造业是创新的主要领域，随着制造业的转移，围绕制造业的创新环境将被破坏，不利于国家创新体系的健康发展，我国的创新能力有可能未强先衰。我国工业化和城镇化进程尚未完成，发展不平衡不充分仍是我国未来一段时间的主要矛盾，但产业转移进程已经开始，推动产业向国外转移的各种因素在快速积累，碳达峰碳中和目标的实施势必将进一步加大压力，在这种情况下，我国应保持冷静，坚持把经济安全放在首位，大处着眼、细处着手，防范大规模产业转移导致过早去工业化。

四、老工业基地与城镇衰退

（一）铁锈地带是产业结构转型升级的重要风险

铁锈地带最初指美国东北部五大湖附近传统工业因产业结构转型升级

而衰退的地区,现在铁锈地带泛指所有工业化后期产业结构转型升级出现的工业衰退地区,并不仅仅限于美国五大湖地区,例如德国鲁尔区、日本的北九州等。美国在 1950 年、英国在 1955 年、日本在 1975 年、德国在 1980 年完成了工业化目标后,都曾出现铁锈地带问题。

以美国为例,19 世纪后期到 20 世纪初期,美国东北部地区因为水运便利、矿产丰富,成为重工业中心,钢铁、玻璃、化工、伐木、采矿、铁路等行业纷纷兴起,带动了匹兹堡、扬斯敦、密尔沃基、代顿、克利夫兰、芝加哥、哈里斯堡、伯利恒、布法罗、辛辛那提等工业城市一度相当发达。然而自第二次世界大战之后,随着美国大力发展服务业,这些地区的重工业开始衰败,很多工厂被废弃,工厂里的机器渐渐布满铁锈,因此那里被称为铁锈地带。

出现铁锈地带的主要原因是产业结构单一使得产业结构转型升级的抗风险能力弱。通常铁锈地带同煤炭、钢铁、电力、机械、化工等传统工业有关,但这是狭义的认识,任何产业的衰退都会导致铁锈地带出现,但由于产业规模、产业多样性的影响,导致铁锈地带对区域经济发展的影响后果大小不同。

(二)铁锈地带导致城市衰退

城市衰退是指城市因为缺乏建设,导致一部分逐渐变得失修、荒废,呈现出残破寂寥之景的过程,这一个过程通常伴随去工业化、去城镇化、人口流失、高失业率与犯罪率等问题。造成城市衰退的原因较多,如新的城市规划或交通建设变化,使得原本位于交通枢纽的城市因失去枢纽功能而逐渐萧条败落;或城市优势产业衰落导致就业机会减少和城市衰退。出现铁锈地带是城市衰退的重要信号,例如美国的"汽车之城"底特律、"钢都"匹兹堡等都曾经支撑起 20 世纪美国工业的辉煌。但 20 世纪中期以来,随着煤炭、钢铁行业衰退,大量工厂停工、工人失业、犯罪率上升,城市开始变得锈迹斑斑和风光不再。

（三）大面积铁锈地带加剧区域发展不平衡

铁锈地带的大面积出现会加剧区域发展不平衡，如美国中西部地区自铁锈地带出现后，经济发展开始日益落后于曾经不如自己的西部和南部"阳光地带"。

我国长期存在东西发展不平衡问题，但近年来了南北不平衡出现加剧趋势，这同我国的产业结构转型升级存在一定关系。我国区域经济呈现东高西低、南高北低的特征。东西差距是传统不平衡问题，有资源禀赋和历史原因，南北差距近年来不断加剧，需要高度重视。以秦岭—淮河线为界，2022 年我国 GDP 达 121 亿元，其中南方占比约 65%，北方仅 35%，相比改革开放之初，差距明显加大。产业分布不平衡是区域经济差距的重要原因，总体看我国西部、北方以资源、重工业为主，东部、南方以市场、轻工业为主。近年来，随着供给侧结构性改革深入推进，西部、北方产业结构转型慢，东部、南方新兴产业增长快，结构转型升级速度差距是导致区域差距变化的重要原因。

近些年，"去产能"影响南北区域发展不平衡。"去产能"主要针对华北等北方地区的高耗能、高污染企业，这一政策提高了环境质量，但也带来较大经济下行压力，尤其对重工业占比较大的北方地区，特别是华北地区。2000 年以来，南方工业与北方工业占 GDP 的比重都保持上升趋势，2011 年后逐步下降，且多数年份北方地区下降速度高于南方地区。过去北方工业占比一直远远高于南方，2011 年开始，南方与北方都开始了去工业化过程，但重工业占比大的北方工业下降得更快，到 2016 年，南方工业开始高于北方工业，北方地区人均 GDP 也开始落后于南方地区，这是我国产业结构的一个非常大的变化。

（四）我国老工业基地问题日益凸显

我国已经出现老工业基地问题，最典型的是东北地区。与美国锈带地区相比，二者的相通之处在于：都曾经是重工业生产中心，遭遇过大规模失业问题，又缺少后继发展动力，因此东北也被一些研究者称为"中国锈带"。而另一方面，中国的社会主义体制，又使得东北老工业基地问题的产生机理与美国锈带问题有很大不同，东北地区是我国重要的工业和农业基地，维护国家国防安全、粮食安全、生态安全、能源安全、产业安全的战略地位十分重要。

（五）要防范化解老工业基地问题进一步严重化

振兴东北是国家和社会各方关切的重大课题。东北三省曾经从改革体制机制、优化营商环境、调整产业结构等多个方面进行探索，但总体看仍未形成系统性解决方案，老工业基地并非不治之症。例如重庆、成都也曾是我国的老工业基地，经过多年努力，成功实现产业结构转型升级，具有十分重要的借鉴意义。我国应高度重视产业结构转型升级过程中地区衰落问题大范围出现。

五、进一步扩大贫富差距

从总体宏观经济环境看，随着我国进入工业化后期，我国经济环境面临贫富差距扩大的挑战，这不利于产业结构转型升级。从要素投入看，经济活动就是收入分配问题，产业结构调整和产业绿色低碳转型由于涉及要素结构变化，所以产业转型会影响收入分配。工业化后期，不同发达国家选择了不同产业结构调整方向，导致贫富差距水平不同：以英美为代表的国家，强调发展以金融业为主导的服务业，导致贫富差距越来越大，例如英国是欧洲贫富差距最大的国家，美国是发达国家中贫富差距最大的国家。而以日本、德国为代表的国家，强调发展以先进制造业为主导的制造业，贫富差距并不太大。不同产业调整方向代表了产业体系对资本和劳动的不同回报，金融业重视资本，制造业重视劳动，不同选择会影响收入分配。共同富裕是我国社会主义现代化建设的本质要求，推动产业结构转型升级是工业化后期我国产业结构调整的重要任务。在这一过程中，要高度重视产业结构调整对资本和劳动的回报差异，强调产业发展的完整度和平衡性，防止资本无序扩张扩大贫富差距。

六、大规模全球碳排放转移

在当前技术约束下，如何在保障生活质量不下降的同时改善生态环境？发达国家通过塑造全球分工体系，把高消耗、高排放、低附加值的产业转移到国外，国内重点发展低消耗、低排放、高附加值的先进制造业和服务业，实现了保障国内生活质量的同时进一步改善国内生态环境。但从全球来看，发达国家并不是真正减少了资源消耗和排放，而是把排放转移到了发展中国家，并通过全球贸易实现了消费留在国内排放留在国外的"脱钩"，这种全球产业分工体系是不公平、不公正、不可持续的。

我国实施大规模对外排放转移既不具备时代条件，也不符合建设人类命运共同体的理念。依赖科技进步和能源转型，通过大力发展绿色低碳产业，从源头上减少消耗和排放，提供全球绿色低碳解决方案，建设人类命运共同体，才是根本解决之道。因此，我国通过产业结构转型升级推动"双碳"目标实现，一方面同发达国家一样，必须在全球化中实现而不能脱离全球化；另一方面却不同于发达国家通过产业转移进行碳排放转移，而是致力真正从源头上实现可持续发展。

七、产业链供应链安全

国际形势变化正在破坏和平与发展的环境，安全正成为必须考虑的重要问题。

（一）影响全球产业链供应链安全的原因

一是南北力量对比根本性转变推动发展中国家崛起。工业革命以来，发展中国家和发达国家的南北力量对比始终是前者弱于后者，现在这一格局正发生根本性的变化。根据国际货币基金组织的数据，过去 40 年，发达国家和发展中国家的经济力量对比发生了巨大变化。1980 年，发展中国家占全球 GDP 的比重仅有 24.6%，而发达国家占比高达 75.4%，经过 40 年的发展，到 2020 年，发展中国家 GDP 占全球 GDP 的比重达到 40.4%，而发达国家 GDP 占比变为 59.6%。如果按购买力平价计算，1980 年，发展中国家 GDP 占全球 GDP 的比重达到 37.3%，而发达国家 GDP 占比为 62.7%，到 2020 年，发展中国家 GDP 占全球 GDP 的比重达到 57.6%，发达国家 GDP 占比变为 42.4%，发展中国家的购买力已经超越发达国家。这一变化深刻影响着全球产业分工。

二是国际地缘政治格局变化凸显了安全风险问题。一系列地缘政治格局变化加快了国际关系和秩序变革，世界进入大变局时期，全球产业链供应链安全风险不断增大。首先，近年来美国漠视中美两国相互依存的现实，不断通过"脱钩断链""小院高墙"等政策对我国进行打压，增加了我国周边环境风险，破坏了我国稳定发展的环境，导致全球产业链供应链格局不断重塑，产业链供应链安全问题日益突出。其次，俄乌冲突、巴以冲突等地缘政治安全深刻影响全球粮食、能源、关键矿产等大宗商品供应。此外，拉美、非洲等国家和地区资源民族主义的兴起，使得镍、锂等能源金属的争夺和全球绿色市场的竞争将更加激烈，围绕能源金属矿产资源地的地缘政治竞争不断加剧。

三是新一代科技革命和产业变革重塑全球创新版图和经济结构。全球科技竞争日趋激烈，创新生态发生重大变化，前沿技术和颠覆性技术突破深刻影响人类的生产生活方式，改变国际竞争和产业分工格局。人工智能技术可能会改变国家竞争优势基础和产业附加值，全球高端制造竞争更加激烈；科技跨领域交叉融合将带来人类生产和生活方式重大变革；清洁能源和深海深空等前沿技术进步有可能改变国际能源资源版图和安全格局，统筹发展和安全成为新的科技和产业发展命题。

四是全球挑战更加依赖全球合作。新冠疫情严重影响全球经济，全球气候变化引起自然灾害频发，2022 年以来，世界多个国家和地区发生不同程度的自然灾害，如欧洲冬季反常高温，人类赖以生存的家园正在发生难以预料的变化。全球气候变化、地质灾害都会对粮食安全、水资源安全、能源安全、生命财产安全等带来重大影响，是全人类面临的共同威胁，解决这些问题越来越依赖全球合作。

五是全球制造业竞争加剧。提高服务业比重曾长期是发达国家的重要标志，然而 2008 年后，发达国家纷纷实施"再工业化"和"制造业回归"战略，例如美国通过一系列"在岸外包""近岸外包""友岸外包""小院高墙"政策，试图阻止高端制造业和传统制造业向我国集聚，破坏我国产业链供应链；俄乌冲突后，美国利用欧洲失去俄罗斯廉价稳定能源供给契机，推进欧洲制造业向美国迁移。欧洲国家先后发布了《国家工业战略 2030 规划》《净零工业法案》等政策，力推制造业发展。新兴发展中国家纷纷通过劳动力资源优势发展传统制造业，制造业进入激烈竞争阶段，实体经济的重要性开始凸显。

六是全球产业链供应链重构。过去几十年，产业链全球布局以提升效率和降低成本为目的，这让所有积极参与的国家都驶入了经济发展快车道。近年来，全球产业链供应链加快重构，各国在产业布局上的政治经济考量，由追求"效率至上"向保安全与防风险转变，全球产业链供应链正朝着区域化、本土化、多元化、数字化等方向加速调整。随着全球经济回归实体经济，发达国家"再工业化"战略深入发展，产业链供应链主导权的争夺将会更加激烈。然而，各国利益高度融合、彼此相互依存的客观态势没有改变，从长远看，经济全球化仍是历史潮流，各国分工合作、互利共赢仍是长期趋势。应控制产业有序向外转移，防范化解产业链外迁对完整配套体系的破坏、诱发不可逆转的大规模产业转移。

（二）产业链供应链安全风险的主要内容

一是供应链风险。近年来，地缘政治形势紧张，全球多重危机叠加，全球产业分工发生深度调整，各国对产业链供应链主导权的争夺日益激烈，一些国家甚至动用各种政治经济手段推动产业链在岸、近岸和友岸布局，人为加大"脱钩断链"的风险，导致全球产业链供应链安全问题日益严重。

二是关键技术"卡脖子"风险。当前我国产业发展仍存在一些"卡脖子"问题，特别是芯片、发动机、高端材料、数控机床、工业软件等领域存在短板，一些关键零部件、关键装备依赖国外，成为我国产业结构转型升级亟待突破的短板。美国针对我国产业发展的这些短板，实施"小院高墙"技术封锁政策，推出了一系列专门针对我国的技术封锁政策，试图打压我国的产业结构转型升级，将我国遏制在价值链底层，这些措施增加了我国产业结构转型升级的难度和风险。

三是大宗商品供应安全。短期看，我国工业体量庞大，部分大宗商品海外采购量大，价格波动会影响经济稳定运行；长期看，我国发展任务仍然艰巨、工业化进程尚未完成、工业规模体系庞大等诸多因素决定了，在当前阶段我国对粮食、能源、矿产资源等大宗商品仍有持续增长需求，因此稳定大宗商品价格十分重要。美欧国家通过频繁激化国际地缘政治斗争、操纵全球金融市场等手段，不断在大宗商品市场推波助澜，引发价格上涨波动，不利于我国经济稳定运行和产业转型升级。

四是关键矿产资源供应安全。电子信息、新能源等新兴产业增长带动镍、钴、锂、铜、石墨等关键矿产资源需求。为遏制我国新能源等产业发展，美国极力拉拢"矿产伙伴"组建小圈子，试图构建"去我国化"的关键矿产供应链，搭建基于意识形态的关键矿产全球供应链格局，实现自身在战略性新兴产业方面的领先优势。

未来一段时间内，要尤其重视粮食、能源和关键矿产资源安全问题，防范大宗商品价格大幅、频繁波动对重工业的影响，保障产业链供应链安全。

CHAPTER

7

第七章
结论与对策

第一节 主要结论

一、**产业结构的多样性和复杂性是导致产业结构转型升级困难重重的主要原因。**产业结构包括三产结构、部门结构、行业结构、企业结构、产品结构、技术结构、空间布局、贸易结构、需求结构、要素结构，产业结构内容的多样性和复杂性是产业结构转型升级充满风险与障碍的主要原因。

二、**供给要素、需求变化、技术创新、国际环境、国内政策是影响产业结构转型升级的五个主要因素。**产业结构转型升级历史表明，每次产业结构转型升级都是五大因素变化导致经济社会出现矛盾，不通过产业结构转型升级解决这些矛盾，经济社会无法实现进一步发展。

三、**产业结构转型升级既有一般规律，也有特殊情况，这使产业结构转型升级不存在可以成功复制的模板。**多数产业结构转型升级遵循这样的路径："影响因素变化—问题挑战出现—实施转型升级—面临风险陷阱—形成新竞争优势"。升级失败后掉进陷阱，成功后获得新优势，在竞争中脱颖而出。没有标准模式可用，所有的产业结构转型升级都是一般规律与特色差异的统一体。

四、**我国的产业结构转型升级经历了新中国成立后、改革开放后、加入世贸组织后、国际金融危机后和"双碳"目标后五个阶段。**强调重工业发展，建立完整产业体系是前四个阶段一以贯之的主线，不同阶段面临不同的问题与矛盾，采取不同的策略。

五、**发达国家产业结构转型升级具有"4421"特征。**四大经验：积极发展先进制造业、大幅提升服务业占比、大规模向外转移传统制造业、主导构建全球统一市场。四大问题：长期的难以逆转的去工业化，不可避免地出现铁锈地带，贫富差距被扩大，大规模全球碳排放转移。两种道路：以服务业为主的美英模式，以先进制造业为主的日德模式。一个市场：构建以美国为主导的全球统一市场体系成为全球产业分工体系和全球产业链供应链体系。

六、即使保持大规模独立完整的工业体系，也有多种途径实现碳中和目标。未来 40 年，我国应保持以实体经济为主的产业结构长期稳定，坚定不移地推进制造强国战略。

七、加快调整制造业内部结构，优先发展新兴产业是产业结构转型升级的当务之急。制造业是影响碳达峰、碳中和目标如何实现的关键，要坚持创新驱动和先立后破，改变绿色转型传统工作思路，调整绿色生产力发展优先顺序，全面打造新兴产业绿色增长引擎，尽早尽快布局未来绿色产业，加快实现高耗能行业颠覆性创新，逐步壮大传统制造业绿色产品供给。

八、推动区域转型升级的关键在于分区域推动绿色能源资源优势转化为发展优势。"双碳"目标下我国可以分为东部地区、中部地区、重工业区、新能源区、特色区域五大空间，不同空间的产业结构转型升级的重点和方向不同。不同产业优化空间布局的路径不同。

九、"双碳"目标下产业结构转型升级要重点防范化解超大风险与陷阱。包括：经济增长持续减速、一刀切和激进化政策、过早过快去工业化、老工业基地和城镇衰退、进一步扩大贫富差距、大规模全球碳排放转移、产业链供应链安全七大风险。

第二节　对策建议

一、分阶段推进"双碳"目标下产业结构转型升级

达峰平台期（2020—2035 年）：控制重点行业产能产量，保障产业链供应链安全，保持制造业占比基本稳定，推动重点行业依次实现碳达峰，提高非化石能源使用占比，确保工业领域在 2030 年前实现碳达峰。

快速脱碳期（2035—2050 年）：大幅提高先进制造业占比和非化石能源使用占比，显著提升绿色产品供给能力，基本形成绿色消费和绿色生活方式，基本建成具有全球竞争力的现代化产业体系。

深度脱碳期（2050—2060 年）：建成制造业占 GDP 的比重稳定在 25% 左右、以先进制造业为主导、体系完整、独立自主的现代化产业体系，如期实现全国碳中和目标。

二、保持以实体经济为主的产业结构长期稳定

深化研究从中等收入跨入高收入阶段后产业结构转型升级的变化规律，明确高收入阶段我国农业、工业、建筑、服务业的基本占比关系。制定我国在高收入阶段分阶段推进产业结构绿色转型升级的总体路线和分领域路线。从财政、金融、投资、消费、就业、产业、出口、市场等多方面，建立保持实体经济为主产业结构长期稳定的长效机制，保持制造业占比长期稳定。

三、把创新作为制造业转型升级的出发点和落脚点

坚持创新驱动和先立后破，把创新作为制造业结构转型升级的出发点和落脚点，保持制造业完整度。调整发展绿色生产力的优先顺序，全面打造新兴产业绿色增长引擎，尽早尽快布局未来绿色产业，加快实现高耗能行业颠覆性创新，逐步壮大传统制造业绿色产品供给。

四、推动高耗能行业颠覆性创新

对以煤炭、石油、天然气为源头，以碳元素大规模利用为主线，以二氧化碳大规模排放为特征的传统能源-资源-材料开发利用体系进行绿色变革，从产品体系、工艺路线和设备设施等底层实施系统性重构，加快建立以可再生能源和绿电为源头，以绿电-碳-氢-氧绿色、平衡、一体化利用为主线，以零碳排放和循环经济为特征的现代化能源-资源-材料开发利用体系。

五、分区域推进绿色能源资源优势转化为发展优势

把推进绿色能源资源优势转化为发展优势作为着力点，因地制宜、优势互补探索各地实现"绿水青山"向"金山银山"的转化。东部地区引领全国新质生产力发展，中部地区加快推进制造业错位发展，重工业区重新锻造产业竞争优势，新能源区因地制宜承接高耗能产业，特色地区积极打造区域特色优势产业。

基于区域要素禀赋和比较优势变化，推动钢铁、水泥、电解铝空间布局优化调整，逐步提高钢铁行业集中度，推动钢铁行业以城市群为中心集聚；逐步降低水泥厂的空间分布密度；推动电解铝产能向绿色能源丰富地区集聚，形成上游冶炼集中在绿色能源丰富区，下游精深加工集中在市场的布局。

六、重点防范化解七大风险

重点防范化解经济增长速度进一步下降、"一刀切"和激进化政策、过早过快去工业化、老工业基地和城镇衰退、进一步扩大贫富差距、大规模全球碳排放转移、产业链供应链安全七大风险。

后记

本书是中国电子信息产业发展研究院 2023 年度重大软科学研究课题成果之一，是课题组全体研究人员与出版工作人员共同创造的成果和智慧结晶。在本书的研究、撰写过程中得到了中国电子信息产业发展研究院软科学处等部门的大力支持，周宏春、陈文颖、熊小平、朱磊、陈程等多位智库、高校、行业和企业专家为本书提出了许多宝贵的意见和建议，在此表示衷心的感谢。

本书的出版离不开电子工业出版社的鼎力帮助，在此深表感谢。

由于作者水平有限，书中的不足之处在所难免，敬请广大读者包涵和批评指正。